초콜릿, 탐욕을 팝니다

초콜릿 탐욕을 팝니다

달콤함에 관한 잔혹 리포트

오를라 라이언 지음

최재훈 옮김

ㅎㄷ계

일러두기

1. 원작인 《CHOCOLATE NATIONS: Living and Dying for Cocoa in West Africa》에서 저자는 초콜릿의 원재료를 가리켜 '카카오'와 '코코아'를 함께 사용하였으나, 이 책에서는 한국 독자들의 이해를 돕기 위해 '카카오'로 통일하였다. 단, 고유명사에는 '코코아'를 그대로 사용하였다.
2. 이 책의 외래어 표기는 외래어 표기법을 기준으로 하였으며, 인명이나 지명은 현지 발음을 원칙으로 하였다.
3. 이 책의 본문에서 옮긴이 주는 +표시를 하여 각주 처리했으며, 지은이 주는 주석에 맞는 숫자를 표기하여 미주 처리하였다.
4. 정기간행물, 잡지, 신문은 〈 〉, 단행본, 논문, 보고서는 《 》로 표시하였다.

최악을 알고 있다고 해서
반드시 그 결과로부터
자유로울 수는 없지만,
무지한 것보다는
그래도 아는 것이 낫다.

– 이사야 벌린, 《마키아벨리의 독창성》 중에서

옮긴이 서문

아프리카는 가난하다. 아니, 그냥 가난한 정도가 아니라 말 그대로 찢어지게 가난하다. 그리고 오늘날 이런 사실을 모르는 사람은 아마 지구 상에 단한 사람도 없을 것이다. 지역에서 끊임없이 되풀이되는 대규모 기아 사태로 인해 몇십만 명, 몇백만 명이 굶어 죽거나 죽을 위기에 처했다는 뉴스가 나와도 이제 사람들은 으레 그러려니 할 정도로, 아프리카의 극단적 빈곤과 굶주림은 보통의 상식이자 일상화된 현실이 되어 버렸다. 대표적인 예로, 2012년 봄 이후 아프리카 동쪽의 소말리아 한 나라에서만 75만 명의 소중한 생명이 손에 움켜쥔 모래처럼 스르르 사라져 버릴 상황에 처했지만, 세상은 아무 일 없다는 듯 무심하고 태평하기만 하다.

그런데 우리를 포함한 지구 건너편의 사람들이 잘 모르는 사실이 하나 있다. 그것은 아프리카가 원래부터 이렇게 극단적인 가난, 그중에서도 식량난으로 인한 굶주림에 허덕이던 대륙은 아니었다는 사실이다. 물론 그렇다고 해서 과거에 가난과 굶주림을 몰랐다는 이야기는 아니다. 1947년에 영국으로부터 독립한 북아프리카의 이집트를 제외한 대부분의 나라들이 1950년대 말에서 1960년대 초반 이후에 뒤늦게 독립을 이루다 보니까, 대다수 국민들의 삶은 절대적인 빈곤선 아래에서 출발할 수밖에 없었던 게 사실이다. 그러나 오늘날 우리가 흔히 접하듯이 에티오피아에서 몇백만 명, 우간다에서 몇십만 명과 같은 식으로 엄청난 수의 사람들이 한꺼번에 굶어 죽어나가는 상황은 아프리카 내에서도 그 빈곤과 기아 수준이 가장 심각하다는 사하라 사막 이남 지역에서조차 거의 일어나지 않던 현상이었다. 오히려 집단 기아 사태는커녕 아프리카는 식민지에서 벗어날 무렵인 1960년대만 하더라도 식량을 자급자족했을 뿐만 아니라 1966년에서 1970년 사이에는 연간 130만 톤의 식량을 다른 지역으로 수출하던 식량수출 대륙이었다.[+] 그런데 어떻게 불

[+] 대표적인 반세계화 운동조직인 '포커스 온 더 글로벌 사우스(Focus on the Global South)'의 사무총장을 역임한 필리핀 국립대학교의 월든 벨로(Walden Bello) 교수(현 하원의원).

과 십여 년 만에 '위 아 더 월드We are the World'를 외치며 눈물을 흘리는 부자 나라 국민들과 그들의 정부가 보내주는 구호식량과 원조에 절대적으로 의지하는 처지로 전락하고 만 것일까? 과연 그들에게 무슨 일이 일어났던 걸까?

아마도 이런 질문에 대해 독자들 가운데는 고개를 갸웃거리는 이들도 적지 않을 것이다. 왜냐하면 그동안 우리는 당연히 그 대답을 알고 있다고 믿어왔기 때문이다. 기록적인 가뭄과 각종 자연재해, 그로 인한 국민들의 고통에는 도통 무관심한 정부와 권력기관의 부패와 무능, 거듭 되풀이되는 쿠데타와 정치 불안, 서로 다른 민족과 부족 간의 내전, 낙후한 인프라와 낮은 생산성, 국제 투기세력들의 농간 등이 바로 그것들이다. 그러나 이런 모범 답안들에는 여전히 풀리지 않은 궁금증이 남는다. 그럼 예전에는 심한 가뭄과 자연재해가 없었던 걸까? 아무리 그래도 독립 직후의 정치적 혼란이 더 심하면 심했지 덜하지는 않았을 텐데? 오랜 기간 내전을 겪은 나라는 그렇다 쳐도 내전을 겪지 않은 나라들까지도 식량생산이 붕괴한 이유는 뭐지? 비록 생산성은 낮아도 그나마 가족들이 굶지 않을 만큼의 먹을거리를 훌륭히 생산해내고 남은 건 시장에 내다 팔기까지 하던 소규모 농민들이 불과 십 년 만에 죄다 사라져 버린 걸까?

결국 우리가 일반적으로 알고 있던 원인 이외에 보다 근본적이고 총체적인 어떤 커다란 변화가 아프리카에서 일어났었다는 것, 그런데 그 변화가 결국 실패로 돌아가는 바람에 재앙적인 결과를 낳았다는 것 말고는 아프리카의 빈곤과 식량위기를 제대로 설명할 도리가 없다. 그리고 그 변화의 중심에는 다름 아닌 IMF와 세계은행이 자리 잡고 있었다.

아프리카의 현대사를 이야기할 때 결코 빼놓을 수 없는 것 중 하나는 소규모로 농사를 지어온 농민들의 역할이다. 독립 초기에 그들이 기여한 역할과 공헌은 비단 농업과 경제 부문에만 국한되지 않았다. 일찍이 1950년대에는 아프리카 민족주의에 기초한 독립운동을 떠받치던 주요한 동력이었으며, 독립 이후에는 막 새싹을 틔우던 신생독립국의 경제적인 밑거름 역할을 한 사람들이 바로 그들이었다. 이 책 1장에서 언급된 가나의 사례처럼 "농민들의 고된 노동 덕분에 신생국의 금고는 가득 차" 있는 정도까지는 아니더라도, 아직 변변한 생산시설 하나 갖추지 못한 대부분의 아프리카 국가들에서 농민들은 세금을 통해 정부의 재정을 충당해주는 국가의 주요 수입원이었다. 그에 부응해, 대부분의 아프리카 정부는 농민들에게 보조금을 지급해 비료를 살 수 있게 하고 양질의 종자를 제공해 생산성을 높일 수 있게 지원해주었다. 그와 동시에 세계 시장에서의 급격한 가격변동에 따른 소득 불안정을 완화하기 위해 농민들에게 지급되는 최저 가격을 정하고, 농산물 매입에서부터 유통, 수출까지 도맡아 하는 정부 산하 기구를 속속 설립했다. 가나의 '카카오 위원회'와 코트디부아르의 '카이스탑'도 그 중 일부였다.

그러던 1973년과 1978년 두 차례의 석유 파동이 세계 경제를 강타했다. 석유 가격의 폭등은 당연히 석유 수입국들에게는 치명적인 타격이었지만, 반대로 석유 수출국들은 그 기간에 엄청난 돈을 긁어모았다. 그리고 그들은 그 돈을 대부분 미국의 금융기관들에다 투자했다. 자연히 미국 금융기관들의 고민은 깊어질 수밖에 없었다. 왜냐하면 금융기관들은 어떻게든 돈을 굴려야 투자자들에게 이자를 지급하고 자신들의 이윤도 챙길 수 있기 때문이다. 그래서 그들은 아프리카를 비롯한 신흥 개발도상국들에게 돈을 빌려 쓰라고 부추겼다. 물론 처음에는 아주 낮은 수준의 이자율을 당근책으로 제시하는 걸 잊지 않았다. 돈을 빌려 간 정부가 그 돈을 자국의 산업화나 사회기반시설에 투자하든, 소수 권력층의 주머니에 마구 쑤셔 넣든 간에 그건 그들의 관심사가 아니었다.

하지만 잔치는 그리 오래가지 않았다. 1970년대 말과 80년대 초, 세계 경제의 극심한 불황으로 미국 내 이자율이 무려 21%까지 치솟았다. 당연히 채

무국들이 갚아야 할 이자도 감당할 수 없을 정도로 쌓여갔다. 국민들을 위한 교육이나 의료, 복지는커녕 이자를 갚느라 공무원들 월급도 제대로 지급 못할 정도로 빚에 허덕이는 나라가 한둘이 아니었다. 게다가 더 이상은 이자와 원금을 못 갚겠다고 각국이 잇달아 디폴트를 선언해버리기라도 하면 자칫 세계 경제 전체가 돌이킬 수 없는 파국으로 치닫게 될 판국이었다. 그때 해결사를 자처하고 나선 곳이 바로 IMF와 세계은행이다.

1944년 미국 뉴햄프셔 주의 브레튼 우즈Bretton Woods에 모인 44개 나라 대표들이 체결한 협정의 결과로 만들어진 IMF와 세계은행은 원래, 위기에 빠진 국가에 '조건 없는' 대출을 제공해 환율 안정을 도모함으로써 '지속적인 성장과 완전 고용'을 촉진시킬 목적(IMF)과 2차 대전으로 황폐화된 국가들의 사회기반시설 재건을 위한 재정을 공급해줄 목적(세계은행)을 가진 국제금융기구였다. 그러나 애초의 설립 목적과 달리 IMF와 세계은행은 심각한 외채 위기에 빠진 나라들에 돈을 빌려주는 대신 아주 혹독한 구조조정 프로그램Structural Adjustment Programs, SAPs을 조건으로 내걸었다. 그 프로그램의 핵심은 정부 재정의 긴축, 공공부문의 민영화, 대대적인 규제 철폐, 무역 자유화였다. 즉 공무원을 자르고 교육과 의료에 들어가는 돈을 감축해서 정부 지출을 줄이며, 국가 소유의 기업과 서비스, 설비를 내다 팔아서 돈을 마련하는 한편, 규제를 풀어서 외국 자본의 투자를 유치하고 무역 자유화로 수출을 늘려서 빚을 갚아 나가라는 처방이었던 것이다.

하지만 결과는 참담했다. 농업 부문만 보자면, 그동안 영세한 농민들에게 지급되던 정부 보조금이 대거 삭감됐고, 비축하고 있던 식량 보유고를 헐값에 내다 팔아야 했으며, 식량 작물을 짓던 땅을 갈아엎고 그 자리에 카카오나 커피, 담배, 차, 화훼 같은 수출용 상품작물을 심어야 했다. 예전에는 비록 가난할지 언 정 웬만해서는 굶어 죽지는 않았지만, 이제는 조금이라도 가뭄이

들거나 흉년이 들면 곧 대규모 기아 사태로 이어질 수밖에 없는 구조가 된 것이다.

게다가 상품작물의 농사가 너무 잘 돼도 역시 문제였다. 과잉생산으로 인해 세계 시장 가격이 폭락하면 배를 곯기는 마찬가지기 때문이다. 코트디부아르 같이 농민들에게 지급하던 최저가격을 정해주고 수매와 판매를 대신해주던 정부 산하 기구를 구조조정 정책의 일환으로 없애버린 나라의 농민들은 특히나 국제 시장 가격의 급락에 그만큼 더 취약했다. 그뿐만 아니라 예전에는 자급자족하던 쌀과 밀, 옥수수 가격이 세계 시장에서 폭등하기라도 하면 그야말로 엎친 데 덮친 격이었다. 반면 미국과 유럽의 농민들은 자국 정부가 주는 보조금 혜택으로 인한 가격 경쟁력의 이점을 마음껏 누리며 개발도상국으로의 농산물 수출을 점점 늘려갔다. 이렇게 농민들의 소득수준은 날로 후퇴했고 이제는 아파도 병원조차 갈 수 없는 지경에 이르렀다. 긴축 재정으로 인해 정부가 병원이나 학교를 짓는 데 쓸 돈이 없었기 때문이다.

그렇다면 그런 고통을 겪은 덕분에 그나마 아프리카의 외채는 줄어들었을까? 그것도 아니다. IMF와 세계은행 같은 국제금융기구들의 활동을 오랫동안 모니터링해온 캐나다의 비정부기구 연합체인 '핼리팩스 이니셔티브Halifax Initiative'의 2004년도 보고서에서는 1981년 구조조정 프로그램이 시행된 이래로 아프리카 국가 전체의 외채는 지금까지 500% 이상 증가했다고 밝히고 있다. 또한 사하라 이남의 국가들이 당초 원금의 4배에 해당하는 2290억 달러를 서구 채권국들에게 갚았지만, 여전히 2785억 달러가 빚으로 남아 있다고 한다.+

이상은 이 책을 통해 저자가 제기하고 있는 근본적인 질문, 즉 "초콜릿 산업뿐만 아니라 그 나라 자체를 지탱해온 건 결국 한 알 한 알 카카오를 일궈온 농민들의 땀과 노력"임에도 불구하고 왜 그들 농민들에게는 "평생을 죽도

+ IMF, World Economic Outlook Database

록 일만 해온 대가치고는 초라하기 그지없는" 대가 밖에 돌아갈 수 없는지를 이해하기 위한 역사적 배경이다. 《초콜릿, 탐욕을 팝니다》에서는 위에서 이야기한 부분을 깊이 있게 다루거나 저자 자신의 평가를 내리고 있지는 않다. 그럼에도 세계 카카오 농업의 중심인 가나와 코트디부아르의 구체적인 사례를 통해 이 책은 우리에게 중요한 시사점을 던진다. 가나의 카카오 위원회와 코트디부아르의 카이스탑을 비교한 예가 대표적이다. 둘 다 원래는 카카오 농민들의 이익을 최우선적으로 보장하기 위해 만들어졌지만, 시간이 흐를수록 농민들의 흘린 피와 땀을 이용해 소수 권력층의 주머니를 불리기 위한 수단으로 전락했다는 공통점이 있다. 그래서 IMF와 세계은행의 이른바 '개혁 처방'에 따른 폐지 대상 일 순위가 됐다. 하지만 가나는 끝까지 저항하며 위원회를 지켜낸 반면, 코트디부아르는 그렇지 않았다. 그 결과 현재까지는 가나의 선택이 옳았음이 드러나고 있다. "(가나의) 카카오 위원회가 카카오를 선물 거래로 판매할 수 있고 농민들에게 최저가격을 보장할 수 있다는 사실 덕분에 가나 국민들이 계속해서 이득을 보고 있는 건 확실"한데 비해 "코트디부아르 같은 경우 생산자들의 요구에 아무도 귀 기울이지 않는 상황에서 자유화는 구매업체들의 힘을 더욱 견고히 하는 역할을 했을 뿐"이기 때문이다. 이는 각 나라마다의 역사와 현실에 상관없이 '국가의 개입은 악이요, 시장은 절대선'이라는 논리를 신앙처럼 맹신한 신자유주의자들에게 가하는 통렬한 카운터펀치가 아닐 수 없다. 또한 스스로 시장의 가치와 순기능을 여전히 믿는 시장주의자임에도 저널리스트로서의 합리적이고 객관적인 자세를 잃지 않은 저자가 이끌어낸 생생한 현장 증거이기도 하다.

현직 기자로 활동하고 있는 오를라 라이언의 《초콜릿, 탐욕을 팝니다》는 초콜릿의 주원료인 카카오 산업과 그에 의지해 살아가는 서아프리카의 수백만 농민들의 삶을 들여다본 책이다. 기자로서 직접 현장을 발로 뛰어다니면서 얻은 경험과 정보를 토대로 하면서도 단순히 현상의 나열에 그치지 않고 역사적, 정치적, 사회적 맥락에 기초해 현실을 분석하려는 저자의 접근법은 이 책의 가장 큰 미덕이 아닐까 한다. 특히 한국의 독자들이 평소 접하기 어려운 가나와 코트디부아르의 현대사와 정치사회 현실을 간략하게나마 이해할 수 있다는 건 덤으로 누릴 수 있는 즐거움이다.

그와 동시에 이 책에는 보는 시각에 따라서 논쟁거리가 될 만한 대목도 적지 않다. 아동노동을 다룬 부분이 바로 그러한데, 카카오 농장에서의 아동노동을 보도해온 언론이나 관련 단체들의 활동이 "상당 부분 과장된 측면"이 있으며 "소규모 농민들이 가족들의 일손을 동원하고 가능한 한 가장 싼 노동력을 찾으려는 이유를 이해 못 할 바는 아니"라는 저자의 태도에 대해서는 선뜻 동의하지 못하는 독자들도 꽤 있을 것 같다. 그러나 비록 출발점은 다를지라도 결론에 이르러서는 저자의 생각과 아동노동폐지 운동가들의 시각이 그다지 크게 엇갈릴 것 같지는 않다. 책에서 저자가 강조한 아이들의 미래를 위한 교육의 중요성과 결국은 농민들에게 제대로 된 대가가 돌아가게 함으로써 그들을 "가난이라는 함정"에서 빠져나오게 하는 것이 아동노동을 없애는 근본적인 해결책이라는 데 대해서는 많은 사람들이 동의하고 있기 때문이다.

공정무역에 대한 부분도 마찬가지다. 저자 역시도 오늘날 공정무역을 이끄는 사람들과 거기에 동참해 기꺼이 지갑을 여는 소비자들의 "순수하고 좋은 의도"에 대해서는 전혀 의심하고 있지 않다. 다만 공정무역의 창시자인 니코 로전이 말했듯이 "공정무역은 어디까지나 다양한 윤리적 운동의 일환"일 뿐 기존의 시장 질서를 완전히 대체할 만한 대안은 될 수 없다는 것이다. 아프리카 농민들의 실제적인 삶의 변화는 결국 우리 같은 소비자가 어떤 초콜릿을 고르느냐에 달려 있는 게 아니라, 어떻게 하면 그 나라 국민 전체의 이익을 최우선시하는 정부를 세울 것인가 하는 민주주의의 문제이자 작물 다각화나 토지 개혁 같은 제도적 차원에서 이뤄낼 과제라는 저자의 주장에 대해서는 모두가 귀 기울여볼 만한 가치가 충분하다고 생각한다.

끝으로, 심혈을 기울여 원고를 다듬고 빛내준 도서출판 경계의 이병구 편집자에게 감사의 말을 전한다. 또한 같은 공간에 있으면서 수시로 조언을 보태준 '경계를넘어'의 수영과 평생의 짝꿍 수진, 사랑하는 가족들에게도 고맙다는 말을 남기고 싶다. 이 책을 번역하면서 한 권의 책도 연극이나 영화 못지않게 여러 사람이 힘을 합쳐 만들어가는 공동의 창작물이라는 생각을 다시금 하게 됐다. 물론 우리말로 옮기는 데 있어서 부자연스러운 부분이나 잘못된 번역이 있다면 그것은 모두 번역자 본인의 책임이라는 점에는 변함이 없다. 그리고 이 책을 읽는 독자들, 그중에서도 평소 초콜릿을 즐겨 먹던 독자들에게는 행여나 이 책이 괜한 불편함 하나를 더 얹어주는 일은 없었으면 하는 바람이다. 그보다는 오히려 우리가 무심코 집어 드는 초콜릿 하나에도 결코 가벼이 여길 수 없는 역사와 치열한 현실, 그리고 지구 저편 농민들의 피와 땀이 녹아 있음을 머리와 가슴으로 음미해볼 수 있는 기회가 됐으면 한다.

2012년 8월
서교동에서
최재훈

서문

잘 손질된 초록빛 정원으로 둘러싸인 영국 중서부의 작은 도시 본빌 Bournville에 다다르면, 어딜 가나 자줏빛 '캐드베리Cadbury' 초콜릿의 깊고 풍부한 맛이 제일 먼저 떠오른다. 기차역 담벼락에서부터 도로 표지판, 공원 울타리, 터미널로 이어진 짧은 산책로, 그리고 초콜릿 공장의 입구 할 것 없이 온통 푸른빛이 감도는 보라색으로 칠해져 있기 때문이다. 그런 풍경은 '데어리 밀크Dairy Milk'나 '크런치Crunchie', 혹은 '크림 에그Creme Egg'를 처음으로 베어 물었던 때로 시간을 잠시 되돌린다. 어린 시절 그렇게도 우리를 잠 못 이루게 했던 황홀한 그 맛의 기억으로 말이다.

1824년, 캐드베리 형제는 버밍엄 시내의 불 스트리트Bull Street에 있는 어느 작은 찻집에서 카카오를 가지고 실험을 시작했다. 그리고 반세기가 지난 1879년, 캐드베리 가문은 자신들이 직접 본빌이라 이름 붙인 이 작은 마을에 공장을 짓고 본격적으로 밀크 초콜릿을 만들어내기 시작했다. 오늘날 세계에서 가장 큰 초콜릿 회사 중 하나로 자리 잡은 캐드베리 초콜릿이 탄생한 순간이었다.

내가 본빌을 처음으로 찾은 2009년 7월의 어느 날, 하늘에는 금방이라도 소나기가 쏟아질 것처럼 회색 구름이 잔뜩 끼어 있었다. 하지만 초콜릿 테마파크 '캐드베리 월드Cadbury World'에는 '초콜릿이 살아 숨 쉬는 곳'이라는 광고에 이끌려 모여든 수백 명의 관람객들로 발 디딜 틈이 없을 정도였다. 일단 전시관에 들어서자 초콜릿의 고향인 중앙아메리카 정글의 폭포수와 재잘대는 앵무새들이 맨 먼저 사람들을 맞이하고 있었다. 초콜릿이라는 단어는 소콜라틀xocolatl이라는 아즈텍+ 민족의 말에서 유래했다고 알려졌는데, 여기서 소속xococ은 '신맛', 아틀atl은 '물'을 뜻한다.

나는 16세기와 17세기에 갈색 빛깔의 말린 카카오 열매를 유럽으로 전파

+ 13세기부터 16세기까지 멕시코 중부를 지배했던 아메리카 선주민 민족. 특히 15세기에 주변의 도시 국가들을 차례로 정복하면서 인구 2500만 명의 강력한 제국을 건설하였으며, 고유의 문자 체계와 사법, 행정, 경찰, 교육 기관을 운영할 정도로 찬란한 문명을 꽃피웠다. 그러나 1521년, 에르난 코르테스(Hernán Cortés)가 이끄는 650명의 에스파냐 군대의 침략으로 결국 역사의 뒤안길로 사라지고 만다.

했던 탐험가들의 밀랍인형을 지나 전시장 안쪽으로 들어갔다. 안에서는 유모차를 끌고 온 부모들이 아이들과 한바탕 실랑이를 벌이고 있었다. 공짜로 나눠주는 초콜릿을 하나라도 더 집으려 안간힘을 쓰는 아이, 플라스틱 틀에서 막 꺼낸 초콜릿을 넋 놓고 구경하는 아이, 컨베이어 벨트를 따라 줄지어 지나가는 초콜릿을 조금이라도 가까이 보기 위해 유리창에 얼굴을 바짝 갖다 댄 개구쟁이까지. 아이들은 초콜릿에 완전히 혼을 빼앗겨 버린 듯했다. 그렇게 정신없는 와중에도 한쪽 구석에 놓인 텔레비전 화면에서는 캐드베리 초콜릿 광고가 끊임없이 흘러나오고 있었다.

캐드베리 월드는 캔으로 된 최초의 카카오 음료에서부터 오늘날 시중에 판매되는 온갖 달콤한 것들이 총망라된 곳이자, 지난 백 년간 영국인의 삶에서 절대 빼놓을 수 없는 존재로 자리매김한 초콜릿의 역사를 한눈에 보고 느낄 수 있는 공간이었다. 그렇기에 이곳을 찾는 사람들은 영국 사회가 초콜릿과 함께 걸어온 발자취를 하나하나 되짚어 보는 기회도 누릴 수 있었다. 물론, 한 아름의 선물용 초콜릿과 함께 말이다.

카카오나무가 맨 처음 자라난 곳은 아메리카 대륙이지만, 전 세계 카카오 생산의 중심은 아프리카로 옮겨간 지 오래다. 그리고 그중에서도 서아프리카의 가나에서 생산된 카카오 열매는 캐드베리 초콜릿의 '비교할 수 없는 달콤함'을 탄생시킨 주인공이라 할 수 있다. 서아프리카 농민들은 '크림 에그', '데어리 밀크', '프루트 앤 넛Fruit and Nut' 같은 제품에 들어갈 기본 원료를 재배하고, 그 원료로 만들어진 초콜릿이 기차역 매점이나 길모퉁이 가게, 그리고 슈퍼마켓 진열대를 가득 채운다. 즉, 농민들의 값진 노동이 없다면 초콜릿이란 산업 자체도 존재할 수 없다는 이야기다.

그럼에도 우리는 아프리카 농민들의 역할에 대해서는 놀랄 만치 무지하고 무관심하다. 한 예로, 2009년에 캐드베리 사는 자사의 모든 제품이 가나에서 나는 고급 카카오 원료로만 생산된다고 대대적인 광고를 펼친 바 있지만, 정작 캐드베리 월드 전시장에서는 아프리카에 관한 내용을 좀처럼 찾아볼 수 없었다.

세계 카카오 생산량 분포에 관한 인식 역시 심하게 왜곡되어 있긴 마찬가지다. 내가 카카오 무역에 관한 글을 쓰고 있다고 이야기하면, 대다수 사람들은 그렇게 많은 카카오가 서아프리카에서 생산된다는 사실에 입을 다물지 못한다. 카카오 하면 남아메리카라는 등식이 그들 머릿속 깊숙이 자리 잡고 있기 때문이다.

그러나 전 세계 카카오의 절반 이상은 아프리카에서 생산되고, 그 가운데서도 서로 이웃해있는 코트디부아르와 가나는 세계 1, 2위 생산국의 자리를 다투고 있다. 2008년에서 2009년 사이에 카메룬과 나이지리아를 포함해 서아프리카의 약 200만 농민들이 생산한 카카오는 모두 230만 톤에 달하는데, 이는 전 세계 수확량 350만 톤의 3분의 2에 해당하는 양이다.[1]

나는 2005년부터 2007년 말까지 로이터 통신사의 특파원 신분으로 가나에 머물렀고, 당시 아프리카의 정치·사회 일반이나 금융에 관련된 뉴스를 취급하는 과정에서 자연스레 가나의 카카오 산업을 들여다볼 기회를 가질 수 있었다. 그 전에 런던 지국에서 근무할 때도 원자재 관련 뉴스를 담당하면서 카카오 시장의 동향을 기사로 옮기곤 했지만, 정작 가나에서 직접 목격한 현실은 내가 예전에 알던 사실과 놀라울 정도로 딴 판이었다. 실제 거래가 이뤄지는 현장의 모습은 컴퓨터 화면 상에서 깜빡이는 숫자들과는 완전히 차원이 달랐던 것이다. 마치 피와 살이 붙어 있는 생명체를 마주하는 느낌이랄까.

설명하자면 이렇다. 카카오 한 가마니에는 64㎏의 열매가 담긴다. 열여섯 가마면 1톤이 되는 셈인데, 연간 65만 톤 정도 되는 카카오를 생산하기 위해 수십만 명의 농민들이 한 해 동안 구슬땀을 쏟는다. 그렇게 수확된 열매들은 트럭에 실려 군데군데 움푹 패어 있는 엉성한 도로를 따라 항구에 도달한다. 그 모든 과정 하나하나가 남녀노소 할 것 없이 온 국민이 달라붙어서 일궈낸 노력의 산물이며, 그런 노력이 모두 합쳐져 가나의 국내총생산을 이루게 되는 것이다.

오늘날의 가나는 매년 그런 식으로 카카오를 팔아서 벌어들이는 수억 달러의 돈으로 지탱된다. 이것은 책상머리에서는 결코 이해할 수 없는, 살아 숨 쉬는 진짜 실물 경제학이었다. 나는 특정한 상품을 가리켜 한 국가의 생명줄과도 같다는 말이 어떤 의미인지를 가나와 초콜릿을 통해 난생처음으로 이해할 수 있었다. 또한 런던의 상품거래소와는 물리적으로 한참이나 멀리 떨어져 있는 가나와 코트디부아르에서 일어나는 일들이 런던의 금융가나 본빌의 공장에서 벌어지고 있는 일들과 떼려야 뗄 수 없는 관계라는 것 역시 생생히 느낄 수 있었다.

나는 카카오 시장을 제대로 파악하기 위해 보통의 기자들이 다루는 수준을 넘어 좀 더 깊숙이 파고들어 보기로 작정했다. 그래서 우선 가나의 정치와 종교, 문화, 그리고 생활 전반에 대해 사람들과 폭넓은 대화를 나누기 시작했고, 그런 시도는 그 나라를 큰 틀에서 이해하는 데 큰 도움이 됐다. 그런 뒤에는 카카오 산업이 어떻게 작동하고, 농민들이 어떤 처우를 받고 있으며, 캐드베리 같은 기업들과 그들이 어떤 관계를 맺고 있는지 그 발자취를 따라가 보았다. 그 과정에서 카카오 위원회 Ghana Cocoa Board✛가 친정부 인사들에게 주는 특혜와 구매업자들이 단속기관의 환심을 사기 위해 보이는 행태, 그리고 생산자들이 하루하루 생계를 이어가기 위해 고군분투하는 모습 같은 가나의 생생한 속살을 들여다볼 수 있었다. 코트디부아르를 취재하면서는 한 때 기적의 땅이라 불렸던 한 나라의 명성이 토지와 정체성을 둘러싼 다툼으로 인해 어떻게 무너져 내리는지도 목격했다. 이렇듯 카카오 생산에 얽힌 일들이 가나와 코트디부아르의 정치·경제사를 써내려가고 있다고 해도 결코 지나친

✛ 가나카카오위원회. 약칭으로 '코코보드(Cocobod)'라 하기도 하며, 1947년부터 1979년까지는 '카카오판매위원회(Cocoa Marketing Board)'란 이름으로 불렸다. 정부 산하의 이 위원회에서는 생산자를 대신해 구매업체들과 카카오 가격을 협상하고, 생산자로부터 수매한 카카오를 국제시장에 내다 파는 등 국제시장의 가격 급등락으로부터 생산자를 보호할 목적으로 설립되었다. 그 외에 병충해 퇴치와 영농기술 개발 및 교육을 통한 생산 증대의 역할도 담당하고 있다.

말이 아니었다. 그리고 그들의 카카오 경제를 읽어내는 과정은 두 나라에 대해서뿐만 아니라 그들과 전 세계 부자나라들의 관계를 제대로 이해하는데 큰 보탬이 되었다.

가나의 시골 마을에 가보면 농민들이 갈대로 엮은 소쿠리에 갓 수확한 카카오 열매를 담아 집 밖에 내놓고 말리는 광경을 흔히 볼 수 있다. 열매가 숙성될수록 초콜릿의 맛과 향은 점점 풍부해진다. 그 향은 내게 있어 아주 익숙하면서도 동시에 낯설게 느껴졌다. 어릴 적 즐겨 먹던 '후레이크Flakes'나 '밀크 트레이Milk Tray 선물세트', 혹은 '마즈Mars 초콜릿 바'를 떠올리게 하는 그 강렬한 향. 그러나 내게 어린 시절의 달콤한 기억을 떠올리게 했던 그 향은 여기 농민들에게는 완전히 다른 의미였다.

품질 좋은 열매는 그들이 좀 더 괜찮은 수입을 올릴 수 있게 됐다는 의미인 반면, 고약한 향이 난다는 건 곧 가난을 뜻했다. 한마디로, 농민들에게 카카오는 죽느냐 사느냐의 문제인 것이다. 이는 내가 일상적으로 누리는 호사 뒤에 감춰진 경제적 고단함의 한 단면이었다. 본빌과는 완전히 다른 세상일 뿐만 아니라 초콜릿이라는 동전의 또 다른 이면이기도 했다.

그런 농민들에게 초콜릿의 맛이 어떠냐는 것은 별로 중요치 않았다. 그들 대다수는 평생 초콜릿이란 걸 입에 대본 적도 없다. 이런 사실은 예로부터 초콜릿에 수많은 문화적이고 신비로운 의미가 녹아 있던 남아메리카 대륙과는 아주 대조적이다. 아즈텍 인들은 카카오를 화폐로 사용했으며, 칠리가 가미된 쓰디쓴 카카오 음료를 즐겨 마셨다. 그들은 카카오가 영적인 힘, 심지어 마법과도 같은 효험을 지녔다고 믿었고, 그래서 카카오를 '신들의 음식'이라 여겼다.

반면 서아프리카에서는 지역의 전통 음식이나 예식에 카카오와 초콜릿을 올리지 않는다. 게다가 카카오나무는 원래 그 지역에서 자라던 나무가 아니며, 비교적 최근이라 할 수 있는 영국 식민지 시절에 아주 우연한 계기를 통해 들어오게 된 나무였다. 일설에 의하면 포르투갈 선교사들이 브라질에서 카카오 씨앗을 페르난도 포^{Fernando Po, 지금의 비오코 섬}라는 아프리카의 작은 섬으로 가져왔고, 1879년 테테 콰르시^{Tetteh Quarshie}라는 농장 인부가 그걸 자신의 고향 땅에 옮겨 심은 게 아프리카에서 재배되는 카카오의 시작이라고 한다. 하지만 실제로는 1860년대에 스위스 선교사들이 중앙아메리카의 수리남에서 들여온 카카오 씨앗을 시험 삼아 심어본 적도 있었다는 기록이 남아있기도 하다.[2]

카카오나무는 강수량과 그늘, 습도에 민감하고 20도에서 32도 사이의 온도에서 잘 자란다. 게다가 나무가 연약하고 열매를 맺기까지 최대 5년의 시간이 걸리기 때문에 카카오 재배에 적합한 환경을 가진 지역은 세계적으로도 그리 많지 않다. 그러나 서아프리카의 기후와 토양은 카카오 재배에 안성맞춤이었다.

1887년 가나 식민정부는 수도 아크라^{Accra}에서 약 50km 떨어진 아콰핌^{Akwapim} 지역에 카카오 묘목을 배포했고, 농민들은 몇 헥타르^{ha}에 지나지 않는 작은 땅에 그것들을 일일이 쟁기로 심었다.[3] 우리가 슈퍼마켓 진열대에서 볼 수 있는 다른 농산물들과는 달리 카카오는 원래부터 소규모 경작을 하는 작물이었고 그것은 지금도 변하지 않았다. 오늘날 생각해보면 놀라운 일이지만, 경작 초기에는 카카오가 가진 경제적인 잠재력에 대한 인식이 거의 없었다. 그래서 카카오를 재배하던 초기, 농민들은 위험부담을 낮추기 위해 다른 작물도 함께 키우곤 했다.

아프리카 '황금해안^{Gold Coast}'+의 농업투자 가능성을 분석한 당시의 한 보고서에서도 카카오는 그저 스치듯 잠깐 언급될 뿐이었다.[4] 19세기 후반까지도 사람들은 카카오와 초콜릿이 앞으로 얼마나 중요한 상품이 될지 깨닫지 못하고 있었다. 최초의 초콜릿 바는 건조하고 잘 부서졌고, 이렇게 괴상한 단

+ 오늘날 가나의 연안인 기니만의 일부. 금의 주요 산지인 까닭에 황금해안이라 이름 붙여졌으며, 1482년에 포르투갈의 식민지가 된 이래 네덜란드, 영국 등 식민 열강들의 치열한 각축장이었다.

것이 사람들에게 인기를 얻을 가능성은 없어 보였다. 그러나 만드는 사람들의 솜씨가 점점 무르익고 관련 기술이 발달함에 따라 초콜릿은 크림처럼 부드럽게 변해갔고, 유럽을 중심으로 초콜릿을 찾는 수요가 서서히 증가하기 시작했다.

캐드베리 가문이 처음 초콜릿에 손을 대기 시작했던 시기, 그들은 카카오 열매를 서아프리카의 포르투갈령 상투메 프린시페에서 수입해왔다. 그러나 카카오 농장에서 일하는 노예들의 참담한 생활에 대한 신문 보도가 잇따르면서, 그들은 다른 수입처를 찾아 나설 수밖에 없었다.[5] 그리고 1908년, 캐드베리는 당시 황금해안이라 불리던 지역에서 카카오 열매를 들여오기 시작했다.[6] 그때부터 캐드베리 초콜릿의 맛은 곧 가나산 카카오의 맛과 동의어가 되었다.

나는 취재를 위해 카카오 농장에 정기적으로 드나들면서 카카오 재배 농민들이 지금 자신들이 처해있는 현실에서의 삶보다 더 나은 삶을 원한다는 걸 깨달았다. 그리고 그들 중 상당수가 자신의 자녀들은 카카오 재배에 종사하지 않기를 바란다는 사실에 충격을 받았다. 그들은 아이들이 의사나 변호사, 교사가 되기를 바랐고, 다음 세대의 삶은 카카오 수확으로 좌지우지되지 않기를 간절히 염원했다.

허름한 진흙집들이 줄지어 늘어선 시골의 풍경 역시 다국적기업들이 벌어들이는 막대한 이윤과 극명한 대조를 이뤘다. 세계인이 사랑하는 달콤함을 만들기 위해 없어서는 안 될 재료인 카카오는 가나의 최대 수출품 중 하나로 대접받고 있다. 하지만 초콜릿과 카카오 관련 상품을 사고파는 750억 달러 규모의 세계시장[7]에서 가나가 벌어들이는 금액은 2008년 기준으로 연간 12억 달러[8] 정도에 불과했다. 영국에서 밀크 초콜릿 한 개가 팔렸을 때, 카카오 농민에게 돌아가는 돈은 최종 소비자 가격의 단 4%에 불과한 것이 엄

연한 현실인 것이다.[9]

지난 수십 년 동안, 카카오 농민들은 늘어나는 초콜릿 수요를 충족시키느라 혈안이 된 서구의 공장들을 먹여 살렸다. 초콜릿 수요는 최근 30년간 글로벌 총생산의 증가에 비례해 상승 곡선을 그려왔고, 1960년대와 비교하면 그 생산량은 거의 세 배 가까이 증가했으며, 앞으로도 그런 추세는 계속 이어질 전망이다.[10] 이러한 생산량의 증가는 상당 부분 서아프리카에서 비롯됐다. 그럼에도 최근 3년간, 공급은 수요를 따라잡지 못했다.[11] 카카오 산업은 끊임없이 초콜릿을 찾는 우리들의 욕구를 만족시킬 만큼 충분한 카카오를 더 이상 책임지지 못한다. 나무들은 노쇠했고, 자신들의 몫이 너무 적다고 생각하는 농민들의 불만은 갈수록 치솟고 있다.

업계 관계자들을 만나보면, 하나같이 서아프리카의 농민들이 카카오 농사를 계속 지을 수 있도록 독려해야 한다고 강조했다. 그들은 앞으로 카카오 열매를 어디서 공급받을 수 있을지 심각하게 우려하고 있었다. 물론 모두가 다 그런 건 아니었지만, 그들 중 일부는 생산 농민들의 삶을 다시금 들여다보기 시작했고, 그들의 소득을 끌어올릴 방안을 고민했다. 그리고 지속 가능성을 이야기하는 사람들도 점점 늘어갔다. 농민들에게 단지 먹고사는 수준을 넘어서 작물과 자신의 미래에 투자할 수 있을 정도의 소득을 보장해줄 필요성 말이다.

나는 카카오가 이들 나라에 얼마나 중요한 것인지를 전하고, 카카오를 생산하는 농민들이 거둬들이는 소득이 왜 그렇게 적을 수밖에 없는지를 밝히기 위해 이 책을 쓰기 시작했다. 포괄적으로 이는 권력에 대한 문제이며, 시장과 제조회사, 그리고 가장 중요하게는 정부가 그 권력을 어떻게 휘두르고 있느냐 하는 문제이다.

이 책의 내용은 내가 서아프리카에 머물면서 진행한 수백 차례의 대화와 인터뷰에 기초하고 있다. 책 속에서 나는 카카오 농민들이 왜 자신들의 요구를 제대로 주장하지 못하는지, 또한 왜 국제사회에서 카카오 생산국들의 목소리가 상대적으로 열세에 놓일 수밖에 없는지 그 이유를 살펴볼 것이다.

잠시 결론부터 말하자면, 소규모로 농사를 짓는 카카오 농민들은 정치적 리더십과 협상 능력을 절실히 필요로 한다. 동시에 체계적인 교육과 과학적 지원, 그리고 토지 개혁도 중요하다. 또한 초콜릿 기업들은 자신들의 거래에 대해 더욱 투명해져야만 한다.

농민들의 빈곤을 해결할 대안으로 가장 빈번하게 거론되고 권장되는 '공정무역' 역시 그 자체로 답이 아니다. 당신이 어떤 초콜릿을 사느냐가 내가 이 책에서 묘사하고 있는 현실들을 해결해주지는 못한다는 것이다. 그러나 만약 생산 농민들이 지금보다 더 나은 생활수준을 누리게 된다면, 초콜릿 애호가들은 자신들이 그토록 즐겨 먹는 초콜릿에 더 많은 돈을 치르는데 익숙해져야 할 거라는 사실만큼은 분명하다.

경쾌한 광고 음악이 귀를 자극하고, 달콤한 초콜릿들이 포장 라인 위로 쉴 새 없이 쏟아져 나오는 이 환상적인 캐드베리 월드에 모인 사람들에게 카카오가 과연 어디서 오는지는 별로 중요한 문제가 아닐지 모른다. 내가 가나의 가난한 시골 농장에서 목격한 삶은 평온하기 그지없는 이곳 본빌의 모습과는 너무나 대조적이었다. 그곳의 사람들은 수돗물도 잘 안 나오고 전기 공급도 시원치 않은 허름한 집에서 산다. 모든 게 잘 갖춰진 영국 중부 도시에서 나들이 나온 가족들에게 서아프리카 농민들의 가난한 삶은 너무나 충격적이지 않을까 하는 생각도 들었다. 하지만 음식을 이해한다는 것은 우리가 다른 세계를 경험하고 문화와 경제가 서로 어떻게 맞물려 있는지를 깨닫는 데 있어 큰 도움이 된다. 더불어 그것은 우리가 관행적으로 알고 있는 역사의 빈자리를 훌륭히 메워주는 역할을 한다.

그런 의미에서 지금 캐드베리 월드를 구경하고 떠나는 단란한 가족들은

초콜릿을 둘러싼 수많은 사연의 절반만 듣고 가는 셈이다. 하지만 초콜릿의
이면에는 그보다 훨씬 더 많은 이야기들이 숨어있다.

1

가나는 곧
카카오다

농민들의 어깨 위로 흐르는 노래

가나 서부지방에 있는 라르웨크롬^{Larwehkrom} 마을에 들어서면, 대기 중에 가득 퍼져 있는 감미롭고 풍부한 카카오 향이 코끝을 자극한다. 갈대로 엮어 만든 소쿠리 위에는 갈색 빛이 감도는 자그마한 열매들이 햇볕을 쬐고 있고, 제멋대로 자란 나무들은 크고 작은 녹색 열매를 빼곡히 품고 있다. 앞으로 몇 주, 혹은 몇 달이 지나면 달걀처럼 둥근 열매가 노랗게 익어갈 것이다. 그리고 농부들은 그 단단한 껍질을 쪼개서 하얀 과육으로 둘러싸인 씨앗을 꺼낸 다음, 체로 쳐서 골라내 저렇게 햇볕에 말릴 것이다.

그러나 지금은 7월. 본격적인 수확 철이 되기엔 아직 이른 시기다. 그래서인지 마을은 쥐죽은 듯 고요했다. 잔뜩 찌푸린 하늘 아래, 낡은 자전거 타이어를 굴리며 노는 아이들의 웃음소리만 드문드문 울려 퍼졌다. 염소들은 빛바랜 은색 양동이 근처에서 먼지를 뒤집어쓴 채 풀을 뜯고 있었다. 석탄 난로 위의 주전자가 보글보글 끓어오르고, 오래된 라디오에서는 내용 모를 뉴스가 흘러나왔다. 그리고 이 마을의 촌장인 올해 예순세 살의 사무엘 테이 라르웨 ^{Samuel Tei Larweh}는 진흙 벽돌로 지은 자기 집 한 편의 나무 벤치에 걸터앉아 함석지붕 위로 후드득 떨어지는 빗소리를 감상하고 있었다.[1]

동부지방 출신인 라르웨는 벌목 일을 하던 아버지와 함께 당시 '황금해안'

이라 불리던 이 지역에 처음 발을 디뎠다. 그의 나이 열한 살 때였다. 그리고 1959년, 더 이상 벨만 한 나무가 남지 않게 되자 그의 아버지 스티븐 테테 라르웨Stephen Tetteh Larweh는 농부가 되기로 결심했다. 이곳은 연중 기온이 높고 비가 많이 내리는데다 토양도 아주 비옥했다. 게다가 그때는 세계적으로 초콜릿의 핵심 재료인 카카오를 찾는 수요가 점점 늘고 있던 시점이었다. 그렇게 그의 아버지는 쉬지 않고 일하기로 유명한 초기의 카카오 개척 농민 대열에 들어섰다.

가나에서 카카오가 재배되기 시작한 건 19세기 말 동부지방 사람들에 의해서였다. 처음에는 주로 마을 주변의 자그마한 땅뙈기를 일구던 이들은 점차 새로운 지역으로 규모를 키워가기 시작했고, 마을 촌장과 농장 노동자들에게 현금을 지급하거나 수확한 작물을 나눠주었다. 그리고 남은 돈으로는 집을 새로 짓고 아이들을 교육시켰다. 그렇게 조금씩 농장이 확대되면서 카카오나무는 점점 동부 지역을 넘어 서부까지 뒤덮게 됐고, 급기야는 오늘날 가나의 '카카오 수도'라 불리는 서쪽 끝, 세프위 위아우소Sefwi Wiawso 지방에까지 다다랐다. 그렇게 생겨난 마을 중 하나가 지금 내가 막 발을 디딘 라르웨크롬이었다. 카카오를 심을 땅을 찾아 이곳까지 흘러든 사람들은 언덕 아래에 터전을 마련하고는 마을에서 카카오 농사를 처음 시작한 스티븐의 성을 따서 마을 이름으로 삼았다. 당시 주민들에게 카카오나무는 새로운 기회를 안겨다 주는 희망 그 자체였고, 그래서 1950년대에는 이런 노래가 유행할 정도였다.

"아이들을 학교에 보내고 싶다면, 카카오!
집을 짓고 싶다면, 카카오!
장가를 가고 싶으면, 카카오!
옷을 사고 싶을 때도, 카카오!

트럭을 사고 싶어도, 카카오!

이 세상에 원하는 게 있다면, 카카오를 키우면 되지요!"

아프리카의 이들 농민들은 전 세계적으로 카카오 생산량이 폭발적으로 늘어나는데 커다란 기여를 했다. 1895년에만 해도 남아메리카와 카리브에서 생산된 7만 7000톤이 전 세계 카카오 수출량의 전부였다.[2] 그러나 1925년 무렵이 되자, 상황은 완전히 달라졌다. 수출량이 무려 50만 톤을 넘어서게 된 것이다. 그 가운데서도 가나는 카카오 수출국의 맨 앞자리에 서서 세계 전역의 초콜릿 공장을 먹여 살리는 위치로 발돋움했다. 애초부터 대규모 플랜테이션에서 재배되는 작물이 아니었던 카카오가 이렇게 괄목할만한 생산량 증가세를 보였다는 건 경이로운 일이 아닐 수 없었다. 생산 초기, 카카오는 기껏해야 2에이커[ac]+밖에 안 되는 소규모 농장에서 재배하던 작물이었기 때문이다.

이러한 '카카오 붐'을 두고 영국 정부의 고위관리였던 윌리엄 노웰William Nowell은 "워낙 우후죽순처럼 퍼져 나가는 상황이라 어떻게 억누를 수도, 제한할 수도 없다."[3]고 놀라움을 표현했다. 1938년에 작성된 정부 보고서에서 그는 다음과 같이 밝히고 있다.

"가나의 카카오는 우리가 지금까지 봐온 다른 농산품과는 완전히 차원이 다르다. 거의 백지상태에서 출발해 불과 40년 만에 전 세계 수요의 40%를 공급하게 된 것이다. 카카오는 가나의 거의 유일한 상품작물로서, 어느덧 가나 경제를 이야기할 때 절대 빼놓을 수 없는 존재가 되었다. 그럼에도 소규모 토착 농민들이 직접 일궈낸 카카오 산업은 지금도 여전히 그들에게 전적으로 의지하고 있다."[4]

다시 말해, 초콜릿 산업뿐만 아니라 가나라는 한 나라를 지탱해온 건 결국 한 알 한 알 카카오를 일궈온 농민들의 땀과 노력이라는 이야기다. 그리고 그들의 그런 노력은 나라의 틀을 완전히 바꿔놓는 결과로 이어졌다. 수확한 열

+ 1에이커는 약 0.4헥타르.

매를 항구까지 옮기기 위해 도로가 새로 뚫렸고, 운반된 카카오를 저장하기 위해 여기저기 창고 건물이 올라갔다. 시골에는 카카오를 팔아 번 돈으로 지은 서양식 이층집들이 군데군데 들어섰으며,⟨5⟩ 땅을 빌려주고 이자를 받는 지주들과 여러 개의 농장을 소유한 부농들이 등장하기 시작했다.⟨6⟩ 지난날, 식민주의자들은 금이 많이 난다고 해서 가나를 황금해안이라 불렀다지만, 이제 가나를 대표하는 것은 금보다 카카오였다. '카카오가 곧 가나요, 가나가 곧 카카오'라는 말이 결코 과장된 이야기만은 아니었다.

　찢어지게 가난했던 농부 라르웨가 아이들을 먹이고 가르칠 수 있었던 것도, 고향 마을에 번듯한 새집을 지을 수 있었던 것도 모두 카카오 덕분이었다. 게다가 그는 아주 근면하고 영리한 사람이었다. 마을 주민들은 카카오 말고도 여러 가지 다른 작물을 함께 기르던 그를 바지런하고 성실한 사람이라고 입 모아 칭찬하곤 했다.

　그러나 정작 그의 형편은 평생을 죽도록 일만 해온 대가치고는 초라하기 그지없었다. 집에는 전기가 들어오지 않아서 손전등과 램프로 불을 밝혀야 했고, 마을에는 여전히 변변한 학교 하나 갖춰져 있지 않았다. 최근에 우물을 새로 뚫은 덕분에 그나마 깨끗한 물을 맘껏 쓸 수 있게 됐을 뿐, 그를 포함한 농민들의 살림살이는 카카오 농사를 짓기 전과 크게 달라진 게 없어 보였다. 왜일까? 그 까닭을 이해하려면 독립 이후 형성된 정부와 구매업자, 그리고 농민들 사이의 관계를 좀 더 자세히 들여다볼 필요가 있다. 지난 반세기 동안 농민들의 삶은 결국 정부가 정해놓은 카카오 수매가격에 좌지우지되어왔기 때문이다.

독립을 위한 투쟁

아크라Accra 해변에서 그리 멀리 떨어지지 않은 한적한 공원에는 회색빛 암석으로 만들어진 대형 기념비가 몸통이 잘려나간 나무의 밑동처럼 솟아 있다. 가나의 초대 대통령인 크와메 은크루마Kwame Nkrumah를 기리기 위한 기념비였다. 거리는 온통 관광객들의 팔을 잡아끄는 장사치들과 도로 위를 꽉 메운 자동차들로 번잡하기 이를 데 없었고, 그곳을 지나 깔끔하게 정돈된 공원 안으로 들어서야 비로소 한숨 돌릴 여유를 되찾을 수 있었다. 저 멀리 수평선 너머에서 희미하게 들려오는 천둥소리만이 텅 빈 공원을 채워주고 있었다.

내가 은크루마 기념공원Kwame Nkrumah Memorial Park을 찾은 건 2007년에 이어 이번이 두 번째였다. 당시 런던에서 왔다는 한 여행객과 우연히 동행하게 됐는데, 그녀는 나를 따라서 이곳에 들를 때까지 가나에 대해 아는 게 거의 없다시피 했다. 하지만 그다지 놀랍다는 생각은 들지 않았다. 가나는 워낙 평화롭고 조용한 나라여서, 영국 신문 1면에 오르내릴 일이 거의 없기 때문이었다. 그러나 수십 년 전까지만 해도 가나는 황금해안이란 이름으로 영국 식민지 가운데 신문지상에서 가장 자주 거론되던 곳이었다.

특히 1957년 3월 6일, 한 때 영국인들을 위한 폴로 경기장으로 쓰였던 이 조용한 공원에서 일어난 사건은 전 세계 뉴스의 헤드라인을 화려하게 장식했다. 바로 그날 이 자리에서 은크루마가 아프리카의 사하라 이남 지역에서는 처음으로 독립을 선언한 것이다. 그와 더불어 가나라는 새 이름을 얻게 된 이 나라에서 뒤이어 숨 가쁘게 전개됐던 굵직굵직한 사건들은 한동안 외신기자들을 연일 야근과 숙직의 나날로 몰아넣었다.

가나의 독립은 수도인 아크라뿐만 아니라 아프리카 대륙 전체에 큰 변화를 가져왔다. 1957년 3월, 이 공원에는 영국 여왕을 대신해 참석한 켄트 공작부인the Duchess of Kent✛과 당시 미국 부통령이던 리처드 닉슨Richard Nixon, 마

✛ 조지 5세 국왕의 넷째 아들인 조지 왕자의 부인, 마리나 공주를 가리킨다. 그날 연회에서 마리나 공주가 은크루마와 춤을 추는 장면은 신생독립국 가나가 지난 시절의 식민모국이었던 영국과 동등한 관계가 되었음을 보여주는 하나의 상징으로 동시대인들 사이에 큰 화제가 되었다.

틴 루터 킹Martin Luther King, 그리고 미국의 재즈 음악가인 윌버 드 파리Wilbur de Paris 등이 함께 자리하고 있었다.⟨7⟩ 가나가 독립국으로서 성공할 수 있을지 여부에는 비단 가나의 미래만 걸린 문제가 아니었다. 이에 대해 당시 런던의 〈타임스The Times〉 지 편집장은 이렇게 썼다.

"이제 은크루마 박사는 가나의 독립을 통해 아프리카 해방의 주춧돌을 놓아야 할 사명을 어깨에 짊어지게 됐다. …… 그것을 이루는 가장 확실한 방법은 가나를 신뢰할만한 민주국가로 번영시키는 것이다. 그렇게만 된다면, 아프리카의 홀로서기에 쏟아진 의혹의 눈길과 자신들의 이익을 위해 식민 지배를 더 연장하고 싶어 하는 이들의 탐욕을 한 방에 날려버릴 수 있을 것이다."⟨8⟩

기대는 드높았다. 다행히 농민들의 고된 노동 덕분에 신생국의 금고는 가득 차 있었다.⟨9⟩ 영국 일간지 〈가디언The Guadian〉의 편집장은 "지난 십 년 간 세계인들이 초콜릿의 달콤한 매력에 푹 빠진 덕분에 가나는 외채를 끌어다 쓰지 않고도 국가를 운영할 수 있을 만큼 탄탄한 재정을 확보하게 됐다."고 말했다.⟨10⟩ 그게 다 카카오 농민들의 공이라는 사실에 이의를 제기할 사람은 거의 없었다. 그래서 폴리 힐Polly Hill 이란 학자는 "독립을 가장 축하받아야 할 사람들은 바로 카카오 농민들"이라 말하기도 했다.⟨11⟩

그리고 몇 년의 시간이 흘렀다. 그 사이 가나의 초대 대통령 은크루마는 세계에서 가장 유명한 지도자의 반열에 우뚝 올라섰다. 그는 아프리카 정치 역사에서 가장 선구자적인 인물로 오늘날에도 많은 이들의 존경을 받고 있다. 그러나 여기엔 전혀 다른 이면이 존재한다. 카카오 농민들을 포함해 가나 국민 전체를 가난으로 몰아넣은 장본인도 다름 아닌 은크루마였던 것이다.

서부지방 출신인 은크루마는 젊은 시절 미국과 영국에서 유학생활을 했다. 영국에서 공부할 당시 공산당 활동에도 참여할 정도로 정치에 관심이 많았던 그는, 1947년 말 고국으로 돌아오자마자 본격적으로 독립운동에 뛰어들었다.⟨12⟩ 열정적이면서도 논리 정연한 그의 말솜씨는 언제나 사람들의 마음을 휘어잡았고, 그를 따르는 지지자들의 수는 삽시간에 불어났다. 그중에는 특히나 '베란다 소년들'이 많았다. 살 집이 없어서 부잣집 베란다에서 잠을 자는 젊은이들이었다. 그가 이끌던 운동은 그렇게 하루가 다르게 힘을 키워갔다. 한때 그는 총파업을 조직했다가 폭동 선동 혐의로 체포돼 감옥에 갇히는 위기를 맞기도 했으나, 1951년 선거에서 그가 만든 '인민회의당Convention People's Party, CPP'이 전체 38석 가운데 34석을 휩쓰는 압승을 거두면서 교도소 문을 당당히 걸어 나올 수 있었다. 그로부터 하루도 채 지나기 전, 영국 총독 찰스 아덴-클라크Charles Arden-Clarke가 그에게 정부 구성의 중책을 맡아달라고 요청하면서 드디어 그는 정권을 장악하게 되었다.(13)

그러나 카카오 농민들은 은크루마에 대한 의심의 눈초리를 거두지 않았다. 그들은 농사를 시작한 이래로 단 한 번도 자신들이 일 년 내내 뼈 빠지게 일해서 거둬들인 카카오를 제값에 팔아본 적이 없는 사람들이었다. 구매업자들이 제시한 조건이 완전히 날강도짓이라는 걸 알면서도 그 외에는 다른 대안이 없었기 때문이다. 그러다 20세기로 접어들면서 비로소 새로운 판매처가 나타났다. 캐드베리나 당시 세계 최대의 무역회사였던 '유나이티드 아프리카United Africa Company' 같은 거대 기업들이 카카오를 대거 사들이기 시작한 것이다. 하지만 여전히 속고 있다는 느낌만큼은 떨쳐 버릴 수가 없었다. 기업들이 카카오의 무게를 잴 때 쓰는 저울의 눈금이 자신들이 어림잡은 무게와 너무 크게 차이가 났기 때문이다.(14) 급기야 1937년에 대형 구매업체들이 농장출하 가격을 직접 정하겠다고 나서자, 농민들은 카카오 출하거부와 수입품 불매운동을 벌이기 시작했다.

금세 잠잠해질 줄 알았던 보이콧 운동이 8개월이 지나도록 잦아들 기미가 보이지 않자, 그제야 정부가 팔을 걷어붙이고 나서기 시작했다.(15) 1947년부터 소규모 농민들을 대신해 다국적 구매업체들을 상대하고 농장출하 가격을 책정하는 일을 새롭게 설치된 정부 산하의 카카오 판매위원회에 전적으로 맡기기로 한 것이다. 당시 이미 오스트레일리아와 뉴질랜드에서도 가나의 카카오 위원회와 유사한 조직을 운영하고 있었는데, 국제시장에서 약자일 수밖에 없는 농민들의 협상력을 그나마 높여주는 방안이라는 평가를 받고 있었다. 그러나 그와 동시에 치명적인 약점이 하나 있었다. 위원회에 직접적인 영향력을 행사할 수 있는 정부 고위층들이 카카오를 판매해 벌어들인 돈을 제 지갑 안의 쌈짓돈처럼 쉽게 꺼내 쓸 가능성을 배제할 수 없었다는 것이다. 그동안 속을 대로 속아온 농민들이 새로운 지도자의 출현에 경계의 눈길을 보낼 수밖에 없는 이유였다.

그리고 그런 우려는 어느 정도 들어맞았다. 은크루마는 앞으로의 정책을 추진하는 데 드는 재정을 카카오 판매 수입으로 충당하겠다는 뜻을 전혀 감추지 않았다. 이후에 쓰인 자서전에서도 그는 "과거에도 그랬고, 지금도 카카오는 전체 수출의 68%를 차지하는 우리 경제의 주춧돌이다. …… 카카오는 모든 국민의 삶에 영향을 끼치는 국가 전체의 자산이기 때문에, 우리는 비단 농민들뿐만 아니라 전체 구성원들에게 이익이 되는 방향이 무엇인지를 먼저 고려하지 않을 수 없었다."고 분명히 밝힌 바 있다. "가나는 이제 막 첫발을 뗀 신생국이기에 나라의 토대를 하나씩 구축하려면 무엇보다 돈이 필요한데, 거기에 카카오 자금을 활용하겠다."[16]는 의도였다. 그리고 그런 의도는 바로 실행에 옮겨졌다. 초대 총리 시절, 은크루마는 설사 국제 카카오 가격이 올라간다 할지라도 1954년부터 4년 동안은 농장 출하 가격을 현 상태로 유지하라고 카카오 위원회에 지시했다.[17] 새 지도자에 대한 카카오 농민들의 우려가 최악의 현실이 되어 나타나는 순간이었다.

자연히 카카오를 둘러싼 갈등은 커져만 갔다. 그리고 그런 갈등은 독립으로 향하던 열차를 거의 탈선 직전까지 내몰았다. 그때만 해도 가나에서 나는 카카오의 절반가량은 아샨티Ashanti 지방에서 생산되고 있었다.[18] 반면 은크루마를 비롯해 민족주의 운동을 이끌던 지도자들은 대부분 다른 지방 출신이었다. 아샨티 농민들 사이에서는 재주는 곰이 넘고 돈은 엉뚱한 사람이 챙겨가는 상황이 올지 모른다는 불안감이 팽배해졌다.[19] 그래서 그들은 새로이 창설된 정당인 '민족해방운동National Liberation Movement, NLM'+으로 눈길을 돌렸다.

민족해방운동 측은 연방 정부를 세워서 카카오 생산지역에 더 많은 대가를 돌려줘야 한다고 주장했다. 1956년 선거에서는 아예 카카오나무를 당의 상징물로 내세우고, 널리 만연해 있던 카카오 위원회의 부패를 집중적으로 물고 늘어졌다.[20] 당 지도부는 "여러분이 필요로 하는 건 다름 아닌 정직한 정부입니다. 정부 고위층들이 제멋대로 국민들 호주머니에 손을 집어넣게 놔둬선 안 됩니다."라고 호소하고 다녔다. 그리고 "그들이 탐내는 건 바로 여러분의 돈"이니 "반드시 투표해서 카카오를 지켜내자!"고 농민들을 설득했다. 물론 은크루마도 가만히 앉아서 당하고 있지만은 않았다. "카카오가 어쩌니, 부패가 어쩌니 떠들고 다니는 이들"은 "이 나라의 독립을 원치 않는 미친놈들"이라고 역공을 편 것이다.

결국 선거는 은크루마의 승리로 끝났고, 가나는 독립을 쟁취했다. 그는 애초 공언한 대로 산업화라는 거대한 용광로에 카카오 판매로 벌어들인 돈을 집중적으로 들이붓기 시작했다. 카카오 가격은 정부의 통제를 받는 카카오 위원회가 알아서 책정했고, 세금을 올리는 것도 식은 죽 먹기였다. 1965년 무렵에 농민들은 톤당 59파운드의 세금을 내고 있었다. 이는 9년 전에 내던 세금보다 50%나 더 오른 금액이었다.[21]

이렇게 과도하게 거둬들인 세금은 은크루마의 변덕스러운 씀씀이와 그가 주력하는 사업들을 뒷받침하는 돈줄이 되었다. 그는 대통령 전용 선박으로 사용한다는 명목으로 영국 조선소에 1800만 달러나 되는 돈을 주고 구축함을 주문하는가 하면,[22] 가나 현실에 맞지 않는다는 주변의 조언을 무시한 채 800만 달러를 들여 카카오 저장고를 설치했다.[23] 아크라에서 열린 아프

+ 은크루마의 인민회의당(CPP)에서 갈라져 나온 아샨티 출신 당원들이 1954년에 창설한 정당. 1956년 국회의원 선거에서 12석을 차지해 원내 제3당이 되었으나, 이듬해 은크루마가 종교나 지역, 인종에 기반을 둔 정당을 불법화함으로써 연합당(United Party)에 흡수되었다.

리카 정상 회담을 위해서만 5000만 달러를 쏟아 부었고,⟨24⟩ 60개국이 넘는 나라에 새로운 재외 공관을 개설했다.⟨25⟩

농민들의 소득은 갈수록 떨어지는 데 반해, 집권당 당원들과 정부 관료들은 점점 더 배를 불려갔다. 그 정도가 너무 지나치자, 1961년에는 은크루마 대통령까지 직접 나서서 집권당의 부패를 억제하기 위한 방안들을 내놓기도 했다. 예를 들어, 한 사람이 총액 기준으로 2만 파운드가 넘는 집을 두 채 이상 소유할 수 없고, 자동차도 두 대 이상 굴리지 못하게 하는 내용이었다. 여기에 대해 데니스 오스틴Dennis Austin이란 학자는 당시 집권층이 부당하게 축적한 재산이 어느 정도였는지를 보여주는 역설적 증거라고 꼬집었다.⟨26⟩

은크루마는 하루하루 고립되어 갔고, 그럴수록 그의 편집증은 점점 더 심해져 갔다. 급기야는 대통령의 명령만으로도 재판 없이 사람들을 감옥에 가둘 수 있게 하는 법을 통과시켰고, 가나를 단일정당 국가로 선포했으며,⟨27⟩ 스스로 종신대통령 자리에 올랐다. 아예 한술 더 떠서 나라 곳곳에 자신을 구세주로 형상화한 동상도 세웠다. 그의 얼굴을 박아 넣은 우표와 동전이 발행됐고, 아이들은 소리 높여 지도자를 찬양하는 것으로 하루를 시작해야 했다.⟨28⟩ 한때 은크루마 정권에 열광했던 나라 밖 언론들은 "돈을 물 쓰듯 쓰는 독재자"라며 그에게 손가락질해댔다.⟨29⟩

한편 기댈 곳이 없어진 은크루마는 세계 각국의 좌파 지도자들과 돈독한 관계를 맺는 것으로 돌파구를 찾고자 했다. 알다시피, 1960년대 초반은 냉전이 최고조에 달한 시기였다. 케네디John F. Kennedy 정권의 미국과 흐루쇼프Nikita Khrushchyov 서기장이 이끌던 소련은 사사건건 대립각을 세우며 으르렁대고 있었다. 게다가 1959년에는 쿠바의 피델 카스트로Fidel Castro가 사회주의 혁명에 성공하면서 미사일 위기+까지 찾아왔다. 이런 상황에서 미국과 서방 정부들로서는 소련, 중국과 친밀한 관계를 맺고, 아프리카 사회주의를 적극 주창하고 나선 은크루마 정권이 눈엣가시 같은 존재일 수밖에 없었다.

+ 1962년 8월, 쿠바와 소련 정부가 쿠바 영토에 중거리 탄도 미사일 기지를 설치하려던 계획이 드러나면서 촉발된 미국과 소련 간의 군사 대립. 미국 정부가 탄두를 실은 소련 선박을 공격하겠다고 공개적으로 경고하고 나서면서 한때 일촉즉발의 상황으로까지 치달았으나, 양국 정부 간의 막후 비밀 협상 끝에 극적으로 봉합되었다.

그런 와중에도 카카오 수출로 벌어들인 달러 덕분에 그럭저럭 정권은 유지되고 있었다. 그러나 1965년, 공급과잉 때문에 세계 카카오 시장 가격이 추락하기 시작했다. 은크루마는 제국주의자들과 신식민주의자들이 가격을 강제로 낮췄다고 비난의 화살을 돌렸다.[30] 아크라의 공장들은 원자재 부족으로 문을 닫았고, 버터, 우유, 쌀, 설탕, 소금, 약품을 구하려는 사람들의 줄이 거리에 길게 늘어섰다.[31] 그리고 1966년 2월, 중국을 공식 순방하는 동안 벌어진 군부의 쿠데타로 결국 그는 권력의 자리에서 내려오고야 말았다. 나라 안팎의 사람들은 쿠데타 세력의 등 뒤에는 미국과 영국 정부가 도사리고 있다고 입을 모았다. 그렇게 정권을 장악한 쿠데타 주동자들은 국영라디오를 통해 "이제 은크루마를 둘러싸고 있던 신화는 깨졌다."고 선언했다. 독립 당시만 하더라도 5억 6000만 달러의 외환보유고를 자랑하던 나라가 10억 달러에 달하는 부채를 짊어진 빚쟁이 국가로 전락한 뒤의 일이었다.[32] 쿠데타 소식이 전해지자 가나 국민들은 거리로 쏟아져 나와 덩실덩실 춤을 췄다.

혁명의 시기를 버티게 해준 유일한 생명줄

몇 년 전 어느 날, 나는 아크라 시내를 천천히 거닐고 있었다. 거리의 행상들은 중앙분리대를 넘나들며 자동차 사이를 곡예 하듯 뛰어다녔다. 워낙 교통 체증이 심해서 차들이 천천히 달리는 게 그나마 다행이었다. 그들이 양손에 잔뜩 들고 다니는 물건들을 보니, 공기를 넣어 부풀리는 변기 시트에서부터 장난감, 가방, 성냥에 이르기까지 도대체 안 파는 게 뭔지가 궁금할 정도였다. 그중에는 나이지리아 영화배우의 사진이나 마이클 에시엔Michael Essien+의 브로마이드 따위를 파는 상인도 눈에 띄었다. 나는 그들이 펼쳐 들고 다니는

+ 영국 프리미어 리그의 명문구단인 첼시에서 활약하고 있는 가나 국가대표 축구선수. 가나에서는 국민적 영웅대접을 받고 있다.

사진들을 무심코 훑어보다가 한 장의 사진에 눈길을 딱 멈춰 세웠다. 군복을 입고 짙은 선글라스를 쓴 채 무표정한 얼굴로 포즈를 취하고 있는 날카로운 광대뼈의 사내. 20년 넘게 가나를 호령했던 제리 존 롤링스Jerry John Rawlings 전 대통령이었다.

가나 국민들이 제리 롤링스란 이름을 처음 들은 건 1979년 5월 15일의 일이었다.〈33〉 그때는 수도 아크라에서의 삶이 거의 임계점에 도달한 시기였다. 생필품 부족은 일상이 되다시피 했고, 아크라에서 가장 크다는 콜레부Korle-bu 병원에서조차 의약품이 모자라서 수시로 수술이 연기되곤 했다. 그날, 군 사령부에서 총성이 들렸다는 뉴스가 전해지자 아무도 집 밖으로 나오지 않았다. 사람들은 곧 군대가 거리를 점령하게 될 거라는 두려움에 떨었다. 그리고 점심 무렵, 호리호리한 스물다섯 살의 풋내기 공군 대위가 일으킨 반란이 진압됐다는 소식이 들려왔다.

그달 말, 롤링스에 대한 군사재판이 열렸다. 피고인석에 선 롤링스는 "썩을 대로 썩은 나라를 깨끗이 청소하기 위해서라면" 결코 피를 두려워해서는 안 된다고 당당히 주장했다.〈34〉 자신감과 확신에 찬 롤링스의 카리스마는 지지자들의 심장을 뛰게 했다. 동시에 그들은 롤링스가 그냥 저대로 처형당하지는 않을까 마음을 졸였다. 하지만 롤링스는 그들의 예상보다 훨씬 더 영리하고 재빨랐다. 6월 4일 아침, 라디오 뉴스를 틀어놓은 채 출근 준비를 하던 사람들은 자신들의 귀를 의심했다. 처음 들어보는 우렁찬 목소리의 사내가 라디오 저편에서 "오늘로서 지난날의 정부는 더 이상 존재하지 않으며, 군사혁명위원회가 나라를 장악했음"을 선언하고 있었던 것이다.〈35〉 롤링스 대위였다.

새로 들어선 정권은 일말의 주저하는 기색도 없이 금세 그 잔인함을 드러냈다. 전직 대통령 세 사람이 차례로 형장의 이슬로 사라졌고, 군사령관도 여러 명 살해되었다. 이른바 '경제사범들'도 예외는 아니었다. 경제사범이라고 해서 꼭 대단한 잘못을 저지른 사람만 있는 건 아니었다. 물건을 대량으로 비축해두거나 가격을 너무 높게 매긴 상인들도 모두가 처벌 대상이었다. 자가용을 두 대 이상 소유하거나 집을 두 채 이상 가진 사람들, 전문직 종사자들도 마찬가지였다. 군인들은 돈푼깨나 있어 보이는 사람이라면 누구든 잡아들여 곧바로 유죄 판결을 내렸다. 당시 카카오 위원회 위원장이었던 크와메 피아님Kwame Pianim은 "젊은 군인들에게 은행에서 돈을 빌렸다고 설명해도 전혀 먹혀들지 않았어요. 대출을 받았다는 것 자체가 특혜를 누렸다는 뜻으로 해석됐으니까요."라고 그때를 회상했다.

그해 8월, 장교들은 마콜라Makola 시장에서 장사를 하던 여성들을 몰아내기 위해 다이너마이트로 시장을 폭파해 잿더미로 만들었다. 흔히 '마콜라의 여인들'이라 불리던 상인들은 가격을 낮추라는 군사혁명위원회의 요구를 거부했는데,〈36〉 이는 가장 심각한 경제범죄 중 하나였다.

카카오 위원회의 고위 관료들도 그런 상황을 피해 갈 수 없었음은 물론이다. 그들은 원체 호화로운 저택에서 고급 승용차를 굴리며 흥청망청 술값을 쓰기로 유명했다. 가나의 주요 일간지인 〈데일리 그래픽The Daily Graphic〉 지는 사설에서 "대다수 국민들은 카카오 위원회 관료들이 카카오 농사를 짓는 농민들보다 카카오 판매수입을 통해 훨씬 더 많은 걸 누리며 사는 현실을 도무지 납득하지 못한다."고 지적했다.〈37〉

위원회의 피아님 전 위원장은 관료들의 그런 행태를 감시하는 장치가 전혀 없었기 때문이라고 그 원인을 설명했다. 그는 그나마 위원회의 지출과 운영에 대한 통제를 강화하려 애썼던 몇 안 되는 인물 중 하나였다. 그러나 설사 위원회에 대해 철저한 감사를 한다고 해도, 문제가 될 만한 부분을 찾아내기란 애초부터 불가능했다고 그는 덧붙였다. 그러다 정권이 바뀌고 나서 그동안의 지출내용을 하나도 빼지 않고 자세히 보고하라는 새 정부의 불호령이 떨어지자, 뒤가 구린 관료들은 목숨이라도 건져야겠다는 생각에 황급히 줄행

랑을 쳐버렸다. 새로 들어선 혁명 정부는 이와 같은 부패와의 전쟁을 가리켜 '집안 청소'라 불렀다.

군인으로서 본분을 다한다는 명분으로 그 해 9월 잠시 권력에서 한발 물러났던 롤링스 대위는 그 이듬해 다시 두 번째 쿠데타를 감행했다. 자신을 스스로 혁명가라 여기며 쿠바의 공산주의 지도자 피델 카스트로와 리비아의 무아마르 카다피 Muammar Gaddafi를 존경하던 그는 지지자들 앞에서 스스럼없이 자신을 '어린 예수'라 자처했다. 그가 정말로 예수의 환생인지는 알 수 없는 노릇이지만, 적어도 당시 그에게는 어떻게 경제의 판을 다시 짜고 정치를 개혁할지에 대한 전략 따위는 없었다는 사실만큼은 분명했다. 롤링스 자신도 그런 사실을 인정하는 데 전혀 거리낌이 없었다. 그는 특유의 우렁찬 목소리로 국민들에게 "내가 가진 이념이 뭔지, 경제 정책이 무엇인지는 묻지 마십시오. 나는 법도 모르고, 경제학도 공부해본 적이 없는 사람입니다. 그러나 딱 한 가지 사실만큼은 똑똑히 알고 있습니다. 지금 우리 뱃속은 텅텅 비어 있다는 사실 말입니다, 여러분!"하고 외치곤 했다.[38]

그런 롤링스가 똑똑히 알고 있는 사실이 또 하나 있었다. 바로 가나라는 국가에 카카오가 얼마나 중요한 존재인가 하는 것이었다. 당시 가나는 설탕, 타이어를 비롯한 각종 공산품을 주로 쿠바와 동독 같은 나라에서 수입하고 있었는데, 그러려면 외화가 필요했다.[39] 외화를 벌어다 주는 핵심 수입원이 다름 아닌 카카오였으니, 혹시라도 카카오 생산이 중단되기라도 하는 날엔 나라 전체가 마비되는 상황으로까지 치달을 수 있었다. 그러나 카카오가 가진 경제적 위상에 비해 농민들에게 돌아가는 대가는 극히 적었다. 이에 대해 피아님 전 위원장은 가나의 화폐인 세디 Cedi화가 지나치게 고평가되고 물가 상승률도 너무 높아서 "카카오 가격을 얼마나 쳐주든지 간에 농민들이 손에 쥐는 돈은 항상 적을 수밖에 없었다."고 설명했다. 그런 까닭에 점차 농민들은 가격을 보다 더 높게 쳐주는 코트디부아르에 카카오를 내다 팔기 시작했다. 이는 어찌 보면 당연한 결과였다. 롤링스조차도 "만약 내 부모가 카카오 농민이었다면 나라도 카카오를 밀수출했을 것"이라고 털어놓을 정도였으니 말이다.

어쨌든 정부와 위원회로서는 가나의 카카오가 이웃 나라로 대거 흘러들어 가는 상황만큼은 어떻게든 막아야 했다. 피아님 위원장은 그 문제를 논의하기 위해 직접 롤링스를 독대했던 당시의 기억을 떠올리며 약간 비꼬는 투로 이렇게 말했다.

"이전 정부에서는 농민들에게 지급하는 가격을 올리는 데 아무도 관심이 없었어요. 굳이 가격을 올리지 않아도 꼬박꼬박 세금을 거둬들이는 데는 전혀 문제가 없었거든요. 그런데 쿠데타가 일어나고 처음으로 롤링스와 마주한 자리에서 제가 가격을 좀 올려달라고 요청했죠. 그랬더니 그는 지금 농민들에게 돌아가는 돈이 얼마냐고 묻더라고요. 그래서 저는 이러쿵저러쿵 열심히 설명했죠. 그리고 한 15분이나 지났을까, 롤링스가 대뜸 '좋소, 그럼 가격을 올리시오.' 하더군요. 그동안 별의별 수를 다 써 봐도 안 되던 일이 단 한 번의 만남으로 일사천리로 해결된 겁니다. 농담이지만, 이럴 땐 독재가 참 편리하구나 싶더라고요. 결정 하나는 기가 막히게 빨리 내릴 수 있으니까요, 하하. 아무튼 가나가 외화를 계속 벌어들일 수 있도록 농민들이 농사에 전념하게 하려면 유일한 방법은 가격을 올리는 것뿐이었습니다. 물론 롤링스도 자신이 내린 결정이 어떤 의미인지를 정확히 이해하고 있었고요."

하지만 가격 인상의 폭이 너무 작은 탓에 가나의 카카오가 인근 코트디부아르로 몰래 수출되는 것을 완전히 막지는 못했다. 1983년경 공식적으로 집계된 가나의 생산량은 연간 16만 톤에 불과했는데, 이는 50만 톤이 넘던 1965년도 생산량에 훨씬 못 미치는 양이었다.[40] 가나는 세계 최대의 카카오 생산국 지위를 그렇게 이웃 나라에 빼앗겼다. 그러자 당장 발등에 불이 떨어진 쪽은 가나산 카카오를 주원료로 초콜릿을 만들던 기업들이었다. 캐드베리의 전직 임원 하나는 "정말 두려웠답니다. 날마다 '이제 어디서 카카오를 구하지?' 하는 걱정뿐이었어요."라고 당시를 회상했다.

삶은 갈수록 팍팍해졌고, 그건 비단 카카오 농민들에게만 해당하는 현실은 아니었다. 상점의 진열대는 텅텅 비었고, 수입품은 품귀 현상을 빚었다. 사람들은 먹을거리를 구하느라 몇 날 며칠을 허비해야 했다. 아크라에 살던 한 변호사는 그 시절을 이렇게 증언하고 있다.

"아침에 일어났더니 아기에게 먹일 분유가 한 통밖에 안 남은 거예요. 당장 내일이면 바닥날 게 뻔하니까, 그때부터 동네 상점이란 상점은 죄다 훑고 다녔죠. 그런데 상점마다 셔터가 전부 내려져 있는 거예요. 사람들이 물건 좀 내놓으라고 하도 성화니까 주인들이 아예 가게를 닫아버린 거죠. 사무실 일은 어떻게 했느냐고요? 어휴, 그런 거 신경 쓸 겨를이 있었나요, 아기가 당장 굶어 죽게 생겼는데."

그나마 아크라 시민들 중에 부유층들은 그래도 상황이 나은 편이었다. 직접 자가용을 몰고 시골로 가서 고기나 야채 따위를 사올 수 있었으니까 말이다. 하지만 보통 서민들은 고스란히 끼니를 거르기 일쑤였다. 오늘날에도 가나 사람들은 제대로 먹지 못해서 목 주위에 쇄골이 튀어나온 사람을 일컬어 '롤링스의 체인을 감고 있다.'고 말한다.

그러다 1980년대 초반에 이르자 혁명을 외치던 정부의 말투가 부드러워지기 시작했다. 롤링스는 부인의 측근이었던 폴 빅터 오벵Paul Victor Obeng에게 카카오 생산과 수출을 담당하는 장관직을 맡겼다. 평소 곧은 성격의 오벵은 만약 삶이 지금처럼 전혀 나아질 기미를 보이지 않는다면 결국 국민들이 등을 돌리게 될 거라고 대통령에게 경고했다. 그는 "대통령께서 스스로 평범한 보통사람 출신이라는 사실에 얼마나 자부심을 느끼고 계셨는지 저도 잘 압니다. 그런데 서민들만 이런 잔인한 현실의 희생양이 되고 있는 상황을 이대로 내버려둔다면, 그들은 당신이 자신들 편이 아니었구나 하고 배신감을 느끼게 될 겁니다."라고 충고했다.

가나에 당장 절실한 건 외화였다. 오벵 장관은 이런 난국에서 빠져나오는 길은 오직 카카오뿐이라고 확신했다. "외화로 바꿀 수 있는 상품작물을 어떻게든 지켜야 경제가 되살아날 수 있다는 사실이 갈수록 명확해졌습니다. 그 핵심에 카카오가 있었고, 가장 쉬운 방안이었습니다."라고 그는 말했다. 카카오를 코트디부아르로 몰래 내다 파는 농민들은 여전히 존재했지만, 나머지 대다수 농민들은 정부에게 파는 것 말고는 다른 선택의 여지가 없었다. 오벵 장관은 이에 대해 "만약 카카오가 아니라 옥수수였다면 사람들은 그걸로 허기는 면할 수 있었을 겁니다. 닭 모이로 쓸 수도 있고요. 그러나 카카오는 활용도가 제한되어 있습니다. 결국 두 손 들고 정부에 팔 수밖에 없다는 거죠."라고 설명했다. 그에 부응해 농민들이 카카오 농사를 포기하지 않도록, 아니 더 많이 짓도록 유도하기 위해서 정부는 가격을 올리기 시작했다.

가나에 이런 변화가 일어나던 시기는 국제적으로도 정세가 요동치던 시기였다. 무엇보다도 냉전이 점차 끝나가고 있었다. 미국에서는 로널드 레이건Ronald Reagan 대통령이, 영국에선 마거릿 대처Margaret Thatcher 총리가 정권을 잡으면서 신자유주의가 득세하기 시작했다. 반면 롤링스가 고수했던 사회주의 정책들은 국내는 물론이고 전 세계적으로도 신뢰를 잃어가고 있었다. 개발도상국에 도입할 일련의 표준화된 정책인 '워싱턴 컨센서스Washington Consensus'+가 등장한 것도 바로 이때였다.

그런 와중에 소련이 몰락했다. 소련을 비롯한 동구 사회주의 국가에서 일하거나 유학한 사람들을 흔히 볼 수 있었던 가나에도 커다란 전환점이 필요했다. 내가 인터뷰한 어느 전문가는 "(공산주의의 몰락을 목격하면서) 영리한 롤링스는 재빨리 반대편에 붙기로 결심했어요. 모스크바 유학생 출신들이 죄다 요직을 차지하고 있던 가나에서는 정말 놀랍도록 급속한 변화였죠."라고 설명했다.

+ 긴축재정, 규제철폐, 자본투자 및 무역 자유화, 민영화를 핵심으로 하는 신자유주의 시장경제 전략. 1989년 미국의 경제학자인 존 윌리엄슨(John Williamson) 교수가 당시 극심한 경제위기를 겪던 남미 개발도상국들에 대한 보고서에서 이러한 개혁 처방을 워싱턴 컨센서스라 이름 붙이면서 널리 사용되기 시작했다. 그러나 워싱턴 컨센서스를 실행에 옮기는 핵심이었던 세계은행과 국제통화기금(IMF) 같은 국제기구들이 해당 국가의 현실을 제대로 고려하지 않고 일방적으로 이 전략을 강요함으로써 빈부 격차 확대, 공공성 후퇴, 사회 불안정 등의 부작용을 오히려 심화시켰다는 비판을 받고 있다.

서구의 부자나라들은 자유시장 개혁을 도입하는 데 관심이 있는 나라들에 차례로 돈을 제공하기 시작했다. 이에 뒤질세라 롤링스 정부도 신속하게 개혁정책을 하나하나 도입했다. 새롭게 마련된 정책들은 고통스러운 변화를 가져왔다. 수출 경쟁력을 높이기 위해 세디화의 점진적인 평가절하가 진행됐고, 국영기업들이 민간기업으로 간판을 바꿔 달기 시작했으며, 수만 명의 공무원이 해고되었다.[41] 그 결과, 1995년 무렵 카카오 위원회에 고용된 인원은 십 년 전에 비해 10분의 1에 불과한 만 명 정도로 대폭 줄어들었다. 이와 반대로 가격 인상에 고무된 농민들은 카카오 재배에 다시 뛰어들기 시작했고, 생산량도 자연히 증가했다.

내가 롤링스를 처음 만난 건, 가나의 독립 50주년 기념일이 몇 주 앞으로 다가온 2007년의 어느 날이었다. 독립 50주년을 기념하는 파티가 거리 곳곳에서 열리고 있었고, 앞으로 2주 동안은 24시간 전력공급이 이뤄질 거라고 했다. 그때 롤링스는 이미 권력에서 물러난 지 한참이 지난 때였다. 2000년에 치러진 민주적인 선거를 통해 존 쿠푸오르John Kufuor에게 대통령 자리를 물려주었던 것이다. 한 사람의 자연인으로 돌아간 롤링스는 포스터에서 봤던 늠름한 군인의 모습과는 완전히 딴판이었다. 안경을 쓰고 배가 불룩하게 나온 그의 머리칼은 어느새 하얗게 세어 있었다.

롤링스는 당시에도 종종 언론의 헤드라인에 오르내릴 정도로 세간의 관심에 머물러 있었다. 한편 그에 대한 평가는 완전히 엇갈렸다. 오벵 장관은 그를 가리켜 "부패의 파도에 침몰해가던 가나의 현실"에 비분강개했던 남자라고 표현했다. 뒷날 쿠데타를 시도했다가 롤링스 정권하에서 징역을 살기도 했던 크와메 피아님 전 위원장은 권력의 무대에 처음 등장할 무렵의 롤링스의 모습을 똑똑히 기억하고 있었다. 그는 롤링스가 "인간적이고 이해심이 많았으며 다른 사람의 말에 귀를 기울이는 사람이었고, 불의를 보면 참지 못하고 정의의 편에 서서 바른말을 할 줄 아는 사람"이었지만, 두 번째 쿠데타 이후 완전히 딴 사람으로 변해버렸다고 말했다. 당시는 말 그대로 공포의 시대로, "정말 소름 끼치도록 무서운 시간"이었다며 피아님은 고개를 절레절레 흔들었다. 심지어 '강의 신'과 '부두교'를 믿던 롤링스를 무식하고 잔인한 공포의 대상으로 여기는 사람들도 많았고, 그저 군부가 내세운 잘생긴 간판에 불과했다고 그의 존재 자체를 깎아내리는 이들도 있었다.

반면 여전히 그를 따르며 충성을 다하는 이들도 많았다. 일례로, 오늘날까지도 가나 국민들은 '쿠데타'를 가리킬 때 '붐 boom'+이란 영어 단어를 사용한다. 롤링스 특유의 굵고 우렁찬 목소리에 대한 강렬한 기억 때문인데, 쿠데타를 주도했던 그의 열정에 대한 찬사의 의미를 담고 있다. 그를 인터뷰하는 자리에 동행했던 내 운전사도 그 중 한 명이었다. 그는 롤링스의 얼굴을 보자마자 기쁨을 감추지 못하며 같이 사진을 찍고 싶어 안달이었다.

기골이 장대한 롤링스는 어느덧 예순이 넘은 초로의 사내가 되어 있었다. 하지만 그는 여전히 강인하면서도 좋은 인상을 주고 싶어 했다. 느닷없이 셔츠를 몇 벌 가져와서는 내게 어느 것을 입으면 텔레비전 화면발을 더 잘 받을 수 있는지 묻기도 했다. 목소리만큼은 여전히 우렁찼지만, 그의 이야기는 너무 장황한데다 곧잘 옆길로 새곤 했다.

그날 그는 가까운 측근이 부패 혐의로 수감됐다며 분개했다. 그리고 현 정부가 롤링스 정권 시절 인물들에 대해 보복을 가할지 모른다고 우려했다. 그러다 뜬금없이 자기 집 화장실 변기 물이 대부분의 가나 국민들이 마시는 물보다 더 좋다는 이야기도 꺼냈다. 또한 가나에 산적한 문제가 한둘이 아니지만, 자신이 집권하던 시절에 대한 후회는 없다고 힘주어 말하기도 했다. 인터뷰 내내 그가 하려는 이야기의 요점을 따라잡느라 나는 진땀깨나 흘려야 했다. 처음이자 마지막이 될지도 모르는 그와의 만남은 그렇게 끝이 났다.

+ boom[buːm] ; v. 굵은(우렁찬) 목소리로 말하다/ 호황을 맞다/ 번창하다

복잡한 성공스토리

2002년, 아일랜드의 록밴드 'U2'의 보컬인 보노^{Bono}+가 아크라 중심가의 마콜라 시장을 찾았다. 당시 미국 재무장관이던 폴 오닐^{Paul O'Neil}과 함께였다. 그는 각종 먹을거리와 천, 중고 옷가지들이 잔뜩 쌓여있는 가판대를 배경으로 상인들과 사진을 찍고, 몰려든 아이들과 대화를 나눈 뒤 쿠푸오르 대통령과의 면담을 위해 그 자리를 떴다.

가나는 보노와 같은 빈곤퇴치 운동가가 방문하기에 딱 안성맞춤인 나라였다. 이 나라는 1992년에 최초의 민주적인 선거를 치렀고, 그 뒤 두 번의 정권 교체를 경험했다. 2000년에 롤링스가 존 쿠푸오르와 '신애국당^{New Patriotic Party}'에게 정권을 넘겨 줄 때 한 번, 그리고 롤링스 밑에서 부통령을 지낸 존 아타 밀스^{John Atta Mills}가 2008년 말 대선에서 박빙의 승리를 거두고 대통령 자리에 올랐을 때가 그다음이었다.

사회가 점점 안정되어가는 가운데 꾸준한 경제성장도 뒤따랐다. 기존의 주요 수출품인 카카오, 금, 목재에다 석유도 곧 생산될 예정이었다. 2008년 가나의 1인당 국민소득은 691달러였고,[42] 경제는 약 5%씩 성장을 계속할 것으로 예상됐다.[43] 가나는 이제 사하라 이남의 국가들 가운데 가장 부유한 축에 끼게 됐다.

하지만 이런 성공 스토리에 마냥 환호하기엔 현실이 너무나 복잡하고 암울하기만 하다. 국민 가운데는 아직도 전력 중단과 물 부족에 시달리는 사람들이 수두룩하다. 부는 오로지 수도에만 집중되어 있어, 해마다 수많은 사람들이 일자리를 찾아 전국 각지에서 몰려든다. 지역 간의 격차도 심한 편이다. 북부 지역의 영아와 어린이 사망률은 아프리카 대륙에서도 가장 높은 편에 속한다. 롤링스 정권이 동부 지역의 에웨^{Ewe} 족을 우대했듯이 쿠푸오르 정권은 아샨티 지역 출신들을 선호했던 것으로 알려졌다. 그뿐만 아니라 마약 거

+ 본명이 폴 데이비드 휴슨(Paul David Hewson)인 그는 뮤지션으로서 뿐만 아니라 아프리카의 빈곤 및 AIDS 퇴치와 저개발국들에 대한 부채 탕감 운동에 앞장서온 사회운동가로서도 적극적인 활동을 펼쳐왔다.

래도 증가했다. 쿠푸오르 대통령이 물러난 뒤에는 부패 스캔들이 잇따라 터져 나왔다. 매년 수백 명의 가나인들이 새로운 출발을 꿈꾸며 세네갈이나 리비아로 이어지는 육로로 향한다. 그곳에서 그들은 작은 배에 모든 운명을 맡긴 채 유럽으로 건너가는 목숨을 건 여행을 시도한다. 1970년대부터 이뤄온 경제성장은 충분히 인상적이었지만, 감히 성공이라는 딱지를 붙이기에는 아직 갈 길이 멀다. 하지만 카카오 농민들이 민주주의의 결실을 누리게 됐다는 점만큼은 누구도 부인할 수 없었다. 농장 출하 가격이 꾸준히 올랐기 때문이다.

IMF와 세계은행의 압력을 받은 롤링스 정부는 농민들에게 카카오 판매 대금의 최소한 70%를 지급하겠노라 약속했다.(44) 그러나 번번이 목표 달성에는 실패했다. 농민들에게는 국제 시장 가격의 50% 정도만 돌아가는 경우가 대부분이다. 이는 가격을 미리 정해놓고 실제 물품의 인도는 나중에 이뤄지는 선물 시스템7장 참고으로 카카오 거래가 이뤄지는 게 그 원인 중 하나다. 추후에 국제 카카오 가격이 올라도 가격 인상의 혜택을 누릴 수 없기 때문이다. 하지만 가나의 정부 재정에서 카카오가 차지하는 비중이 그만큼 높다는 현실을 보여주는 증거이기도 하다. 농민들에게 돌아가는 돈이 많을수록 정부는 허리띠를 더 졸라매야 하니까 말이다.

그럼에도 농민들에게 지급되는 금액은 꾸준히 오르고 있다. 특히 선거가 있을 때는 제대로 된 대가를 돌려달라는 농민들의 요구가 더욱 강한 압박으로 작용한다. 가나의 전체 인구는 2000만 명이 조금 넘는다. 그중에서 카카오 생산 농민과 그 가족들이 차지하는 비중이 4분의 1에 가깝다. 이 정도면 그 어떤 정당도 카카오 농민들의 목소리를 무시할 수 없다는 이야기다. 1977년에 군사정부가 그랬던 것처럼 국제 카카오 시세가 톤당 3000파운드를 초과하는데도 농민들에게 겨우 347파운드를 지급한다는 건 오늘날엔 거의 상상조차 할 수 없다.(45) 대중적인 지지 따위는 안중에도 없거나 아예 집권을 포기한 정당이 아니라면 말이다. 이렇듯 이제는 농장 출하 가격을 낮춘다는 것이 정치적으로 불가능해진 게 사실이다.

생산량 역시 마찬가지다. 약 65만 톤에 달하던 연평균 수확량이 2008년에서 2009년 사이에는 71만 톤 이상까지 치솟았다.⁽⁴⁶⁾ 그 결과 이제 가나는 전 세계 카카오 수요의 약 20%를 공급하는 나라로 자리매김했다. 농민들이 정부와 구매업체에 기만당했던 지난날의 역사를 뒤로하고, 오늘날의 민주주의는 정부로 하여금 계속해서 농민들의 목소리에 신경을 쓸 수밖에 없게 만든다.

그러나 농민들은 여전히 가난하다. 농촌과 도시 간의 부의 불균형은 어느 책에 기록된 1938년 당시의 풍경과 별반 다르지 않다. 책에서는 "아치모타 Achimota 의 잘 닦인 도로와 학교, 그리고 아크라에 있는 정부 청사의 규모와 스타일을 보면 '정말 잘 사는 나라구나!' 하고 감탄하게 된다. 그러나 지방 도시에 가보면 완전히 딴판이다. 특히 시골 마을의 생활수준은 이루 말할 수 없을 정도다."라고 묘사하고 있는데, 오늘날 가나의 현실을 담은 글에 그대로 옮겨 붙여도 전혀 어색하지 않다.

카카오 가격이 그렇게 올랐어도, 시골 농가가 카카오로 벌어들이는 소득은 하루 2, 3달러를 넘지 못한다.⁽⁴⁷⁾ 농가당 경작 면적이 작아서 생산량이 적기 때문이다. 농민들은 농장에 대한 투자를 늘리려고 고군분투하고 있지만, 상당수 농민들은 비료를 살 돈도 없다. 농민의 삶은 여전히 어렵고 불안정하며, 바람과 비, 일조량, 그리고 다른 누군가에 의해 결정되는 가격에 대한 의존도도 높다. 이래서는 앞으로 젊은 사람 중 그 누가 농사를 이어받으려고 할지 암담하기만 하다. 조금이라도 더 나은 미래를 꿈꾸는 사람이라면 누구나 외면할 수밖에 없는 업종이 되어 버린 것이다.

카카오 산업은 농민들의 어깨 위에서 시작되었다. 그러나 그들은 얻은 게 거의 없다. 그렇다면 농민들이 제대로 된 땀과 노동의 대가를 돌려받기 위한 진짜 해답은 어디에 있는 걸까? 라르웨크롬을 떠나오는 내내 나의 머릿속을 끝없이 맴돌던 물음이었다.

2

카카오
전쟁

사라진 남자

때는 2006년 11월, 코트디부아르의 작은 시골 마을 두에쿠에Duekoue에서는 카카오 수확이 한창이었다. 농민들은 잘 익은 카카오 열매를 골라 바로바로 내다 팔 준비를 하느라 잠시도 한눈을 팔 겨를이 없었다. 원래부터 해도 해도 끝이 없는 게 농사일이라지만, 특히나 이 무렵에는 더욱 부지런히 몸을 놀려야 한다. 다음 수확 철이 될 때까지 한 해 동안 온 가족의 생계가 판가름 나는 시기가 바로 지금이기 때문이다. 그런 와중에도 토마스 쿨리발리Thomas Coulibaly〈1〉는 농사일은 제쳐놓은 채 아버지를 찾아 헤매고 있었다. 그런 토마스를 바라보는 마을 사람들의 눈길에는 알 수 없는 경계심이 짙게 드리워져 있었다. 겉으로는 평범하기 그지없는 시골 마을이었지만, 금방이라도 무슨 일이 일어날 것만 같은 팽팽한 긴장감이 마을 전체를 휘감고 있었다.

토마스와 그의 가족은 코트디부아르 북쪽 오디에네Odienne 지방의 티에코Tieko라 불리는 작은 마을 출신이다. 지금으로부터 약 30년 전, 그들은 비옥한 땅을 찾아 고향과는 정반대편에 위치한 이곳으로 건너왔다. 그리고 그때부터 줄곧 카카오와 커피를 재배하며 두에쿠에 마을 주민으로 살아왔다. 모두 합쳐 열 명이나 되는 식구가 먹고살기엔 항상 빠듯한 살림이었지만, 그럭저럭 먹고사는 데는 큰 문제가 없었다. 토마스의 아버지인 시디베Sidibe는 "그래도

남에게 손 벌리지 않고 아이들을 학교에까지 보낼 수 있게 된 것에" 항상 감사하며 살아가는 소박한 농민이었다. 그런 아버지를 보고 자란 토마스도 방학 때마다 틈틈이 농사일을 도우며 자연스레 농민의 길로 접어들었다. 비록 가진 건 별로 없었지만, "하루하루가 달콤한 나날의 연속"이었다. 그러던 중 토마스의 아버지가 갑자기 사라진 것이다.

그날, 토마스는 농장에 별일이 없는지 잠깐 둘러보고 오겠다는 아버지를 한사코 만류했었다. 얼마 전 인근 농장에서 이주민들이 살해됐다는 소문을 들었기 때문이다. 두에쿠에에 산 지 30년이 지났건만, 마을 사람들은 토마스 가족처럼 다른 지방에서 온 사람들을 여전히 외지인으로 취급했다. 그래서 혹시나 아버지도 무슨 험한 일을 당하지 않을까 걱정된 토마스가 아버지의 팔을 잡아끈 것이었다. 그리고 불행히도 그런 우려는 현실이 되어 나타났다. 어쩌면 다시는 영영 아버지를 볼 수 없을지 모른다는 두려움에 토마스의 심장은 금방이라도 터져버릴 것처럼 방망이질 치고 있었다.

토마스 가족이 고향을 떠나 이곳에 뿌리를 내리고 살다가 지금의 이 가혹한 현실을 맞닥뜨리기까지 그 중심에는 항상 카카오가 있었다. 두에쿠에 같은 마을에서 나는 카카오와 커피는 코트디부아르 경제에서 절대적인 부분을 차지하고 있고, 특히 그중에서도 카카오는 인구의 약 절반가량을 먹여 살리는 효자 수출품 노릇을 톡톡히 하고 있다.

그뿐만이 아니다. 코트디부아르는 해마다 120만 톤가량의 카카오를 생산하는데, 이는 전 세계 생산량의 약 3분의 1에[2] 해당하는 엄청난 양이다. 생산량에서는 감히 그 어떤 나라도 따라올 수 없을 정도로 압도적인 1위인 것이다. 그래서 오늘날 우리는 어딜 가나 코트디부아르에서 나는 카카오로 만들어진 초콜릿을 쉽게 맛볼 수 있다. 혹시 가게에서 산 초콜릿 포장지에 원산지가 표시되어 있지 않다면, 십중팔구 코트디부아르산 카카오가 포함되어 있다고 봐도 무방할 정도다. 그러나 앞으로 펼쳐질 토마스와 그 아버지의 사연은 우리가 손에 쥔 초콜릿 안에 들어 있는 카카오 가운데 '피로 물든 카카오'가 포함되어 있다는, 부인할 수 없는 현실을 그대로 비춰주는 거울이 될 것이다.

기적의 나라

　프랑스의 식민지였던 코트디부아르가 독립을 이룬 건 1960년의 일로, 당시 초대 대통령 자리에 오른 인물은 펠릭스 우푸에 부아니Félix Houphouët-Boigny였다. 그는 이웃 나라 가나의 크와메 은크루마와는 달리 아프리카의 가난한 신생 독립국이 살아남는 길은 공업화가 아니라 농업의 육성에 달려 있다고 보았다. 그중에서도 그는 특히 커피와 카카오 농업 발전에 적극 매달렸다. 그러기 위해선 일단 필요한 노동력을 확보하는 게 가장 급선무였다. 그래서 그 지방 토착민이건 이주민이건 가리지 않고 일할 의지만 있다면 땅을 공짜로 내어주는 방식으로 노동력을 끌어들이는 전략을 폈다. 결과는 대성공이었다. 부아니 대통령과 같은 동부의 바울레Baoule족이나 토마스의 가족과 같은 북부 지방 출신 할 것 없이 카카오 산지인 서부지방으로 대거 몰려들기 시작한 것이다.

　그런 카카오 이주 열풍은 나라 밖으로까지 퍼져 나갔다. 인접한 내륙국인 말리와 부르키나파소에서도 사람들이 밀려들었는데, 오히려 자국 내에서 이주한 사람들의 숫자를 능가할 정도였다. 그럼에도 지역 토착민들과의 마찰은 거의 눈에 띄지 않았다. 낯선 외지인들을 기꺼이 환대하던Pays de l'hospitalité 당시의 분위기는 코트디부아르의 국가國歌에까지 등장할 정도로 나라 전체의 자긍심이었다. 코트디부아르 카카오 산업이 부흥할 수 있었던 비결은 바로 여기에 있었다. 그러나 역설적으로 코트디부아르가 이후 겪게 될 극심한 혼란과 퇴보의 싹도 그와 같은 뿌리에서 서서히 자라나고 있었다.

사실 부아니 대통령의 토지와 이주민 정책은 식민주의자들의 정책을 그대로 따라 한 것이었다. 프랑스 식민지 시절엔 영토를 구분하는 경계선이 아주 유동적이었다. 1930년대 프랑스는 오늘날엔 부르키나파소라고 불리는 오트볼타 영토의 상당 부분과 코트디부아르 북쪽 지역의 일부를 병합했다.(3) 그리고 몇 년 지나지 않아 국경은 다시 옮겨졌다. 이렇게 국경이 수시로 바뀌다 보니 코트디부아르인이라는 정체성도 모호해질 수밖에 없었다. 대표적인 예로, 남부 지방 사람들은 이슬람교도가 대부분인 북부의 디울라 Dioula 사람들을 지금도 외국인이라 여기는 경우가 흔하다.

코트디부아르에 카카오를 맨 처음 들여온 건 역시나 유럽인들이었다. 식민지 시절에 프랑스 농장주들은 자기네 농장에 일손이 필요하면 어디서든 사람들을 징발해 마음대로 부려 먹을 수 있었다. 그 때문에 토착 농민들은 극심한 일손 부족에 시달려야 했다. 의사이면서도 대농장을 소유하고 있었던 부아니는 그런 부당한 현실에 분노했다. 그래서 강제노동을 철폐하기 위한 운동에 앞장섰고, 그런 노력 덕분에 1946년 4월 3일 강제노동 체제는 공식적으로 끝을 맺었다. 이제 큰 걱정 하나를 덜게 된 농민들의 지지가 자연스레 부아니에게로 모였다. 그렇게 부아니는 코트디부아르 정치 지형에서 중심적인 인물로 급부상하게 됐다.

부아니가 아프리카의 여러 다른 지도자들과 특별히 구분되는 점 하나는 식민 모국과의 관계였다. 한 때 프랑스 정부에서 일한 적이 있는 그에게 지난 수십 년간 프랑스의 정치 지도자들이 보낸 애정과 신뢰는 실로 각별했다. 그들은 서아프리카에서 가장 믿을 만한 지도자를 꼽으라면 스스럼없이 부아니 대통령을 지목했다. 장 마리 르펜 Jean-Marie le Pen + 같은 극우 정치인들에서부터 사회당의 거물급 인사들에 이르기까지 부아니 대통령의 인맥은 우파와 좌파의 경계를 뛰어넘었다. 그 가운데 매주 수요일마다 전화통화를 할 정도로 부

+ 프랑스의 극우 국민전선(FN)의 창립자. 대통령 선거에 모두 다섯 차례 도전했으며, 그 중 2002년 대선에서는 사회당의 리오넬 조스팽 후보를 누르고 결선투표까지 진출하는 이변을 연출하기도 했다. 평소 외국인 이민자들을 모조리 추방해야 한다는 극단적인 인종주의와 외국인 혐오 때문에 숱한 논란을 불러일으킨 르펜은 그로 인해 1990년에는 인종 증오를 유발한 혐의로 유죄 판결을 받기도 했다. 2012년 대선에는 그의 딸인 마린 르펜(Marine Le Pen)이 아버지의 뒤를 이어받아 국민전선 후보로 출마했었다.

아니 대통령과 친밀한 관계를 평생토록 유지했던 자크 포카르Jacques Foccart+
는 그에 대해 이렇게 평가했다.

"그가 언제 한 번이라도 국민들을 죽이거나 탄압한 적이 있던가요? 그는 다른 지도자들처럼 반대파들을 감옥에 처넣거나 하는 짓은 절대 하지 않았던 인물이었습니다."⟨4⟩

부아니는 그런 인맥을 적극 활용해 독립 이후에도 기꺼이 프랑스에 경제 원조와 조언을 요청했다. 그러자 맨 먼저 반색을 하고 달려간 이들은 프랑스 기업인들이었다. 프랑스 정부가 자국의 프랑화에 비해 인위적으로 화폐 가치를 고평가시킨 세파 프랑CFA franc++을 벌어들이기 위해, 너도나도 앞다퉈 코트디부아르에 투자하기 시작한 것이다. 그때부터 코트디부아르에 거주하는 프랑스인들의 수도 점점 늘어나 1960년에 만여 명에 불과하던 프랑스인 거주자 수는 1990년 무렵에는 5만 명까지 증가했다.⟨5⟩ 그래서 코트디부아르는 독립 이전보다 오히려 이후에 훨씬 더 프랑스 같아졌다는 이야기를 들었다. 어딜 가나 프랑스 요리를 맛볼 수 있었고, 불어밖에 할 줄 몰라도 살아가는 데 아무런 불편이 없었다. 심지어 프랑스 파리에 가면 꼭 아비장Abidjan+++에 온 것 같다는 농담이 생겨날 정도였다.

그와 동시에, 농업을 집중 육성하겠다는 부아니 대통령의 결단은 금세 효과를 발휘했다.⟨6⟩ 카카오와 커피 생산이 급증한 것이다. 재무부 금고에는 돈이 그득 쌓여갔고, 나라는 날로 번창했다. 정부는 그 돈을 공공부문 일자리 창출과 사회간접자본에 투자했다. 경제 수도인 아비장 항구는 아프리카에서 가장 붐비는 항구 중 하나가 되었고, 전국의 각 항구와 니제르, 말리, 부르키나파소의 내륙 지역을 연결하는 도로망이 건설됐다. 아비장과 부르키나파소의 수도인 와가두구Ouagadougou를 잇는 철도도 깔렸다. 아비장 곳곳에는 우뚝 솟은 빌딩들이 숲을 이뤘고, 그 위에서 내려다보면 인공호수에서 수상스키를 즐기는 관광객들이 눈에 들어왔다. 거대한 규모의 '아이보리 호텔'에는 서아

+우파인 드골 정권 시절 아프리카 담당고문을 지낸 정치인.
++2차 세계대전이 끝나고 프랑스의 프랑화 가치가 급격히 평가 절하되자, 그 손실을 만회하기 위해 프랑스 정부가 아프리카의 프랑스 식민지에 도입한 화폐. 당시 세파 프랑의 화폐 가치가 지나치게 높게 고정되는 바람에 세파 프랑권의 상품은 자연히 국제시장에서 가격 경쟁력을 잃었고, 그래서 프랑스 시장으로만 팔릴 수밖에 없었다. 그를 통해 프랑스는 전후 복구와 경제 재건에 필요한 원료를 쉽게 확보할 수 있게 되었고, 식민지를 계속 프랑스의 영향 아래 묶어놓는 효과도 누릴 수 있었다. 프랑스 프랑이 사라지고 유로화로 통합된 오늘날에도 중서부 아프리카의 14개국(그중 12개국이 프랑스의 옛 식민지)은 여전히 세파 프랑을 사용하고 있으며, 화폐의 발행과 환율 역시 프랑스 정부가 결정한다.
+++코트디부아르에서 가장 큰 도시이자 상공업 중심도시이며 경제 수도. 1983년 야무수크로로 행정 수도가 이전된 뒤에도 대부분의 정부 부처와 외국 대사관은 여전히 아비장에 주소를 두고 있다.

프리카 유일의 아이스링크가 들어섰다. 1인당 국민소득도 1960년 독립 당시 70달러에서 1988년에는 610달러로 껑충 뛰어올랐다.[7] 언제부턴가 코트디부아르란 이름 뒤에는 기적이란 단어가 따라다니기 시작했다. 분쟁이 끊이지 않는 아프리카에서도 이곳만큼은 안정과 번영의 대명사로 여겨졌다. 그리고 1979년, 코트디부아르는 세계 최대 카카오 생산국 지위에 등극했다.

코트디부아르의 기득권 세력과 프랑스 투자자들은 카카오 호황 덕분에 엄청난 이익을 거둬들였다. 부아니 대통령이 살던 1200만 달러짜리 궁전은 52가지 대리석으로 장식되었고, 에어컨이 설치된 와인 저장고까지 비치되어 있었다.[8] 그러나 시간이 흐를수록 자만심의 징후가 서서히 모습을 드러내기 시작했다. 대통령은 자신의 고향인 야무수크로Yamoussoukro에 로마의 '성 베드로 대성당'을 그대로 본뜬 대규모 성당+을 지었다. 1989년에 성당이 완공되자, 버스가 관광객들을 가득 실어 나르기 시작했다. 성당의 회색 돔 지붕은 몇 마일 밖에서도 보일 정도로 규모가 굉장했다. 에어컨이 빵빵하게 나오는 대성당을 찾은 관람객들은 가이드를 따라 광택이 반질반질하게 흐르는 목재와 반짝이는 대리석 위를 조용조용히 걸어 다녔다. 이 사치스런 성당에 대해 부아니 대통령은 순전히 사재를 털어서 건축비용을 댔다고 주장했다.[9] 가이드에게 총 건축비가 얼마였냐고 묻자, 그는 대통령의 말을 그대로 인용해 이렇게 대답했다.

"하느님께서 내려주신 선물은 가격을 매길 수가 없답니다.Quant Dieu a l'homme, Dieu ne compte pas."

하지만 대성당이 완공될 무렵, 부아니 대통령의 기적에 균열이 가기 시작했다. 세계 시장에서 카카오 가격이 상승할 때마다 그의 씀씀이는 점점 커져만 갔고, 가격이 하락하면 하락하는 대로 외채를 끌어다 썼다. 그 때문에 1980년 말이 되자 코트디부아르의 외채는 80억 달러를 넘어섰다.[10] 결국 현금이 바닥난 코트디부아르는 1987년에 모라토리엄++을 선언했고[11], 2

+ '평화의 모후 대성당(Basilique Notre-Dame de la Paix)'. 1985년 착공해 1989년 완공에 이르기까지 꼬박 4년이 걸린 공사에는 무려 3억 달러(한화 약 3400억 원)의 엄청난 공사비와 연인원 1500여 명의 인력이 투입됐다. 한꺼번에 약 1만 8000명을 수용할 수 있으며, 면적과 규모 면에서 세계 최대의 성당으로 기네스북에 등재돼 있다.

++ 외국에서 빌려 온 채무를 도저히 상환기간 내에 갚지 못할 상황에 처해 채무지급을 연기하겠다는 선언. 그에 비해 디폴트(default)는 아예 채무를 갚을 수 있는 능력이 없는 채무불이행 상태에 빠진 걸 뜻한다. 특정 국가가 모라토리엄을 선언하는 경우 보통 만기 연장, 금리 재협상 등의 채무조정 작업이 이뤄지지만, 대외신용도의 추락과 물가 폭등, 강도 높은 긴축 재정, 구조조정 등이 뒤따르기 때문에 일반 국민들이 엄청난 고통을 겪게 된다.

년 뒤에는 IMF와 세계은행의 조언을 받아들여 국가의 재정 균형을 맞추기 위한 방안으로 농민들에게 지급하던 커피와 카카오 가격을 절반으로 삭감했다.⟨12⟩

앞서 설명했듯이, 코트디부아르의 카카오 호황은 부아니 대통령의 적극적인 이주민 유치 정책과 자유로운 토지 이용권 허용 덕분에 가능했었다. 그래서 외지에서 대거 건너온 이주민들은 서부 지방의 베테 Bete 나 게레 Guere 같은 부족민들로부터 토지를 사들이거나 임대했다. 어차피 그 사람들은 아비장을 일터로 하는 경우가 많아서 고향의 토지를 그냥 놀리는 일이 허다했기 때문이다. 그러나 경제가 갑자기 악화되면서 일자리가 줄어들자, 다시 고향으로 되돌아가는 사람들이 늘었다. 그리고 그들은 이주민들에게 팔거나 빌려줬던 땅을 되돌려 받고자 했다. 이에 대해 아비장의 한 수출업자는 이렇게 설명했다.

"갑자기 카카오 가격이 바닥으로 떨어지고 경제가 성장을 멈췄습니다. 사람들은 너도나도 다시 예전처럼 농사를 지으려 했죠. 그런데 문제는 원래 있던 땅에는 이미 이주민들이 농사를 짓고 있었다는 겁니다. 자연히 땅의 소유권을 둘러싸고 갈등이 커질 수밖에요."

이런 갈등은 카카오가 많이 나는 지역일수록 더욱 첨예했다. 대부분은 예전에 돈을 받고 판 것이었지만, 지역민들은 헐값에 빼앗긴 거라고 인식했다. "사람들은 그제야 비로소 자기네가 땅을 거의 공짜나 다름없는 가격에 넘겼다는 걸 깨달았어요. 하지만 이미 그 땅에 대한 권리는 다른 사람에게 넘어간 뒤란 말입니다. 자식 세대를 위해서라도 땅을 다시 돌려받으려 했지만, 그 땅을 경작해서 먹고 살던 이주민들은 당연히 그럴 의향이 없었어요."라고 달로아 Daloa 시의 한 관리는 말했다.

그때까지 코트디부아르는 한 번도 선거를 치른 적이 없는 단일정당 국가였다. 그러다 경제가 흔들리자 부아니 대통령에 반대하는 목소리가 하나둘씩

들리기 시작했다. 반대파들은 토지로 인한 토착민들의 불만을 좋은 기회로 삼았다. 공개적으로 부아니 대통령에게 반기를 들었던 최초의 정치인 가운데 한 명인 로랑 그바그보 Laurent Gbagbo가 그 대표적인 예였다.⟨13⟩ 코트디부아르 역사상 최초의 다당제 선거였던 1990년 대선에서 그는 부아니 대통령과 대결했다. 다당제 선거라고는 하지만 야당 후보로는 그가 유일했다. 선거운동 과정에서 그바그보는 정부가 외국인들, 즉 이주민들에게 특혜를 줬다고 맹공을 가했다.⟨14⟩ 비록 결과는 부아니의 손쉬운 승리로 싱겁게 끝났지만, 그것이 부아니가 거둔 마지막 승리였다.

선거가 있고 3년 뒤, 부아니 대통령은 암으로 인해 88세를 일기로 생을 마감했다. 야무수크로의 대성당에서 거행된 장례식에는 프랑수아 미테랑 François Mitterrand 대통령, 에두아르 발라뒤르 Édouard Balladur 총리, 발레리 지스카르 데스탱 Valéry Giscard d'Estaing 전 대통령과 여섯 명의 전직 총리들을 포함해 조의를 표하러 달려온 프랑스 정계 인사들이 길게 줄을 이었다.⟨15⟩ 밖에서는 한 때 '아프리카의 현인賢人, Le Sage'이나 '위대한 노인Le Vieux' 혹은 바울레 부족어로 '할아버지Nana'란 애칭으로 불렸던 대통령에게 경의를 표하기 위해 수천 명의 시민들이 몰려들었다. 알파 블론디Alpha Blondy라는 유명한 레게 가수는 생전에 부아니 대통령이 '우리 자녀들nous ses petits'을 돌봐준 데 대한 감사의 뜻을 담은 노래를 만들어 헌정하기도 했다.

오늘날까지도 많은 국민들은 부아니 대통령이 남긴 업적을 잊지 못한다. 생전에 그는 자신의 인기 비결은 농민들과 프랑스 정계 인사들, 그리고 외국 기업인들과 원만한 관계를 맺은 덕분이라고 스스로 평가했다. 그는 "전통을 중시하는 부족장들은 내가 자신들과 같은 부류의 사람이라고 생각해서 나를 신뢰했다. 아울러 엘리트들도 내가 자신들처럼 좋은 교육을 받고 현대적인 사고를 갖춘 사람이라고 봤기 때문에 역시 나를 신뢰했다."라고 이야기한 적이 있다.⟨16⟩

그는 또한 프랑스와 서아프리카 간의 관계를 능수능란하게 조율할 줄 아는 대통령이었다. 60여 개 부족들의 서로 다른 이해와 요구 사이에서 비교적 균형을 잘 유지했으며, 경제적으로 번창하고 정치적으로도 안정된 국가의 틀을 다짐으로써 대부분의 집권기 내내 기적이란 찬사를 들었다. 덕분에 그는 아프리카에서 가장 오랫동안 자리를 지킨 대통령이 될 수 있었다. 세계적으로는 쿠바의 피델 카스트로와 북한의 김일성 다음으로 통치 기간이 길었던 지도자로 남았다.+ 그리고 이제, 사람들의 관심은 그가 죽고 난 뒤 어떤 변화가 찾아올까에 초점이 맞춰지고 있었다.

정체성의 위기가 찾아오다

부아니 대통령이 사망한 지 14년이 지난 2007년 10월의 어느 날이었다. 아침 8시, 코트디부아르 서부의 달로아를 출발해 아비장으로 향하는 버스 안은 말 그대로 만원이었다. 셔츠에 넥타이를 맨 사업가, 형형색색의 전통의상을 입은 남자들, 어린아이를 데리고 탄 엄마들로 빈자리를 찾아볼 수가 없었다. 한 남자가 앞에 놓인 상자 위에 다리를 걸친 채 잠을 청하는 동안, 옆자리의 남자는 눈을 감고 아랍어로 기도를 외고 있었다. 그 바로 뒷좌석에 앉아 긴 다리를 복도 쪽으로 뻗고 있던 여인의 발톱에는 페디큐어가 멋들어지게 칠해져 있었고, 보라색 바지를 입고 금색 귀걸이를 한 맞은 편 아기는 뭐가 그리 좋은지 연신 까르륵 소리를 내고 있었다. 좌석은 작았고 통로는 좁았으며 바닥에는 온갖 비닐과 달걀껍데기, 흙 묻은 화장지들이 흩어져 있었다.

버스가 속력을 올리자 그나마 몇 안 되는 열린 창틈으로 바람이 얼굴을 상쾌하게 쓰다듬어주었다. 그렇게 한 20분쯤 지났을까, 도로 위에 바리케이드

+ 실제로는 1967년부터 2009년까지 집권했던 아프리카 가봉의 엘 하지 오마르 봉고 온딤바(El Hadj Omar Bongo Ondimba) 전 대통령이 부아니 전 대통령보다 집권기간이 훨씬 더 길었다.

가 모습을 드러내자 버스는 속도를 늦췄다. 이내 버스 안에는 후끈한 긴장감이 감돌기 시작했다. 버스가 완전히 멈추고 등에 총을 멘 군인 하나가 올라타자 차 안은 쥐죽은 듯 조용해졌다. 그의 얼굴에는 땀방울이 송골송골 맺혀 있었다.

군인은 33번 좌석으로 다가가 머릿수건을 한 소녀의 신분증을 검사했다. 그리고는 "이건 2004년도 거잖아. 지금은 2007년이야!"라고 그녀에게 쏘아붙였다. 이미 이런 상황을 예상하고 있었는지 버스 밖에서는 그녀의 오빠가 그녀의 만료된 신분증을 대신해 200세파 프랑을 다른 군인의 손에 쥐여주고 있었다. 나는 나도 모르게 내 아일랜드 여권을 꽉 움켜쥐었다. 내 옆에 있던 사람들은 좁고 기다란 신분증 서류들을 들고 있었는데, 그들 역시 시한이 만료됐거나 엉뚱한 신분증을 갖고 있다는 게 금세 들통 났다. 그런 사람들에게는 검문소가 나타날 때마다 매번 같은 질문이 되풀이됐다. 항의하는 사람은 아무도 없었다. 그저 공손하지만, 잔뜩 긴장한 모습으로 동전들을 꺼내 헤아릴 뿐이었다.

내가 요금이 좀 더 비싼 대형버스를 택한 건 정차하는 정류장 수가 적어서 목적지까지 걸리는 시간이 짧을 거라는 단순한 계산에서였다. 그러나 나는 검문소의 숫자를 간과했다는 걸 깨달았다. 승용차로는 이런 검문소를 통과하는데 몇 분이면 충분해 달로아에서 아비장까지 4시간이면 갈 수 있었다. 그러나 대중교통을 이용하니 시간이 두 배는 더 걸렸다. 검사할 서류가 훨씬 더 많기 때문이었다. 내 앞에 있던 남매가 치른 대가는 낭비된 시간만이 아니었다. 그들이 버스에서 한번 내릴 때마다 200세파 프랑의 비용이 추가됐다. 여섯 번째 검문소를 지난 뒤, 나는 그 숫자를 세는 걸 포기하고 말았다.

코트디부아르의 정치는 갈피를 잡을 수 없을 정도로 복잡하다. 수많은 이해관계가 서로 얽혀있고 동맹관계도 수시로 변한다. 그래서 연속적으로 일어나는 각종 사건의 배경을 정확히 파악하려면 여간 애를 먹는 게 아니었다. 부아니 대통령이 사망한 뒤, 인종적 정체성이 굉장히 중요하게 대두되기 시작했고, 그것은 분열의 씨앗이 되었다. 그가 집권하는 동안 북부와 서부 지역 사람들은 남부의 가톨릭계 엘리트들이 권력을 독점한다며 분개했다. 부아니 대통령은 이주민들을 적극 환영했지만, 그들의 법적인 지위는 여전히 불확실한 상태로 남아 있었다. 그리고 그의 사망 이후 이런 쟁점들이 수면 위로 떠올랐다.

어느새 어느 지방 출신인지와 어떤 신분증을 갖고 있느냐가 코트디부아르 정치에서 결정적인 요인이 되어 있었다. 권력을 잡으려는 정치인들은 진정한 코트디부아르 사람을 뜻하는 '아이보리인Ivoirite'+이란 단어를 입에 올리기 시작했다. 코트디부아르 인구 중 어림잡아 4분의 1가량은 시민권자가 아니었고, 그들 중 상당수는 부르키나파소에서 태어난 사람들이었다. 디울라족 출신도 많았는데, 남부 사람들은 그들을 진정한 아이보리 사람으로 여기지 않았다.⟨17⟩ 네 명 중 한 명이 이주민일 정도로 이주민 비율이 높은 나라에서 아이보리인이냐 아니냐 하는 문제는 어느덧 생과 사를 가르는 기준이 되어갔다.

부아니 사망 이후, 코트디부아르는 급속한 쇠퇴 국면에 접어들었다. 몇몇 정치인들이 그의 후계자 자리를 놓고 경쟁했다. 헌법상으로는 원래 앙리 코낭 베디에Henri Konan Bedie 국회의장이 권력을 자동 승계하게 되어 있었다. 그의 직접적인 라이벌로는, 총리이자 북부 출신의 이슬람교도인 알라쌘 와타라Alassane Ouattara가 있었다. 베디에가 대통령이 되자 와타라는 총리직을 사임했고, 남부 기독교도와 북부 이슬람교도가 뒤섞여 있던 집권당은 갈라졌다.

신임 대통령인 베디에는 와타라의 출신성분에 대해 의문을 제기하기 시작했다.⟨18⟩ 그를 비롯한 와타라의 정적들은 서구가 선호하는 개혁성향의 인물이자 워싱턴의 IMF 사무소에서도 일한 적이 있는 와타라가 실은 자신이 외국인이란 사실을 감춰왔다고 공격했다. 부르키나파소 태생의 부모를 둔 북부지방 출신의 이슬람교도는 아이보리 사람으로 인정할 수 없다는 것이었다.

+ '상아 해안'을 뜻하는 코트디부아르의 영어식 지명이 아이보리 코스트(Ivory Coast)다. 이 책에서는 혼란을 피하고자 코트디부아르로 통일하였다.

이러한 공세의 배경에는 정치적인 목적이 자리 잡고 있었다. 특히 국가 최고 지도자의 자리를 놓고 와타라와 경쟁하던 베디에 대통령이 앞장서 공세를 이끌었다. 그러나 한때 이민자들에게 기꺼이 국경을 열어젖혔다는 자부심으로 가득했던 나라에서 새삼스럽게 출생지를 가지고 특정인의 정체성을 물고 늘어진다는 것은 나라의 근간을 뒤흔드는 것과 마찬가지였다. 그렇게 따지고 들자면, 코트디부아르에서 정체성 논란으로부터 자유로울 수 있는 사람은 아무도 없었다. 국민 대부분이 아주 오래전 아프리카의 다른 지역 어딘가에서 건너왔기 때문이다. 그럼에도 베디에는 단지 정권을 계속 유지하겠다는 욕심 하나로 '아이보리 사람으로서의 정체성'이라는 판도라의 상자를 열고 만 것이다.

정체성을 둘러싸고 와타라에게 가해진 정치 공세는 이내 나라 전체에 그 영향을 미쳤다. 부르키나파소나 말리 사람들과 비슷한 이름을 가진 북부 출신들에게는 혹시 외국인이 아니냐는 의심의 눈길이 쏟아진 것이다. 코트디부아르에서는 이주민 출신들, 심지어 몇 대에 걸쳐 그곳에 살던 사람들조차 출생증명서나 신분증, 여권이 없는 경우가 허다했다. 군인들은 검문소에서 그런 사람들을 일일이 가려내 체포해갔다. 그런 경우 수중에 가지고 있던 현금을 쥐여주고서라도 빠져나와야 그나마 고초를 면할 수 있었다.

그러던 1999년 크리스마스이브에 드디어 일이 터지고야 말았다. 고급 상점과 사무실이 밀집한 수도 아비장의 플라토^{Plateau} 지구에서 총성이 울려 퍼진 것이다. 쿠데타였다. 반군들이 공항과 항구, 라디오와 텔레비전 방송국을 장악하는 동안 도시에서는 약탈극이 벌어졌다.[19] 결국 베디에 대통령은 가나 서쪽에 있는 토고로 몸을 피해야 했고, 반군들 사이에서 '보스^{Le Boss}'라 불리던 로베르 게이^{Robert Guei} 장군이 권력을 장악했다.

아비장은 커다란 충격에 휩싸였다. 독립한 지 40년이 지나도록 코트디부아르에서는 단 한 번도 쿠데타가 일어난 적이 없었다. 서아프리카에서 그때까지 쿠데타를 경험하지 않은 나라는 세네갈과 코트디부아르뿐이었던 것이다. 시민들은 무장한 강도들이 약탈을 저지르고 차량을 탈취하는 광경에 기겁했다. 앞으로 어떤 일이 벌어질지 그 누구도 예측할 수 없었다. 당시 아비장에 주재하던 한 기자는 그때를 이렇게 회상했다.

"정말 유례가 없던 일이 벌어진 겁니다. 국민들은 이제 코트디부아르가 절대 예전으로 되돌아갈 수 없다는 사실을 미처 깨달을 겨를도 없었어요. 이 나라는 그간 정치적으로 불안정했던 경험이 전혀 없었기 때문에 사람들은 그런 시대가 완전히 끝났다는 걸 도저히 받아들일 수 없었죠."

그 이듬해 대통령 선거가 새로 치러졌다. 인종적 정체성을 둘러싼 논쟁이 선거의 최대 쟁점으로 떠올랐다. 선거운동 초기엔 게이, 그바그보, 와타라 세 후보가 대결하는 구도였지만, 법원은 와타라가 아이보리 사람이 아니므로 선거에 출마할 자격이 없다고 판결했다. 선거 당일, 투표에 참여한 사람들은 전체 유권자의 3분의 1에 불과했다. 와타라의 텃밭이던 북부 지역의 투표율이 특히나 낮았다. 어쨌든 개표는 이루어졌고, 60%가 넘는 득표를 한 그바그보의 승리로 결과의 윤곽이 드러났다.[20] 그러자 게이 장군은 개표 결과에 불복하고 자신의 승리를 선언하려 했다. 그바그보 지지자들은 그에 맞서 격렬한 시위를 벌였고, 결국 그바그보의 당선이 확정되었다. 그러나 상황은 거기서 마무리되지 않았다. 이번엔 와타라의 지지자들이 와타라를 포함해 선거를 다시 치를 것을 요구하고 나선 것이다. 갈등은 양쪽 간의 폭력사태로 번져갔다. 그 와중에 그바그보의 지지자들이 주민 대부분이 와타라를 지지하는 이슬람교도 마을을 공격해 50명 이상이 살해되는 참사도 일어났다. 마을 근처 숲에는 버려진 주민들의 시체들로 지옥이나 다름없는 광경이 연출되었다.[21]

많은 국민들은 한 편으로는 게이가 물러난 걸 다행스럽게 여기면서도 그바그보의 승리만큼은 쉽게 인정하지 않았다. 거리의 폭력사태를 피해 자신의 가게에 숨어있던 아비장의 어느 상점 주인은 "전체 인구의 불과 3분의 1밖에

안 되는 사람들이 한 나라의 대통령을 결정한다는 게 말이나 됩니까?"라고 반문했다.⟨22⟩

결국 유엔과 미국, 아프리카통일기구Organization of African Unity, OAU 까지 나서서 재선거를 요구했다.⟨23⟩ 그러나 코트디부아르에 여전히 지대한 영향력을 행사하고 있던 프랑스는 선거 결과에 만족한다고 발표했다. 특히 프랑수아 미테랑 대통령 밑에서 총리를 역임했던 미셸 로카르Michel Rocard 는 자신들의 의 '동지' 그바그보가 대통령이 된 걸 적극 환영하고 나섰다.⟨24⟩ 그 모두가 당시 프랑스의 집권당과 그바그보가 맺고 있던 끈끈한 관계 덕분이었다.

긴장은 계속 고조되었다. 2년 뒤인 2002년 9월 19일 이른 새벽, 무명의 학생이었던 기욤 소로Guillaume Soro 가 이끄는 북부 반군이 권력 장악을 시도했다. 소로는 자신들의 분노가 자신들의 존재를 공식적으로 인정하지 않는 데서 비롯되었다는 점을 분명히 했다. 그는 "우리에게 신분증을 준다면 칼라시니코프⁺를 넘겨주겠다."고 말했다. 반군들은 새로운 신분증을 도입해 북부 주민 상당수에게서 투표권을 박탈한 장본인인 내무장관을 살해했다.⟨25⟩ 비록 수도까지 접수하려던 시도는 실패에 그쳤지만, 반군들은 코트디부아르의 북쪽 절반을 장악했다. 나라가 둘로 갈라진 것이다.

쿠데타 시도의 반향은 국경을 넘어 훨씬 멀리까지 퍼져갔다. 이웃 국가들, 그리고 프랑스와의 관계에 점점 금이 가기 시작한 것이다. 프랑스와 부르키나파소 두 나라는 공공연히 반군을 지원한다는 의심을 받았다. 프랑스는 그바그보 정부를 지지한다는 점을 강조하면서도 평화를 유지한다는 명분으로 군대를 파병했다. 그런 프랑스의 행위에 대해 그바그보는 신식민지를 구축하려는 또 다른 음모라며 비난했다. 부아니 전 대통령이 지어놓은 집은 그렇게 무너졌다. 그리고 마침내 반란의 여파는 지난 수십 년간 토지를 둘러싸고 긴장이 고조됐던 남서부 지방에까지 상륙했다.

⁺ 구 소련제 AK-47 자동소총. 개발자의 이름을 따서 흔히 칼라시니코프라 불리는 이 소총은 지금도 세계 곳곳에서 벌어지는 각종 전쟁과 분쟁에서 가장 많이 사용되는 총기로 기록되고 있다.

토지 쟁탈전

내전이 벌어졌다는 소식이 전해질 당시, 토마스는 버스를 타고 두에쿠에로 향하던 중이었다. 부플레^{Boaufle} 시에 거의 다다를 무렵, 검문소 하나가 나타나는가 싶더니 그곳을 지키던 민병대원들이 버스에 올라탔다. 그들은 승객들의 신분증을 검사해 북부 출신들을 가려낸 뒤 버스에서 내리라고 명령했다. 그 가운데서도 반군 지도자들과 비슷한 이름을 가진 사람들은 꼼짝없이 표적이 됐다. 한 민병대원은 토마스를 향해 "당신네 지도자 와타라는 우리에게서 권력을 빼앗아 가려는 인간이야!"라고 윽박질렀다. 토마스는 주머니에 손을 넣어 잡히는 대로 동전과 지폐를 그의 손에 쥐여주었다. 그랬더니 그제야 다시 버스에 타도 좋다는 허락이 떨어졌다.

밤사이, 수십 개의 바리케이드가 설치되었다. 군인들이 세운 것도 있고, 동네 청년들이 세운 것도 있었다. 보통 하루면 충분하던 여정이 무려 사흘이나 걸렸다. 그렇게 천신만고 끝에 고향 마을에 도착해보니, 그간 토지 소유권을 둘러싸고 서서히 타오르던 긴장이 북부 사람들의 반란 소식으로 활활 불타오르고 있었다. "두에쿠에 사람들은 딱 한 가지 생각뿐이었어요. 어떻게 하면 '외국인들'에게서 우리 땅을 되찾을 것인가 하는 생각 말이죠."라고 토마스는 말했다.

토마스가 살던 지역은 코트디부아르와 서아프리카 각지에서 건너온 사람들이 카카오와 커피가 자라는 비옥한 땅에서 함께 어울려 농사를 지으며 살아온 곳이었다. 그러나 카카오와 커피 농업이 유례없는 호황기에 접어들자, 토지를 둘러싼 주민들 간의 관계는 점점 복잡해져 갔다. 물론 이웃 나라 가나에서도 토지로 인한 갈등이 있긴 했지만, 정부가 주민들 간의 다툼에 끼어드는 경우는 극히 적었다. 반면 코트디부아르에서는 부아니 대통령 시절부터 정부가 토착민과 이주민 사이의 분쟁에 적극 개입했다. 1970년대 남서부 지방의 토착민들이 정부가 이주민들만 우대한다고 불만을 터뜨리며 봉기를 일으키자 군대를 동원해 잔인하게 진압해버린 사례가 대표적이었다.⟨26⟩

물론 토지 소유권을 둘러싼 분쟁을 평화적인 방법으로 해결하려는 시도들이 없었던 건 아니다. 1990년대 말, 베디에 정권은 세계은행의 지원을 받아 농촌의 토지 소유권을 등록해 토지대장을 작성하는 작업에 착수했다. 1998년에 마련된 법안의 초안은 거기서 한 발짝 더 나아가 대대로, 혹은 관행적으로 토지를 경작해오던 사람들도 해당 토지를 자신의 토지로 등록할 수 있도록 했다. 그러자 이런 조치를 어떻게 해석해야 하는지를 두고 상당한 혼란이 빚어졌다. 이내 혼란은 폭력 사태로까지 번져, 1999년 9월에는 남서부 지방 곳곳에서 만 명이 넘는 주민들이 자신이 살던 마을에서 쫓겨나는 상황이 발생했다. 그럼에도 당국은 그들을 보호하기 위한 어떤 조치도 취하지 않았다. 심지어 정치인들은 각자의 지지 기반을 다지기 위해 되레 충돌을 부추기기까지 했다.⟨27⟩

내전이 발발한 2002년은 이주민들에 대한 반감이 최고조에 달해있던 시기였다. 언론과 정치인들은 부르키나파소 사람들이 반군을 공공연히 지원하고 있다고 비난을 퍼부었다. 지역의 토착 농민들은 토지를 사들인 영수증과 토지 사용을 허가해주는 공문서들을 이주민들로부터 빼앗아 찢어버린 뒤 농장에서 내쫓아 버렸다.⟨28⟩ 카카오를 재배하는 남서부 지방 전역에서 토착민이건 이주민이건 할 것 없이 양쪽 모두가 '눈에는 눈, 이에는 이' 식의 보복공격을 주고받았다.⟨29⟩

나는 두에쿠에에서 민병대의 손에 잔인하게 살해당한 이주민 출신 농민들과, 반대로 이주민들에 의해 죽임을 당한 토착 농민들을 촬영한 비공개 사진들을 볼 기회가 있었다. 사진 속 주검들의 살갗은 검게 불탔고, 손은 등 뒤로 묶여 있었으며, 눈동자는 충격으로 부릅뜬 상태 그대로였다. 이 사건에 대해 관영 언론에서는 반군에 동조하는 사람들이 땅을 되찾으려고 저지른 짓이라고 주장했고, 주민들은 자극적인 말로 폭력을 부채질한 정치인들에게 사태의 근본적인 책임이 있다고 비난했다. 그러던 2003년 4월 초, 민병대가 사실상 두에쿠에를 장악했고, 끔찍한 비극이 그 뒤를 이었다.⟨30⟩ 북부 출신의 마을 주민 한 명은 당시를 이렇게 증언했다.

"군복을 입은 사람들이 주민들 중에서 북부 출신들만 따로 골라냈어요. 이슬람교도에다 북쪽에서 온 디울라 족이 집중적인 표적이 됐죠. 그리고 어디론가 끌고 가서는 모두 잔인하게 죽여 버렸어요."

그런 와중에 정작 학살을 막아야 할 정부군이나 경찰은 뒷짐만 지고 있었다. 주민들 대부분은 정부가 적극적인 지원까지는 아닐지라도 최소한 민병대의 만행을 그냥 눈감아줬다고 믿고 있었다.⟨31⟩

그런데 눈에 띄는 사실 하나가 있었다. 그런 난리 통에도 전국 곳곳의 농장에서 생산돼 나오는 카카오의 운송을 막는 세력은 없었다는 점이다. 하루도 빠짐없이 벌어지는 전투 때문에 여기저기서 농민들이 죽어나가고 도로 곳곳이 통제되는 와중에도 항구에는 카카오를 실어 나르는 트럭의 행렬이 끊이지 않았다. "우리도 다들 놀랐지요. 내전 때문에 카카오 생산이 줄어들까봐 정말 가슴 졸였는데 그렇지는 않았어요."라고 한 수출업자가 말했다.

원래 농사를 짓던 농민들이 다른 지역으로 피난 가면, 대신 그 땅을 차지한 사람들이 카카오를 수확해 내다 팔았다. 네덜란드나 독일, 미국 등지에 있는 초콜릿 공장들 입장에서는 여간 다행스러운 게 아니었다. 물론 예전보다 품질은 떨어졌지만, "그래도 그게 어딥니까. 그때는 품질을 따질 처지가 아니었어요. 어쨌든 카카오를 확보하는 게 가장 급선무였으니까요."라고 두에쿠에 시 근처 기글로Guiglo 마을의 구매업자는 말했다.

카카오 유통이 중단되는 건 그 누구도 원치 않았다. 한 수출업자는 내게 "카카오는 거의 이 나라의 생명줄과도 같습니다. 그걸 팔아야 모든 사람들이 이윤을 남길 수 있고, 그래야 정부는 세금을 거둬서 재정을 충당할 수 있죠.

경찰도, 공무원들도 모두 다 마찬가지예요."라고 설명했다. 카카오 열매를 농장에 버려두는 것은 누구에게도 득이 되지 않았다. 만약 외국 업체들이 구매를 중단하면 카카오가 곧 생존과 직결되어 있는 수십만 명의 농민들이 입을 타격은 상상할 수 없을 정도라고 그는 말했다.

"유혈 사태를 이유로 카카오 구매를 중단한다면, 아무 죄 없는 농민들만 다치게 됩니다. 그게 문제를 해결해주지도 않고요."

달로아의 한 인권활동가는 또 "어느 쪽이건 내전에서 이기는 쪽이 카카오를 전리품으로 차지하겠죠. 그래서 내전이 더 격화된 건 사실입니다. 그러나 카카오가 내전의 불을 지핀 건 아닙니다. 낡은 체제가 원인이죠."라고 말했다. 그는 내전을 불러온 진짜 불씨는 토지와 정체성이라고 강조했다. 토마스의 아버지는 불행하게도 그 싸움의 희생양이 된 것이었다.

아버지의 무덤가에서

토마스의 아버지가 실종된 날, 두에쿠에서는 이주민 출신 농민들에게 살해된 민병대원의 장례식이 열리고 있었다. 다들 곧 보복이 뒤따를 거라고 두려움에 떨었다. 토마스는 경찰들이 여기저기 바리케이드를 설치하는 모습을 보면서 또 다른 충돌이 임박했음을 직감했다.

꼬박 하루가 지나도 아버지는 돌아오지 않았다. 토마스의 걱정은 점점 커져만 갔다. 어둠이 깔리자, 그는 아버지를 찾아 나서기로 결심했다. 우선 아버지의 농장을 향해 무작정 차를 몰았다. 얼마나 갔을까. 갑자기 토마스의 눈동자가 커졌다. 도로 위에 가방 하나가 떨어져 있었던 것이다. 차에서 내려 찬찬히 보니 아버지가 집을 나서면서 멨던 가방이 분명했다. 그리고 근처 풀밭에서는 아버지의 신발도 발견됐다.

주변이 너무 어두워서 토마스는 일단 집으로 되돌아갔다. 다음 날 아침, 이번에는 전날 묻힌 민병대원의 무덤 주위를 뒤져보기로 했다. 토마스의 예상은 그대로 적중했다. 아버지가 정글용 칼을 갈 때 사용하던 숫돌과 자전거에 짐을 묶을 때 쓰던 고무줄을 찾아낸 것이다. 주위에는 금속 탄피가 흩어져 있었고 군데군데 핏방울도 뿌려져 있었다. 그는 정신없이 땅을 파내기 시작했다. 죽은 민병대원의 관 밑에서 팔 하나가 보였다. 반쯤 넋이 나간 토마스는 무덤으로 뛰어 내려가 시신을 끄집어냈다. 발가락과 귀가 잘려있었고 손가락은 난도질당했으며 두개골이 박살 나 있었다. 칼로 깊게 벤 상처 사이로 정강이뼈가 그대로 드러나 있었고, 팔다리가 심하게 절단된 시신에는 총탄 자국이 무수히 나 있었다. 제발 아니라고 부인하고 싶었지만, 아버지가 틀림없었다.

내가 토마스를 만난 건 그의 아버지가 돌아가신지 일 년이 지났을 무렵이었다. 인근 도시의 한 관리로부터 처음 그 얘기를 들었을 때, 난 토마스를 꼭 만나봐야겠다는 생각이 들었다. 그러나 정작 그 관리는 심드렁한 얼굴로 여기선 그런 사건이 비일비재하다고 말했다. 아무튼 그에게서 받아낸 주소를 들고 토마스를 찾아갔다. 분홍색 페인트가 희미하게 바랜 집 베란다에서 가족들과 인사를 나누는 동안 그는 이어폰을 낀 채 조용히 음악만 듣고 있었다. 그러다 가족들과의 이야기가 계속 이어지자 그제야 대화에 끼어들었다. 차분하면서도 단호한 어조로 자신의 생각을 분명하게 표현하는 모습이 꽤나 인상적인 남자였다.

토마스를 만나기 전에 나는 그의 아버지를 살해한 용의자가 체포돼 감옥에 수감됐다는 소식을 들었다. 그러나 토마스는 감옥에 있는 그 남자가 진짜 살인자인지도 의심스럽다고 했다. 그는 정부 당국이 민병대를 지원하고 있다는 건 비밀도 아니라고 말했다. 그런 그들이 진짜 용의자를 법의 심판대에 세울 가능성은 희박하다는 것이었다. 그는 좀 더 자세히 이야기하고 싶어 하면서도, 아버지에게 일어난 일을 다시 떠올리는 걸 무척이나 힘겨워했다. "만약 아버지가 정상적으로 돌아가셨더라면, 우리는 그걸 신의 뜻이라고 받아들였을 거예요."하고 토마스는 힘겹게 입을 뗐다.

"하지만 누군가에게 잔인하게 살해된 거잖아요. 팔다리가 잘려나간 아버지의 마지막 모습은 아마 평생 잊지 못할 거예요."

그는 아침마다 기도하라고 자신을 깨우던 아버지의 존재를 그리워하고 있었다. 게다가 아버지가 돌아가시고 몇 달 지나지 않아 어머니마저 세상을 떴다. 그러나 마냥 슬퍼하고만 있을 수는 없는 게 그의 처지였다. 당장 그가 먹여 살려야 할 가족이 무려 열일곱 명이나 되었기 때문이다.

대화가 이어지면서 토마스는 감춰둔 속내를 하나둘 털어놓기 시작했다. 그는 범인이 아버지와 자신의 가족을 잘 아는 사람 중 하나일 거라 짐작하고 있었다. 아버지를 죽이고 대신 그 땅을 차지하기 위해서 벌인 짓이라는 것이다. 확실한 물증은 없지만, 최근 들어 부쩍 누군가가 자신을 감시하는 걸 느낄 수 있다고 했다. 언론에 제보할까도 생각해봤지만, 기자들도 어차피 정부와 한통속일 게 뻔해 포기했다고 한다. 그나마 나 같은 외신기자에게 자신의 사연을 털어놓으면 혹시나 아버지의 죽음을 둘러싼 비밀이 풀리고 정의가 회복될 수 있지 않을까 하는 한 가닥 희망에서 나와의 만남을 받아들인 거라고도 덧붙였다. 그러면서도 나와 대화를 나눴다는 사실을 정부 당국이 알게 될까 두려워 실명을 사용하는 것만큼은 한사코 꺼렸다.

나는 조심스러워하는 그의 심정을 충분히 이해할 수 있었다. 아프리카의 작은 도시에 백인이라고는 오직 나 하나뿐인 상황에서 사람들의 이목이 나에게로 집중되는 건 어찌 보면 당연했다. 그리고 지금까지 그런 관심은 대부분 친근한 호기심에서 비롯된 경우가 많았다. 하지만 두에쿠에서 경험한 건 좀 다른 차원이었다. 어디를 가든 누군가 나를 감시하고 있다는 걸 느낄 수 있었다. 호텔 식당에서 전화를 할 때는 여종업원이 일부러 옆에 와서 대화를 살짝 엿듣는 걸 알아차릴 수 있었다. 아침에 동네 카페에서 커피를 마시면서 기사를 작성하다가 다른 손님들이 나를 지켜보고 있다는 걸 깨닫고는 조용히 노트북을 닫은 경험도 있었다.

한 번은 마침 두에쿠에에 집회가 예정돼 있어서 정치인들이 대거 방문했는데, 내 운전사는 사람들의 관심을 끌고 싶지 않으면 외곽 지역으로 숙소를 옮기는 게 좋을 거라고 충고했다. 또한 내가 만난 사람들 중 자신의 사무실이나 집에서 이야기하자고 하는 사람은 단 한 명도 없었다. 그들은 자신이 백인 기자와 함께 있다는 사실을 누군가가 알아채는 걸 두려워했다. 호텔 연회장에서 정부 관리와 인터뷰를 진행하고 있던 도중에 옆방에서 청소하는 소리가 들리자 그가 갑자기 이야기를 중단한 적도 있었다. 그 역시도 첩자가 뒤를 미행하면서 우리 대화를 듣고 있을지 모른다고 걱정했다.

인터뷰를 요청하면 사람들은 흔쾌히 시간을 할애해주긴 했지만, 이주민이든 지역민이든 공개적인 장소에서 솔직한 이야기를 털어놓는 사람은 거의 없었다. 이곳에 오기 전에 지인들이 미리 경고한 것과 정확히 일치하는 상황이었다. 땅을 차지하기 위한 충돌 때문에 긴장이 매우 높아진 상태라서 다들 외부 사람을 특히나 경계할 거라는 말이 딱 들어맞은 것이다.

두에쿠에는 출생지와 정체성을 둘러싼 복잡하고도 격렬한 논쟁의 한가운데에 휩쓸린 도시였다. 나더러 토마스를 만나보라고 했던 관리는 토마스가 부르키나파소 사람이라고 일러줬다. 반면 토마스는 자신은 코트디부아르 사람이며, 그걸 증명할 수 있는 서류를 모두 갖추고 있다고 주장했다. 그러나 현지에서 고용한 운전사 역시도 토마스의 주장을 곧이곧대로 받아들이려 하지 않았다. '그런 사람들' 대부분이 자신의 출생지를 헷갈려 한다는 것이었다. 설사 토마스가 코트디부아르 출신이 맞다 하더라도 두에쿠에 주민들 대다수의 눈에 그는 언제나 이방인allogene일 수밖에 없었다. 베테 족도, 게레 족도 아닌데다, 그렇다고 서부 지방에서 태어난 것도 아니었기 때문이다. 어쨌든 그곳에서 그는 이방인일 뿐이었다.

사람들은 또한 출신 지방에 따라 각자의 성격이나 특성도 다르다고 믿었다. 북부 지방에서 만난 한 주민은 부아니 전 대통령을 따르던 바울레 족을 가리켜 "오로지 땅 밖에는 관심이 없고, 땅만 생긴다면 뭐든지 할 사람들"이라고 잘라 말했다. 그래서 "부아니 대통령이 원래부터 그 땅을 부쳐 먹던 이들에게 계속 경작권을 인정해주겠다고 했을 때, 그건 바로 바울레 사람들을 염두에 두고 한 말"이라는 것이었다. 이런 인식은 부분적으로 식민지 시대에 그 뿌리를 두고 있음이 분명하다. 프랑스 식민정부가 바울레 사람들이 "부를 창출하는 데 소질이 있다."는 이유로 그들에게 수출 작물 재배를 장려했던 과거가 있기 때문이다.

그에 비해, 바울레 사람들은 아주 근면하고 교양 있는 자신들과는 달리 서부 지방 사람들은 제대로 배우지도 못하고 돈이나 함부로 쓰는 사람들 정도로 여겼다. 내가 만난 북부 바울레 족 주민 한 명은 게레 족 사람들이 "일도 열심히 안 하고, 약간 폭력적인 성향이 있다."고 말하곤 했다. 또 다른 누군가는 "게레 족 사람들은 그날 벌어 그날 먹고사는 데 만족할 뿐 상업적인 마인드는 전혀 갖추지 못했다."고도 했다. 반면, 게레 족 입장에서 '이방인들'인 이주민들은 기껏해야 토지를 강탈해간 사람들일 뿐이며, 심하게 말하면 반군과 내통한 공범들이었다. 게레 족의 어느 여성은 내게 "그 사람들은 원래의 땅 주인들이 땅을 내놓지 않는다는 이유로 암암리에 반군을 돕고 있어요."라고 말했다.

서로 간의 이런 편견을 만들고 부추긴 건 다름 아닌 정치인들이었다. 한 인권활동가도 "위기는 국민들이 만든 게 아니라 정치인들의 작품"이라는 사실을 인정했다.

"정치인들은 오랫동안 가난에 시달린 국민들을 뒤에서 조종해 왔어요. 그래서 무슨 문제가 생기기만 하면 사람들은 그게 다 이방인들 때문이라고 믿어버리는 거죠."

하지만 그런 그 역시도 게레 족 사람들이 게으르다는 이야기는 빼먹지 않았다. 이런 시각은 코트디부아르 전체에 널리 퍼져 있었다.

땅과 정체성

코트디부아르에서는 어떤 신분증을 가지고 있느냐에 따라 투표권에서부터 땅을 소유할 권리, 자유롭게 이동할 권리가 좌우된다. 제대로 된 신분증 서류만 갖고 있으면, 코트디부아르를 조국이라 부를 수 있는 자격이 주어진다. 그렇지 않다면, 사실상 무국적자나 다름없다. 자신이나 자신의 가족이 여기에서 얼마나 오랫동안 살았는지는 중요치 않다. 누가 아이보리 사람이고, 누가 아이보리 사람이 아니냐 하는 문제는 코트디부아르 사회를 불안하게 만드는 가장 핵심적인 요소이며, 수천 명의 목숨을 앗아가고 수십만 명을 난민으로 떠돌게 한 근본 원인이다.

내전은 발발한 지 일 년이 채 지나지 않은 2003년에 끝이 났다. 그러나 2007년까지 코트디부아르는 유엔과 프랑스군이 임시로 정한 경계선을 따라 둘로 갈라진 채였다. 그해 3월, 그바그보 정부는 반군 지도자였던 기욤 소로와 평화협정을 체결했다. 그 결과 소로가 총리 자리에 올랐고, 과거의 적들은 상호 간의 무장해제와 재통합, 그리고 재선거에 합의했다. 그러나 유권자 등록을 둘러싼 견해 차이로 선거는 계속해서 미뤄졌다. 이는 정체성 문제와 밀접하게 연결되어 있었다. 그러는 동안, 북부의 반군 사령관들은 여전히 자신들의 영토를 지배했다. 수천 명에 달하는 친정부 민병대원들도 무기를 버리지 않았다.[32] 신분증 서류를 갖고 있지 않거나 토지 사용권을 보장받지 못한 사람들도 다수였다. 쫓겨난 농민들 대부분은 자기네 농장으로 돌아갔지만, 이주민 출신인 농민들은 자신들이 농사짓는 땅을 소유할 권리를 공식적으로 인정받지 못했다.

이러한 분쟁의 핵심 쟁점들은 여전히 해결되지 못한 채 그대로 남아 있다. 지역의 토착민들은 자기네 땅을 되찾거나 적어도 땅에서 발생하는 소득을 돌려받기를 원했다. 이주민들은 자신들이 너무 많은 걸 넘겨줬다고 여기는 반면, 토착민들은 너무 적게 되돌려 받았다고 믿었다. 토마스는 원래부터 아버지가 돈을 주고 사들였고, 가족들이 30년 넘게 농사를 지어왔던 땅에서 다시 농사를 지을 수 있도록 보장해주는 법률이 하루빨리 제정되기를 간절히 바랐다. 그러나 불화의 씨앗을 뿌리고 싶어 안달이 난 정치인들에게는 남서쪽 끝에 자리 잡은 이 지역은 더할 나위 없이 좋은 정치적 도구일 뿐이었다. 앞으로 선거가 치러지더라도 정체성과 토지 이용을 둘러싼 갈등은 코트디부아르 정치와 삶에 있어 오래도록 중요한 문제로 남게 될 것이다.

아버지가 돌아가신 지 몇 달 뒤, 이웃에 사는 한 농민이 토마스를 찾아왔다. 그는 토마스 가족은 외지인일 뿐 땅을 물려받을 자격이 없다며, 아버지가 농사짓던 땅은 이제 자기 것이라고 우겼다. 물론 그도 원래 땅 주인이 누군지 몰라서 그런 얘기를 한 건 아니었다. 아버지의 죽음을 기회로 삼아 그 땅을 차지하려는 속셈이었던 것이다. 토마스는 혹시 그 남자가 아버지의 죽음과 관련된 게 아닌지 의심하고 있었다. 어쨌든 그는 아버지의 땅을 포기할 의향이 전혀 없었다. 아버지가 돌아가신 것도 어찌 보면 그 땅을 지키려다 그렇게 된 것이기 때문이었다. 그는 자신이 누구이며 어디에서 왔는지 잘 알고 있다.

"저는 아이보리 사람입니다. 어디에서 살든 간에 그 사실은 변하지 않아요. 이 집도 다 내가 지은 건데, 절대 포기할 수 없죠……. 저는 출생증명서, 국적증명서, 신분증 등등 아이보리 사람에게 필요한 서류는 모두 갖고 있어요. 아버지와 어머니의 출생증명서도 있고요. 불도저를 동원하든 트랙터를 동원하든, 그 누구도 저를 이곳에서 쫓아내지는 못할 겁니다."

3

돈을
추적하라

비밀을 묻어둘 수는 없었던 남자

울리는 전화벨 소리에 오산지 실루 키에페르Osange Silou Kieffer가 수화기를 들었을 때는 파리 시각으로 자정 무렵이었다.

"당신 남편이 납치됐소."

수화기 건너편의 남자는 이 말 한마디만 남긴 채 전화를 끊었다. '장난 전화일 거야.'라고 그녀는 생각했다. 당시 파리에 살고 있던 오산지는 기 앙드레 키에페르Guy Andre Kieffer라는 기자와 별거 중이었다. 그 해 나이로 쉰 네 살인 전 남편은 코트디부아르의 아비장에 살면서 그곳에서 벌어지는 정치나 부정부패 그리고 카카오에 관한 기사를 쓰고 있었다.

전 세계 모든 초콜릿에 거의 빠지지 않고 들어갈 정도로 엄청난 카카오 생산량을 자랑하는 코트디부아르는 세계 최대의 카카오 생산국이란 지위를 통해 해마다 20억 달러 이상을 벌어들이는 나라였다.[1] 그에 반해, 농민들은 손에 쥐는 게 거의 없었다. 그러다 보니 카카오를 팔아 거둬들이는 수십억 달러의 세금이 대체 어디로 흘러들어 가는지 의문을 품은 사람들이 한둘이 아니었다. 언론과 업계 주위에서는 온갖 소문과 추측이 난무했다. 농학을 전공한 학자이자 기자였던 프랑스계 캐나다인 기 앙드레는 진실을 파헤쳐 보고 싶은 열망에 사로잡혔다.

오산지는 자신의 전남편이 한 번 일을 손에 잡으면 절대 놓지 않을 정도로 직업에 대한 열정이 가득한 기자란 걸 잘 알고 있었다. 그리고 그녀는 기 앙드레가 왜 그 일을 하고 싶어 하는지 역시 잘 알고 있었다.

"그이는 정의에 대한 관심이 아주 많았어요. 카카오 산업을 혁명적으로 바꾸고 싶다는 꿈을 꾸고 있었죠. 그래서 그이가 그 일을 한다고 했을 때 나도 흔쾌히 동의했어요."

그러나 그날 밤, 정체 모를 전화를 받고 나서도 그녀는 기 앙드레가 얼마나 큰 어려움에 처했는지 미처 깨닫지 못했다.

2004년 4월 17일 토요일, 그녀는 날이 밝자마자 기 앙드레에게 전화를 걸어 통화를 시도했다. 그러나 그의 전화기는 꺼져 있었다. 몇 번이고 다시 걸어봤지만 소용없었다. 결국 그녀는 기 앙드레의 친구들에게 전화를 해봤다. 놀랍게도 그들은 한밤중에 전화를 걸어온 정체 모를 그 남자와 똑같은 말을 했다. 장난 전화가 아니었던 것이다. 기 앙드레가 납치된 건 사실이었다.[2]

프랑스의 경제 일간지인 〈라 트리뷴La Tribune〉에 상품과 원자재에 관한 기사를 18년 동안 기고했던 기 앙드레는 풀기 어려운 과제 하나를 가슴 속에 품은 채 아비장으로 향했다. 좌파이자 이상주의자였던 그의 손에는 어릴 적부터 언제나 책이 쥐어져 있었다. 어른이 되고서도 아파트에는 각종 서류들을 산더미처럼 쌓아놓고 지냈던 그였다. 그의 동생이 말하기를, 형은 경제와 국제 문제에 있어서는 걸어 다니는 사전과 같은 사람이었다. 그랬던 그가 언젠가부터 코트디부아르와 그곳에서 나는 카카오의 풍부한 맛에 푹 빠져버렸다.

코트디부아르의 카카오는 전 세계 초콜릿 공장을 말 그대로 먹여 살리고 있었고, 슈퍼마켓 진열대에 놓인 초콜릿 중에 코트디부아르산 카카오가 들어있지 않은 초콜릿을 찾기 어려울 정도였다. 하지만 코트디부아르 카카오의 세계적 명성과는 달리 그것을 재배하는 농민들은 여전히 가난에서 벗어나지 못하고 있었다. 기 앙드레는 그 이유가 정말 궁금했다.

그러던 2002년의 어느 날, 매일같이 반복되는 파리에서의 일상에 환멸을 느낀 기 앙드레는 아비장의 한 자문회사에 덜컥 이력서를 냈다가 운 좋게도 일자리를 얻었다. 그 회사는 코트디부아르 정부와 계약을 맺고 카카오 업계를 감사하는 일을 하는 곳이었다.

처음 도착한 아비장은 지내기에 아주 쾌적한 도시처럼 느껴졌다. 프랑스로부터 독립한 이후에도 우푸에 부아니 대통령과 프랑스 정부 사이의 관계는 아주 돈독했고, 프랑스 대기업들은 앞다퉈 코트디부아르에 돈을 투자했다.[3] 아비장 현지에 살던 수천 명의 프랑스인들은 열대 기후의 따뜻한 날씨 속에 고급 주택에 거주하면서 부족함 없는 생활을 누리고 있었다. 수도를 틀면 물이 콸콸 흘러나왔고, 스위치를 켜면 발전기 없이도 환하게 불이 켜졌다. 낮이면 번쩍번쩍 윤이 나는 유럽산 자동차들이 아비장의 번화가인 플라토 일대를 미끄러지듯이 달렸고, 고층 빌딩에 있는 사무실에서는 인공호수가 내려다보였다. 밤에는 멋진 프랑스 음식이 나오는 레스토랑들이 불야성을 이뤘으며, 도어맨들은 돈 많은 손님들을 서구식 호텔 안으로 안내하느라 발바닥에 불이 날 지경이었다. 그래서 사람들은 아비장을 일컬어 '아프리카의 파리'라 불렀다.

그러나 그렇게 화려한 도시의 이면에는 완전히 상반된 삶이 동시에 존재하고 있었다. 막상 기 앙드레가 코트디부아르로 떠난다고 했을 때 오산지가 주저했던 것도 바로 그 때문이었다. 번화가와 고급 주택가를 조금만 벗어나면 거리에는 쓰레기 더미가 산처럼 쌓여 있었고, 아이들은 짙게 선팅된 자동차 창문을 두드리며 동전을 구걸했다.

매일같이 이주민들이 사라진 뒤 다시는 돌아오지 못하는 나라. 정부 계좌에서 돈이 어디론가 사라져도 누구도 입도 뻥긋 못하는 나라. 오산지는 그런 코트디부아르가 베일에 싸인 나라처럼 느껴졌다. 할 말은 해야 직성이 풀리는 성격의 기자가 그런 나라에 갔다가 무슨 험한 꼴을 당하지나 않을지 오산지는 불안감을 억누를 길이 없었다. 그녀가 아는 기 앙드레는 취재원과의 약속을 깨는 것쯤은 예사로 여기는 기자였다.

"그이는 진실을 혼자 묻어두는 성격이 절대 아니에요. '오프 더 레코드'+ 란 말 자체를 별로 신뢰하지 않죠. 그는 알게 된 정보를 자기 혼자서 담아두고 있는 건 기자의 의무를 저버리는 것이라고 생각했어요. 도무지 금기란 걸 모르는 사람이었는데, 그런 사람은 그 나라에서 살아남지 못할 게 뻔했죠."

그렇게 몇 달이 지나고 또 몇 년의 시간이 흐른 뒤, 오산지의 예감은 그대로 적중했다. 코트디부아르는 기 앙드레 같은 사람이 살아남을 수 있는 나라가 아니었다. 파리에 있는 오산지에게 의문의 전화가 걸려오고 나서 5년이란 세월이 지나, 코트디부아르에서 기 앙드레의 이름을 언급하는 행위는 대화 상대방의 목소리 톤을 바꾸는 가장 빠른 방법 중 하나가 됐다.

아비장의 대사관 직원은 "당신도 조심해야 할 겁니다. 기 앙드레가 어떻게 됐는지 잘 아시죠?"라고 내게 경고했다. 카카오 업계 상황에 정통한 다른 이도 "카카오에 대한 기사를 쓴다는 건 위험천만한 짓입니다. 당신도 기 앙드레 사건에 대해서 들어봤을 것 아닙니까?"라고 말했다. 부아케Bouaké++ 에서 만난 한 NGO 활동가는 내가 카카오에 관한 기사를 쓰고 있다고 말하자, 그 자리에서 완전히 얼어버렸다. 그는 "기 앙드레에게 일어난 일"만 생각하면 머리털이 곤두서는 것 같다고 했다.

그렇다고 해서 코트디부아르의 정치와 부정부패 문제를 다루던 기자가 기 앙드레 하나뿐인 건 아니었다. 일간지 1면에는 부정부패를 폭로하고 우회적으로나마 정부를 비판하는 글들이 간간이 눈에 띄었다. 게다가 기 앙드레가 카카오를 다룬 기사만 쓴 것도 아니었다. 그러나 그가 실종된 지 몇 년이 지나, 기 앙드레라는 이름은 이제 카카오 산업의 어두운 면을 뜻하는 상징이 되었다. 생산 농민들에게 정의를 되돌려주기 위해 열정적으로 활동하는 사람들 모두에게 기 앙드레 사건의 그림자는 여전히 짙게 드리워져 있다. 많은 코트디부아르 국민들에게 이 프랑스계 캐나다 기자의 실종 사건은 카카오를 둘

+ 비공개와 비보도를 전제로 나누는 대화
++ 코트디부아르 중부에 있는 도시로, 내륙지방의 무역과 교통의 중심지이다.

러쌴 돈의 흐름에 관해 너무 많은 걸 알려 해서도 안 되고, 아예 관심을 꺼버리는 것이 최선이라는 생각을 심어준 계기로 기억되고 있었다.

새로운 대통령

기 앙드레 부부는 코트디부아르의 로랑 그바그보 대통령과도 개인적으로 잘 아는 사이였다. 그들이 처음 만난 건 1980년대에 그바그보 대통령이 파리에서 망명생활을 하던 무렵이었다. 1970년대 초반, '교사로서 국가전복을 꾀하는 활동을 했다'는 이유로 감옥에 수감된 적도 있던 그는,⟨4⟩ 그곳에서 낮에는 스페인어 교사로 일하면서 밤에는 코트디부아르의 민주주의에 관한 책을 집필하고 있었다.⟨5⟩

기 앙드레는 파리 시절의 그를 좌파 진보주의자로 기억했다. 그는 고국에 민주주의를 뿌리내리고 싶어 했다. 그러나 코트디부아르의 많은 국민들은 2000년에 치러진 대통령 선거에서 그바그보가 당선된 것에 분노했다. 그들은 그바그보가 자신의 최대 경쟁자인 알라싼 와타라의 출마를 막음으로써 승리를 도둑질했다고 여겼다. 아비장에서 들려오는 그런 기사들을 접하고도 오산지는 여전히 그바그보를 신뢰했다.

"우리는 몇 년 동안 그를 알고 지냈고 또 그를 지지했어요. 나는 정말로 그바그보가 민주주의를 향해 나아갈 거라 믿었고, 정치 변화를 가져올 인물이라 믿었죠. 그이도 저와 똑같은 바람이었어요. 우리가 알던 그바그보는 정말로 그럴 사람이라 생각했거든요."

기 앙드레는 그바그보 신임 대통령 아래에서 코트디부아르가 어떻게 더 발전해갈지 보고 싶어 했다. 게다가 그바그보가 대통령 자리에 오른 시점은 코트디부아르의 카카오 무역 역사에 일대 사활이 걸린 시기였다. 당시 카카오 산업에도 커다란 변화가 예고되었기 때문이다. 상품과 원자재 전문가인 기 앙드레는 열심히 취재에 임했다.

독립 이래로 코트디부아르에서는 농장에서 출하되는 카카오의 최저 가격을 정하고 수출을 관리하는 역할을 정부 산하의 카이스탑CAISTAB+이 담당해왔다. 이런 시스템은 관료와 정치인들이 생산 농민들의 희생을 담보로 정부 금고에서 마음대로 현금을 꺼내 쓰는 게 가능하도록 만들었다. "소수의 사람들이 판매량과 판매처, 그리고 판매방식까지 죄다 결정하는 구조에서는 당연히 부패가 생겨날 수밖에 없죠."라고 관련 업계의 한 인사는 내게 말했다. 이와 관련해, 세계은행에서 코트디부아르를 담당한 경제학자 존 매킨타이어 John McIntire 는 1999년에 카카오 업계가 주최한 만찬장에서 현재의 시스템이 농민들에게 이익이 되는 방향으로 작동하지 않고 있다고 지적한 바 있다. 그래서 그는 카이스탑을 폐지하게 되면 소농들에게 돌아가는 몫을 늘릴 수 있을 뿐 아니라 "코트디부아르에서 일상적으로 작동하던 사업 관행이 더 이상 예전 같지는 않을 것"이라는 확실한 신호가 될 수 있다고 덧붙였다.[6]

그러나 개혁에 대한 저항은 극렬했다. 전자 입찰 시스템을 도입하려던 초기의 시도는 기득권층의 반발에 부딪혔다.[7] 지역 엘리트 중 상당수가 카이스탑 시스템을 통해 이윤을 얻고 있었다. 그들은 시스템이 바뀌는 걸 원치 않았다. 정부의 한 장관은 "만약 세계은행이 카카오를 엉망으로 만든다면 거리에는 피가 흥건할 것"이라는 말까지 서슴지 않았다.[8] 그럼에도 세계은행 관리들은 계속해서 변화를 압박했다. 그들은 생산 농민들의 삶을 개선하기 위해서는 개혁이 필수적이라고 확신했다.

심각한 부채에 시달리고 있었던 코트디부아르는 카카오 산업 전반을 재정비하길 원하는 국제기구들의 도움이 절실했다. 게다가 그들이 세계은행과 맞서기에는 발언권이 너무 약했다. 마침내 압력에 굴복한 정부는 빚을 탕감

+ Caisse de Stabilisation et de Soutien des Prix Agricoles(CAISTAB). 1955년 창설된 정부 산하의 농산물판매위원회.

받는 대가로 개혁에 동의했다. 이제 계획대로라면 카이스탑은 폐지되고 농민들은 더 이상 최저 가격에 카카오를 넘기지 않아도 되게 됐다. 그 대신 가격 등의 조건을 놓고 구매업자들과 직접 협상을 벌일 수 있게 된 것이다.

이는 코트디부아르의 카카오 산업에 있어서 독립 이래 가장 획기적인 변화였다. 그때까지 카카오와 그 판매 자금을 어떻게 사용하느냐 하는 문제는 국가를 운영하고 관리하는 데 있어 핵심적인 부분이었다. 초대 대통령이었던 부아니는 자신을 따르는 지지자들에게 카카오 자금을 떼 주는 대신 그 대가로 그들의 충성을 이끌어냈다. 내부적으로 갈등이 생길 때마다 카카오 자금으로 그 갈등을 무마하는데 전혀 거리낌이 없었고, 그 덕분에 나라가 그럭저럭 돌아가고 있었다. 그러던 와중에 농민들의 소득과 생활을 개선하기 위한 커다란 변화가 시작되었고, 그에 대한 기대는 하늘을 찔렀다.

그러나 카카오 거래 자유화는 애초 계획대로 진행되지 않았다. 1999년 말에 발생한 쿠데타로 베디에 정권이 쫓겨난 것과 동시에 카이스탑은 폐지됐다. 하지만 로베르 게이가 이끄는 새 정부는 카카오 거래를 규제하기 위해 두 개의 기구를 새로 창설했다. 그리고 이듬해 말에 치러진 대통령 선거를 통해 집권에 성공한 그바그보 대통령은 추가로 세 개의 기구를 더 세웠다.

카카오 거래가 자유화되려던 무렵, 당시 야당 정치인이었던 그바그보는 세계은행의 한 간부에게 자신은 개혁의 필요성을 충분히 이해한다고 밝힌 바 있다. 그러나 정권을 잡고 나자 그는 카카오가 정부 재정에서 아주 귀중한 재원이란 사실을 새삼 깨닫게 됐고, 그래서 이런 새로운 기구들을 창설하게 된 것이다. 지나고 나서 하는 이야기지만, 그 기구들이 애초 세계은행이 그렸던 청사진에 포함된 것이 아니었음에도 전문가들은 그런 식의 조치에 그다지 놀라워하지 않았다. 이에 대해 당시 아비장에 주재하던 한 기자는 "나라를 통치하기 위해 그들이 아는 방법이라고는 카카오 자금을 나눠주는 것밖에는 없으니까요."라고 말했다.

"독립 이후부터 지금까지, 만약 그 엄청난 규모의 카카오 자금에 마음대로 손댈 수 없었다면 아마 정부 체제는 유지되지 못했을 겁니다. 그러니 어떤 방법을 써서라도 개혁을 되돌릴 수밖에 없었겠죠."

그바그보 대통령은 재빨리 자신의 측근들을 카카오 산업의 각종 요직에 앉혔다. 그와 동시에, 카카오와 관련된 정부 기구의 운영에 들어갈 자금을 마련하기 위해 카카오와 커피에 새로운 세금을 도입했다. 카카오 수출업체들은 2003년 1월 무렵 1kg당 27센트의 추가부담금을 냈는데, 1999년과 비교하면 아홉 배나 늘어난 금액이었다.[9] 그리고 이는 농민들 몫으로 돌아가는 돈에도 고스란히 영향을 미쳤다. 수출업체가 내야 할 부담금이 늘어나면 늘어날수록, 카카오 생산농민들에게 지급되는 돈도 그만큼 줄어들었던 것이다. 게다가 카카오 자체에 매겨지는 세금 역시도 1999년 26센트에서 2003년에는 70센트까지 올라갔다.[10] 엎친 데 덮친 격으로 국제 카카오 가격까지 하락했다. 더 이상 최저 가격조차 보호받지 못하게 된 농민들의 수입이 급락할 수밖에 없는 구조였다.

문제는 세금으로 거둬들인 돈 가운데 농민들의 삶을 향상시키기 위해 쓰인 돈은 거의 없었다는 점이다. 그와 대조적으로, 카카오 관련 기구에서 일하는 사람들은 자신의 몫을 두둑이 챙겨갔다. 한 예로, 2001년 한 해 동안 한 카카오 기구의 위원들은 위원회 모임을 57차례나 열었는데, 모임 때마다 회의비로 한 사람당 330만 세파 프랑^{한화 약 750만 원: 옮긴이}을 받아갔다.[11] 또한 '커피 및 카카오 거래소^{Bourse du Cafe et Cacao, BCC}'의 대표가 매달 가져간 돈은 평균 3만 1000파운드^{한화 약 5500만 원: 옮긴이}에 달했다.[12] 이들 고위관리들은 카카오 농민들이 땀 흘려 벌어들인 돈으로 초호화 생활을 누렸다. 카카오 업계 대표단을 이끌고 회의차 런던으로 출장을 갔던 한 관리가 자신들이 묵는 숙소가 버너스 호텔이 아니라 힐튼 호텔이란 사실을 알고는 불같이 화를 내며 파리로 떠나버렸다는 일화는 아주 유명하다.[13] 일반인들의 눈에는 둘 다 런던에서 최고급으로 손꼽히는 호텔이었는데도 말이다.

이것이 바로 기 앙드레가 2002년 1월에 아비장으로 와서 목격한 현실이었다. 카카오 업계 내에서는 새로 들어선 그바그보 정부가 농민들을 쥐어짜서 얻은 전리품을 자신과 같은 부족인 서부 지방의 베테 족들과 나눠 가질 거라는 이야기가 파다했다. 베테 족은 다른 곳에서 건너온 이주민들에게 자신들의 땅을 팔거나 임대해준 사람들이었다. 그리고 그들은 그동안 다른 사람들이 누려온 혜택에서 자신들이 철저히 소외됐다고 느끼고 있었다. 그와 동시에, 'ADM'+과 '카길Cargill' 같은 미국계 다국적 곡물기업들은 아비장에 영업 기반을 구축하고 있었다. 카카오 산업은 끊임없는 변화의 소용돌이 한가운데에 놓여 있었다. 그리고 상품 전문가이자 그바그보 지지자였던 기 앙드레가 원한 건 어느 평론가가 말했듯이 '어둡고 혼란스러운 카카오 세계'에 드리워진 베일을 벗기는 것이었다.⟨14⟩

기자의 복수

기 앙드레가 머물렀던 코트디부아르는 다수의 국민들이 카카오에서 나오는 수입으로 살아가는 나라였다. 그는 카카오 업계를 감사하는 역할을 맡은 자문회사 'CCCCommodities Corporate Consulting'에서 일을 시작하면서 그런 현실을 피부로 느낄 수 있었다. 그리고 농민들에게 거둬들인 현금이 어떻게 사용되는지에 대한 정보를 하나하나 파헤쳐 갈수록, 기자로서의 본능이 꿈틀대기 시작했다. 그는 현지 언론에 필명으로 기사를 기고하기 시작했고, 자문 역할을 하면서 얻은 정보들이 대중의 알 권리에 해당한다고 판단되면 어김없이 해당 정보를 기사로 폭로했다. "악취가 풍기는 구린 정보들이었죠. 혼자만 간

+ 아처 대니얼스 미들랜드(Archer Daniels Midland Company)

직하고 있었어야 했는데……."라고 오산지는 되뇌었다.

그것은 아주 위험한 행동이었다. 기자의 주된 사명은 자기가 얻은 정보를 기사로 옮기는 것이지만, 기 앙드레는 자문 역할로 고용된 사람이지 기자가 아니었다. 그러나 그는 밤만 되면 '기사로 앙갚음하는' 기자로 변신했다. 그런 그의 행동은 필연적으로 기득권 세력들을 화나게 할 수밖에 없었다.

관련 기사들이 나가자, 폴 앙투안 부온 부아브레Paul Antoine Bohoun Bouabre 재무장관은 자신을 비롯한 카카오 관료들에게 반기를 든 인물로 기 앙드레를 의심하기 시작했다.⟨15⟩ 그 때문에 기 앙드레가 일하던 CCC는 카카오 산업 감사 계약을 해지 당하고 말았다. 그러나 기 앙드레는 아비장을 떠나는 대신, 공신력 있는 프랑스 언론 〈라 레트르 뒤 콩티낭La Lettre du Continent〉과 코트디부아르 현지 언론에 계속해서 기사를 쓰기로 결심했다.

당시의 코트디부아르는 말 그대로 격동기를 지나고 있었다. 내전이 발발하자, 수도를 비롯한 나라 전체의 상황이 급속히 악화됐다. 언론들은 와타라의 집권을 원하는 프랑스가 반란의 배후에 도사리고 있다고 비난했다. '젊은 애국자들Jeune Patriotes'이라 불리던 청년 민병대원들이 아비장의 거리를 장악하고 이주민과 북부 출신 사람들을 공격했다. '아프리카의 파리'에서 안락한 삶에 젖어있던 프랑스인들의 삶도 극적으로 바뀌었다. 해변에서 바닷가재 요리를 즐기던 일상이 이제는 길거리 검문소에서 적대적인 눈빛의 젊은 민병대원에게 여권을 보여줘야 하는 신세로 변해버린 것이다.

어떻게든 반군을 제압하기로 결심한 그바그보 대통령에게는 돈이 절실했다. 실탄과 차량, 전투기를 사들이기 위해 그는 국민들에게 기부금을 요구했다. 2002년, 카카오 관련 기구 중 하나인 '카카오 및 커피 생산 활동 발전 촉진기금Fonds de Développement et de Promotion des Activités des Producteurs de Café et de Cacao, FDPCC'의 앙리 아무주Henri Amouzou 위원장이 대통령에게 2000만 달러짜리 수표를 끊어주는 장면이 국영 텔레비전을 통해 그대로 전파를 탔다.⟨16⟩ 다른 기구들도 그와 똑같은 행태를 보여 왔음은 두말할 필요도 없었다. 이들은 모두 카카오 산업에서 거둬들인 세금으로 운영되던 곳이었다. 원래는 농민들을 돕기 위해 부과된 세금이 결국 대통령에게로 간 것이다. 이는 그들이 카카오 자금을 자신들이 원하고 필요로 하는 곳에 마음대로 써왔다는 방증이었다.

2005년 '유럽연합집행위원회European Commission'의 감사보고서는 코트디부아르의 준準재정 기관들로부터 대통령 집무실로 자금이 흘러들어 가고 있다는 사실을 밝혀냈다.[17] 같은 해 유엔 전문가 패널은 그런 기관들이 애초엔 농민들을 돕기 위해 세워졌음에도 점점 "자신들의 이익을 추구하는 집단으로 변질되고 있는 것 같다."고 보고했다.[18]

카카오 업체들 가운데 상당수도 정부의 전쟁을 지원하라는 압력을 받았다. 현지 라디오 방송국에서는 매일같이 누가 얼마를 기부했는지 보도했다. 기부금을 내지 않은 업체나 개인들은 자칫 반군을 지원한다는 의심을 살 수 있었다. 아비장의 브리디Vridi 항에 있는 사무실에서 인터뷰에 응한 어느 다국적 기업의 임원은 "정부는 단지 이사회 임원 가운데 한 사람이 북부 출신이라는 이유로, 우리가 반군을 지원한다고 비난하고 있어요."라며 초조한 기색을 드러냈다.

"현실을 똑바로 한 번 보세요. 모두가 어려운 상황입니다. 경쟁업체가 우리더러 반군을 지지한다고 몰아가면 그걸로 끝입니다. 완전히 정부군의 표적이 되는 거죠……. 당신도 조심해야 할 겁니다."

기업들에 있어 최우선 관심사는 어떠한 대가를 치르더라도 카카오를 확보하는 것이었다. 그런 처지에서 자기네가 어떻게 정부를 무시할 수 있겠냐고 그는 되물었다.

"그들이 '너희가 투자한 걸 모두 포기해. 자, 이제 잘 가.'라고 말하면 그다음엔 어떻게 해볼 도리가 없어요. 언젠가 원상회복해준다는 보장이 있나요?"

농민을 돕는다는 명목으로 거둬들인 카카오 세금이 실제로는 무기를 구매하는데 사용되고 있다는 건 공공연한 비밀이었다. 친^親 그바그보 진영의 한 정치인은 "카카오가 아니면 그 돈이 모두 어디서 나왔겠느냐."고 내게 반문했다.

"나라 전체가 공격받고 있잖아요. 카카오 자금은 코트디부아르의 것이지 세계은행의 것이 아니에요. 그동안 우리가 너무 점잖게 굴었어요. 이건 우리 돈이란 말입니다. 그러니까 우리가 원하는 곳에 쓸 수 있는 거 아니겠어요? 당신네는 왜 우리 돈을 가지고 왈가왈부하는 겁니까?"

그를 포함한 일부 사람들이 보기에는, 그런 행위가 단지 그바그보 대통령이 자신의 국민들을 위해 봉사한 대가를 받아가는 것에 불과했다. 커피 및 카카오 거래소의 대표인 루시엥 타페 도^{Lucien Tape Doh}는 이렇게 말했다.

"우리가 그바그보에게 돈을 건넸다는 건 사실입니다. 그래서 뭐 어쨌다고요. 그 대신 그는 우리한테 카카오를 넘겨줬잖아요."[19]

카카오에 부과되는 세금은 북부의 반군 세력에게도 결정적인 자금원이 되었다. 내전이 발발하자, 아비장 정부는 의약품을 포함해 북부로 향하는 모든 물품의 운송을 막았고 돈줄도 모조리 묶어 버렸다. 그러자 교사와 공무원들이 먼저 지역을 탈출하기 시작했다.[20] 코트디부아르 북부 지역은 오랫동안 남부에 비해 더 지독한 가난에 시달려왔다. 그곳 농민들 대부분은 면화 판매로 근근이 생계를 이어갔다.[21] 대표적인 예로, 부아케의 건물들은 수도 아비장과는 극히 대조적으로 대부분 나지막한 저층인데다 지은 지가 하도 오래돼 다 허물어지기 직전이었다. 수도와 전기가 끊기는 경우가 다반사였고, 도로는 군데군데 푹 파인 채 그대로였다.

내전이 격화되자, 코트디부아르 전체 카카오의 약 10%를 생산하던 북부 지방의 농민[22]들은 카카오를 아비장으로 보내는 대신 육로를 통해 토고의 로메^{Lome} 항구로 보내는 쪽을 택했다. 약삭빠른 사업가의 관점에서 보자면, 이는 경제적으로 충분히 이해가 되는 행동이었다. 당시는 정부가 카카오에 아주 높은 세금을 매기던 시기였다. 물론 반군들도 수수료를 요구하긴 했지만, 아비장 정부가 요구하는 것보다는 훨씬 낮은 금액이었다. 그리고 코트디부아르 정부를 통해서가 아닌, 북부 지방에서 카카오를 직접 구매하는 다국적 기업들도 최소한 세 곳 정도 존재하고 있었다.⟨23⟩ 반군들이 이런 암묵적인 거래를 통해 일 년에 벌어들이는 수입이 3000만 달러에 달한다는 추산까지 나왔다.⟨24⟩ 카카오는 말 그대로 '새로운 군대Forces Nouvelles'+의 최대 돈줄이었다.⟨25⟩

그렇게 거둬들인 돈은 반군 대원들에게 주어지는 최저임금이나 생필품을 구매하는데 사용되었다. 그에 비해 병원과 도로, 학교는 절망적인 상황인 채로 계속 방치되었고, 반군을 바라보는 북부 주민들의 시선도 차츰 냉소적으로 변해갔다. 부아케 주민 대부분은 반군 지도자인 기욤 소로가 파란색 벤츠를 몰고 무장 차량의 호위를 받으며 도시를 질주하는 광경을 매일같이 지켜봤다.⟨26⟩ 고급 승용차를 탄 반군들은 호텔에서 생활하면서 도시 곳곳에 커다란 저택을 지었다. 한 주민은 이렇게 말했다.

"반군들이 돈을 긁어모으는 사이, 주민들은 갈수록 가난해지고 있었죠. 저 사람들은 단지 돈을 벌려는 목적으로 반란을 일으킨 것 같았어요."

남부와 마찬가지로 카카오를 팔아서 번 돈은 내전에 필요한 자금을 대는데 고스란히 사용되고 있었고, 그 중 일부는 권력층의 주머니로 흘러들어 갔다.

오로지 카카오 농업에만 생존을 의지하고 있는 수백만 명의 주민들에게 카카오는 생명줄 그 자체였다. 수십억 달러가 걸려 있는 사업을 계속 유지해야만 하는 다국적 초콜릿 기업들에도 역시 코트디부아르의 카카오는 절대 없어서는 안 될 존재였다. 이 짧은 내전 동안 수천 명이 살해됐으며, 그보다 훨씬 더 많은 이들이 고향에서 쫓겨났다. 그러나 카카오가 계속 생산돼 나오는 한, 그 누구도 문제를 제기하지 않았다.

+ 2002년 12월 결성된 반군 조직이자, 반 그바그보 진영의 정치적 동맹체. 지도자인 기욤 소로는 그 뒤 2007년 3월 4일에 정부와 체결한 평화협정의 결과로 총리 자리에 올랐다.

위험에 처한 기자

다행히 내전은 2003년에 중단됐다. 그러나 코트디부아르는 여전히 둘로 갈라진 채였다. 하루가 갈수록 코트디부아르에서 기자로 활동하는 게 점점 더 어려워져갔다. 지난 수십 년간 수많은 외국인 기자들이 서아프리카 지역 취재의 거점으로 아비장을 거쳐 갔지만, 이제는 장기간 머물면서 취재하기에 코트디부아르가 더 이상 안전하지 않다고 느끼는 기자들이 점점 늘어갔다. 그러던 차에, 2003년 '라디오 프랑스 인터내셔널Radio France Internationale'의 장 엘렌Jean Helene 기자가 유치장에서 막 풀려난 야당 지지자들을 인터뷰하기 위해 아비장 경찰서를 방문했다가 경찰관의 총에 맞아 숨지는 사건이 일어났다. 그 직후 로이터와 AP 같은 대형 통신사들은 아비장에 있던 지역 사무소를 근처 세네갈의 다카르Dakar로 옮기기 시작했다. 그리고 외국 언론사 대부분이 직접 특파원을 파견하는 대신 지역 출신의 통신원을 고용하는 방식을 택하기 시작한 것도 그 무렵부터였다. 기 앙드레는 코트디부아르에 남아있던 몇 안 되는 외국인 특파원 중 한 명이었다.

기 앙드레는 아비장에 남아 〈라 레트르 뒤 콩티낭〉과 현지 신문 여러 곳에 기사를 제공하는 일을 계속했다. 그는 카카오와 헬리콥터를 맞바꾸려던 정부의 계획이나 국가 재정을 이웃 나라인 기니비사우로 빼돌린 사실, 그리고 국영은행인 'BNI'의 영업에 관한 폭로성 기사들을 생산해냈다.〈27〉 그가 쓴 기사 때문에 화가 난 사람들이 한둘이 아니었다. 시몬 그바그보Simone Gbagbo+의 매부인 미셸 레그레Michel Legre는 나중에 이렇게 말했다.

"기 앙드레가 비판적인 기사를 쓸 때마다 나는 권력층에 있는 친구들을 찾아가서 '맞다, 그가 이걸 쓴 게 맞다. 하지만 당신은 언제든지 그와 만나서 이 문제를 가지고 토론할 수 있다.'고 다독이곤 했죠."〈28〉

기 앙드레는 위험한 길을 걷고 있었다. 그가 입수한 정보의 사실관계가 잘

+ 로랑 그바그보의 부인이자 아이보리인민전선(FPI)의 원내대표.

못된 경우도 점점 잦아졌다. 그는 〈라 레트르 뒤 콩티낭〉에 쓴 기사들이 번번이 편집 당하자, 고치지 않은 기사들을 필명을 사용해 현지 신문에 그대로 내보냈다. 일각에서는 그가 사업상의 이익을 얻기 위해 기자라는 직업을 악용하는 게 아닌가 의심했다. 〈라 레트르 뒤 콩티낭〉의 편집자들은 그에게 매번 딴죽을 걸었고, 친구들은 그가 통제력을 잃은 채 기자의 본분에서 벗어나 방황하고 있다고 생각했다. 지인 중 한 사람은 "원칙을 굳건하게 지키지 않는다면 자네는 결국 길을 잃고 말 걸세."라는 충고를 건네기도 했다.

"자네가 게임의 규칙에 쓸데없이 끼어들기 시작하면 사람들은 더 이상 자네를 기자로 취급해주지도 않을 거야. 단지 첩자나 장사꾼 정도로 여길 수 있다는 거지."

사람들의 이목을 끈 건 그의 기사뿐만이 아니었다. 돈이 떨어질 때가 잦았던 그가 휴대전화를 붙잡고 큰 소리로 통화를 하거나 소리를 지르는 모습이 이곳저곳에서 목격됐다. 그는 십자군 역할을 자처한 듯했다. 그의 동생은 그가 마스크만 쓰지 않았다 뿐이지 꼭 조로처럼 행동했다고 말했다. 한 동료는 기 앙드레가 자신이 미국의 다큐멘터리 제작자인 마이클 무어 Michael Moore +라도 되는 양 행동했다고 말했다. 그는 또 "아비장에서 그건 자살 행위죠. 여전히 내전의 총성이 귓가를 맴도는 나라에서 그는 마치 도자기 가게에 들어간 코끼리 같은 인물이었죠."라고 덧붙였다.

물론 기 앙드레 자신도 두렵지 않은 건 아니었다. 하지만 그는 폴 앙투안 부온 부아브레 재무장관이 국무회의 자리에서 그의 추방을 강력히 요구했으나 그바그보 대통령이 두 차례나 거부했다는 사실을 우연히 알게 됐다. 그 얘기를 전해들은 뒤, 그는 내심 자기가 어떤 기사를 쓰든지 간에 파리에서 알고 지내던 그바그보 대통령이 자신의 방패막이가 돼줄 거라는 기대를 품게 됐다. 더 나아가, 자신이 쓴 기사 덕분에 대통령의 측근과 정적들이 긴장의 고삐를 늦출 수 없게 된 상황을 대통령이 속으로 은근히 다행스러워한다고까지

+ 다큐멘터리 제작자이자 감독인 마이클 무어는 자본의 탐욕과 미국 내 보수 우파의 위선과 횡포에 신랄한 비판을 가한 것으로 아주 유명하다. 대표작으로는 〈로저와 나(1989)〉, 〈볼링 포 콜롬바인(2002)〉, 〈화씨 9/11(2004)〉, 〈식코(2007)〉, 〈자본주의:러브 스토리(2009)〉 등이 있다.

생각했다. 그는 대통령이 어떻게든 자신을 보호해줄 거라 믿었다. 그러나 사람들은 점점 기 앙드레에 대한 인내심을 잃어가고 있었다.

결국 2004년 초부터는 기 앙드레에게 직접적인 협박이 가해지기 시작했다. 그는 펄쩍펄쩍 뛰며 안절부절못했다. 그의 지인은 그와 저녁 한 끼를 같이 먹으려고 해도 그게 보통 일이 아니었다고 증언했다. 그의 휴대전화는 항상 통화 중이었고, 매번 마지막 순간에 약속을 바꾸었으며, 만나는 동안에도 다른 이동할 곳을 찾아 두리번거렸다.

2004년 4월 13일, 그는 파리의 〈라 레트르 뒤 콩티낭〉 사무실로 전화를 걸었다. 초조하고 걱정스러움이 가득 묻어나는 목소리였다.[29] 그는 조만간 코트디부아르를 떠날 작정이라며, 그곳에 더 이상 남아있는 건 위험할 것 같다고 했다. 그리고 사흘 뒤, 기 앙드레는 아비장의 쇼핑센터 주차장에서 미셸 레그레를 만났다.[30] 나중에 레그레는 기 앙드레가 자신을 만난 뒤 바로 가나로 떠났다고 말했다. 그 직후, 그의 휴대전화 전원이 꺼졌다. 그 뒤로 지금까지 그를 본 사람은 아무도 없었다.

납치

기 앙드레가 실종됐다는 소문이 삽시간에 아비장에 퍼졌다. 언론은 기 앙드레가 슈퍼마켓 주차장에서 군사령관에 의해 납치됐을 가능성이 짙다는 기사를 쏟아냈다. 그러나 몰려든 기자들에게 주차장 직원은 그날 아무것도 보지 못했다고 말했다.[31] 사람들은 두려움에 입을 닫았다. 대낮에, 그것도 백인 기자가 아비장 중심가에서 실종됐다는 것은 이제 그 누구도 안전을 장담할 수 없다는 걸 의미했다. 기 앙드레의 현지 여자 친구였던 가나 출신의 리타^{Rita} 역시 그가 실종된 직후 고국으로 몸을 피했다.

파리에 있던 오산지는 도움을 줄 수 있을 것 같은 사람들 모두에게 일일이 전화를 돌렸다. 비록 기 앙드레와 별거 중이긴 했지만 둘은 여전히 서로 연락을 주고받는 사이였고, 특히 그들 사이에는 까넬^{Canelle}이란 이름의 딸도 하나 있었다. 기 앙드레의 형인 베르나르 키에페르^{Bernard Kieffer}는 동생이 전에도 정부의 압력을 피해 수시로 가나에 피신하곤 했다는 사실을 알고 있었기 때문에 혹시나 이번에도 잠시 몸을 피한 게 아닐까 추측했다.

며칠 뒤, 오산지는 기 앙드레의 형제들과 같이 아비장으로 향하는 비행기에 몸을 실었다. 그들은 먼저 그바그보 대통령을 만났다. 그는 실종된 기자를 찾기 위해 최선의 노력을 다하겠노라 약속하며 그들을 돌려보냈다. 그러나 그들은 대통령이 기 앙드레를 계속 주시하고 있었다는 확신을 하게 됐다.

그뿐만 아니라 기 앙드레와 친했던 지인들 몇몇도 뭔가를 감추고 있음을 직감할 수 있었다. 그 중 한 명은 자신이 기 앙드레 실종사건 조사에 대한 구체적인 내용을 대통령 비서실과 공유해왔다고 털어놓으며, "기 앙드레는 당신들이 믿을 수 없을 정도로 엄청난 비밀을 알아버렸다."고 주장했다. 또 다른 지인은 기 앙드레의 전화가 늘 도청당하고 있었다고 귀띔해줬다. 그리고 얼마 뒤 현지 신문에 아비장 교외에서 백인의 시신 한 구가 발견됐다는 기사가 실렸지만, 그 시신은 이미 어디론가 사라져버린 뒤였다.

기 앙드레는 프랑스와 캐나다 이중국적자였기 때문에 가족들은 두 나라 대사관 모두에 도움을 요청하기로 했다. 하지만 도시 주변을 샅샅이 훑고 다니면 다닐수록, 베르나르는 사람들이 번번이 자신들을 진실에서 멀어지도록 유도한다는 느낌을 강하게 받았다. 프랑스 대사관에서는 사설탐정을 고용해보라고 조언했다. 강력한 프랑스 군대가 그 나라에 주둔하고 있다는 사실에 비춰볼 때 정말 어이없는 제안이었다. 그들이 가진 장비와 자원, 전문성을 총동원한다면 실종된 프랑스 시민 한 명 찾는 것쯤은 그다지 어려운 일이 아닐 수 있었는데 말이다.

　대사관 직원들은 기 앙드레가 뭔가 어두운 거래에 연루되어 있었다고 이야기했다. 그는 단순한 기자가 아니라 여러 사업적인 이해관계에 얽혀 있었다는 것이다. 그러나 그를 잘 아는 사람들은 그에게 진실을 추구하는 것 말고 다른 목적이 있었다는 주장에 대해 한결같이 회의적인 반응이었다. 형인 베르나르는 "동생은 기자나 자문 역할 말고는 돈을 버는 재주도, 관심도 없는 그저 영락없는 지식인이었어요."라고 말했다. 그의 전직 동료도 그가 자문을 제공했을지는 몰라도 카카오를 직접 빼돌리거나 하지는 않았을 것이며, 그럴 만한 수단이나 동기도 없었다고 장담했다.

　가족들은 프랑스 정부가 도움을 회피하고 있다고 느꼈다. 오히려 프랑스 정부는 진상을 파헤치러 다니는 가족들의 행동이 가뜩이나 삐걱대던 두 나라 관계에 악영향을 끼치지 않을까 우려했다. 프랑스 정부는 자신들의 옛 식민지에서 진흙탕 속에 빠져 오도 가도 못하는 상황을 원치 않았던 것이다. 아무튼, 기 앙드레가 가장 안 좋은 시기에 가장 안 좋은 장소에서 실종된 사실만큼은 분명하다고 베르나르는 말했다.

　몇 주 뒤, 미셸 레그레의 집에서 기 앙드레의 노트북이 발견됐다. 앞서 말했듯이, 그는 기 앙드레가 살아 있을 때 가장 마지막으로 만난 인물이었다. 오산지는 평소 기 앙드레가 노트북을 다른 사람에게 빌려주는 일은 절대 없었고, 심지어 딸에게조차 손대는 것을 허락하지 않았었다고 말했다. 그녀는 그런 물건이 어떻게 레그레의 집에 있을 수 있는지 도무지 이해할 수 없었다. 그리고 얼마 뒤, 이번엔 기 앙드레의 차가 공항에서 발견됐다.<(32)> 프랑스 조사관들과의 인터뷰에서 레그레는 기 앙드레의 실종 사건에 그바그보의 보좌진들이 연루되어 있다고 비난의 화살을 돌렸다. 그러나 나중에 그는 자신이 그런 진술을 했다는 사실 자체를 부인했다.

　계속해서 관련 사실들이 조금씩 드러났다. 하나같이 기 앙드레가 납치됐다는 주장을 뒷받침해주는 것들이었다. 베르떼 세이두^{Berte Seydou}라는 남자는 프랑스의 한 텔레비전 프로그램에 출연해 자신이 슈퍼마켓 주차장에서 기 앙드레를 납치한 특수부대의 운전사였다고 주장했다.[33] 그는 기 앙드레가 아비장 외곽의 한 빌라에서 30분가량 머무르다가 대통령궁으로 끌려갔으며 그곳에서 이틀 밤낮을 갇혀있었다고 증언했다. 그 후에 다시 한 농장으로 끌려가 살해당했다는 것이었다. 그러나 시신은 발견되지 않았다.

그리고 시몬 그바그보의 경호원이었던 장 토니 울라이^{Jean Tony Oulai}는 현재 기 앙드레를 납치, 살해했다는 혐의를 받고 기소되어 프랑스에 구금되어 있다. 이와 관련하여 프랑스 측 조사를 이끌던 패트릭 라마엘^{Patrick Ramael} 판사가 시몬 그바그보와 아비장에서 면담을 가졌지만,[34] 그녀와 그녀의 남편인 그바그보 대통령 둘 중 누구도 기 앙드레 실종에 직접 연관됐다는 혐의를 받지는 않았다. 그바그보는 어떠한 연루 가능성도 단호히 부인했다.[35]

코트디부아르 측 조사를 이끌던 레이몽 치무^{Raymond Tschimou} 검사는 기 앙드레가 일했던 CCC의 프랑스인 동료들이 그의 실종과 관련돼 있다고 판단했다. 그는 돈세탁을 눈치챈 기 앙드레가 사실을 폭로하겠다고 위협하자 그들이 그런 짓을 저질렀다고 주장했지만,[36] 회사는 혐의를 부인했다. 기 앙드레의 가족들은 코트디부아르 검찰 측의 주장은 사건의 본질을 흐리기 위한 속임수에 불과하다고 여겼다.

2008년, 나는 아비장에서 레이몽 치무 검사와의 인터뷰를 시도했다. 그의 보좌관이 나를 사무실로 안내했을 때, 그는 나의 인터뷰 요청을 잘못 이해하고 있었다. 치무 검사는 내가 기자라는 사실을 밝히자마자 너무 바빠서 인터뷰할 겨를이 없다고 잘라 말했다. 그는 다른 일이면 몰라도 기 앙드레 사건을 놓고 기자와 인터뷰할 의향은 전혀 없어 보였다. 그 문제가 너무나 "뜨겁고도 뜨거운 감자" 같은 사건이라서 그럴 거라고 내 운전사와 동료는 말했다.

기 앙드레 사건 때문에 프랑스와 그 식민지였던 코트디부아르의 관계는 불편한 상태를 계속 유지하고 있었다. 프랑스의 사르코지^{Nicolas Sarkozy} 대통령

불편한 상태를 계속 유지하고 있었다. 프랑스의 사르코지 Nicolas Sarkozy 대통령은 기 앙드레 가족에게 두 나라 관계가 정상화되기 전까지는 이 사안이 해결되지 못할 거라고 했다. 그런 발언은 이 사건의 배경에 겉으로 드러난 것보다 훨씬 더 높은 차원의 정치적 이해관계가 얽혀 있다는 걸 암시한다. 하지만 사실상 정치적 개입은 "소극적이었고, 단편적이었으며, 그다지 효과적이지 못했다."고 베르나르는 말했다.

오산지는 지금도 여전히 아비장을 드나들고 있다. 그녀는 정의가 살아있다는 걸 간절히 확인하고 싶어 했다. 평소 심장이 좋지 않았던 기 앙드레가 갑작스러운 심장마비로 사망했을 거라 믿는 사람들도 많았다. "그럴 가능성보다는 사업상 이해관계가 걸린 사람들과의 충돌 과정에서 그렇게 됐다고 봅니다. 한번 본때를 보여주려던 게 일이 커져 버린 거죠."라고 말하는 사람도 있었다. 어쨌든 시신조차 없으니 누구도 정확한 진상을 알 도리가 없다. 하지만 정부 관료들이 어떤 역할을 했든 간에 그들이 조사에 비협조적이었다는 사실만큼은 확실하다고 베르나르는 말했다.

2009년 초, 가족들은 공개적으로 다시 한 번 증인이 있으면 나서서 진실을 밝혀달라고 간곡히 요청했다. 그러나 아무도 나서지 않았다. 온갖 뒷얘기와 정치적 루머가 들판의 불길처럼 금세 번지는 서아프리카의 도시에서는 참 이례적인 경우였다. 물론 그게 다 그의 납치를 지시한 사람들이 오랫동안 비밀의 장막으로 진실을 가리고 있었기 때문이었다. 그들이 쳐놓은 장막은 진실을 아는 자들이 경찰이나 프랑스 조사단 앞에 선뜻 나서지 못하도록 할 만큼 어둡고 단단했다. 심지어 기 앙드레의 가족과 친지들 말고는 납치범을 정의의 심판대에 세우려는 의지를 갖춘 사람이 과연 있기나 한 건지 의심스러울 정도였다.

무슨 일 있었느냐는 듯 돌아가는 사업

기 앙드레 실종 사건이 있고 나서 온갖 의혹과 불신의 대상이었던 카카오 관련 기구들이 잇따라 폐지되었고 그 임원들은 각종 부패 혐의로 감옥에 갔다. 그러는 동안에도 계속해서 농민들은 카카오를 거둬들이고 수출업자들은 그걸 선적하고 정부는 세금을 거둬갔다. 세계은행과 IMF의 압력으로 코트디부아르 정부는 카카오에 부과되던 추가 부담금을 삭감했다. 그러나 약속한 카카오 산업의 개혁은 그 진전이 아주 느렸다.[37] 선거가 있기 전까지는 의미 있는 변화가 일어나기 힘들어 보였다.

그에 반해 투명성을 강화하라는 요구는 더욱 끊임없이 빗발쳤다. '글로벌 위트니스Global Witness'+라는 민간단체는 다국적 기업들이 코트디부아르 정부에 지급하는 대가가 뭔지, 그리고 정부는 그 돈을 어디에 어떻게 쓰는지 밝히려고 노력했다. 카카오로 벌어들이는 수입의 사용처를 구체적으로 밝혀내지 않는 한 진정한 변화는 기대하기 어렵다고 그들은 입을 모은다.

한편, 미연방 조사단은 미국 뉴욕주 풀턴Fulton의 한 초콜릿 공장에 투자된 코트디부아르의 자금을 자세히 파헤치고자 했다. 그 자금이 돈세탁에 악용되고 있다는 혐의가 있었기 때문이다.[38] 그러나 마찬가지로 카카오 자금의 흐름을 추적했었던 유엔 전문가 패널은 카카오 자금이 어디로 흘러나가는지에 대한 정보는 말할 것도 없고, 코트디부아르 정부 측과 미팅 한번 잡기도 쉽지 않다고 불만을 토로했다.[39]

관련 업계는 코트디부아르 정부에 지급하는 돈의 구체적인 내용을 공개하라는 요구를 거부했다. 그들은 그 돈이 어디에 쓰일지는 오직 코트디부아르 정부가 결정할 몫이라고 되풀이해서 주장한다. 한 업계 임원은 "나는 코트디부아르라는 나라를 운영하는 사람이 아니라 단지 합리적이고 단순한 비즈니스맨일 뿐입니다. 만약 그들이 내가 여기서 떠나길 원한다면, 그냥 그렇게

+ 아프리카의 천연자원을 놓고 벌어지는 다국적 자본과 권력자들 간의 검은 유착관계와 부패를 폭로하고, 자원쟁탈전 과정에서 일어나는 각종 분쟁과 인권침해를 막기 위한 활동을 벌이는 국제적인 NGO 단체.

하면 그만이에요. 물론 돈벌이가 시원찮아도 떠나야겠지요. 우리는 아주 단순한 사람들입니다. 전 세계 모든 나라에서 제기되는 도덕적인 쟁점에 엮이는 걸 우린 원치 않아요."라고 말했다.

초콜릿 업계를 대변하는 로비단체 '코코아무역연맹Federation of Cocoa Commerce'의 필 시글리Phil Sigley는 초콜릿 산업은 정치적 상황과 상관없이 그저 카카오를 구매하는 역할만 할 뿐이라고 선을 그었다. 만약 그들이 정치적인 이유로 카카오를 구매하지 않는다면, 수백만 명의 코트디부아르 국민들은 북부 출신이건 남부 출신이건 할 것 없이 모두 굶게 될 거라고 말이다. 그는 "당신이 카카오를 추적하는 건 그렇다고 칩시다. 만약 이 나라에 평화를 가져오기 위한 정치적인 움직임이 있다면, 당신은 그걸 위해서 지금 돌아가고 있는 이 바퀴를 멈추게 할 건가요?"라고 되물었다.

"이런 쟁점들은 정치적인 리더십과 관련된 겁니다. 누구도 우리더러 카카오 공급 체계에 간섭하라고 말할 수는 없는 거예요."

다국적 기업들이 코트디부아르 북부 지방에서 공공연히 카카오를 직접 구매하고 있다는 사실은 정부 최고위층도 인정하고 있는 부분이다. 거기에 관련된 것으로 추정되는 업계의 한 인사는 내게 이런 말을 했다.

"나는 정부 내 관료들 모두가 어떤 일이 진행되고 있는지 아주 잘 알고 있다고 생각합니다. 그런 면에서 반군 지도자인 소로와 그바그보 대통령은 서로 밀접히 협력하는 관계죠. 북부 반군의 지도부에게도 어느 정도 수입이 필요한데, 이게 수입을 거둘 수 있는 아주 좋은 방법이거든요. 만약 중단시키려고 마음만 먹는다면 얼마든지 방법이 있었을 겁니다. 하지만 그들은 그걸 원하지 않아요. 반군 지도부는 수입을 얻어서 좋고, 정부는 다국적 기업으로부터 뒷돈을 챙겨서 좋고, 누이 좋고 매부 좋은 셈이니까요."

그러나 자신들의 책임에서 한발 물러서 뒷짐만 지고 있는 이런 태도는 도덕적인 측면이나 사업적인 측면 모두에서 위험성을 내포하고 있다. 현장에서 어떤 권력 남용이 벌어지더라도 그들은 그냥 눈을 찔끔 감아버리면 그만일까? 누가 그들에게 카카오를 팔든, 그리고 그 수익금이 어디에 쓰이든 간에 기업들은 카카오만 사들일 수 있으면 아무렇지도 않다는 걸까?

자신들이 속고 있다고 여기는 농민들이 계속 존재하는 한, 이미 상당 부분 정체된 코트디부아르의 카카오 생산량은 점점 줄어들 수밖에 없다. 이미 농민들은 높은 세금 때문에 다른 작물로 옮겨가고 있다. '국제코코아기구 International Cocoa Organization, ICCO'의 얀 핀에르후츠 Jan Vingerhoets 위원장은 "(생산이 정체된) 근본적인 원인은 (코트디부아르의) 높은 세금 때문입니다. 이는 농민들이 다른 작물로 전환할 충분한 이유가 되죠."라고 말했다.

"장기간 농장을 운영할만한 동기부여가 별로 없어요. 땅이란 건 쉬지 않고 계속 일궈줘야 하는 겁니다. 만약 농민이 카카오 농사를 게을리하기 시작하면……, 비료나 농약을 거의 쓰지 않기 때문에 생산량은 떨어질 수밖에 없어요."

이게 얼마나 민감한 문제인지를 이해하기란 그리 어렵지 않다. 카카오로 벌어들이는 현금은 코트디부아르의 정치 상황과 떼려야 뗄 수 없는 관계로 얽혀 있다. 이 돈은 그바그보 대통령에게 아주 중요했다. "그 또한 생존을 위해 싸우는 겁니다. 그런데 그는 농민들의 처지에 관심이나 있을까요? 그렇지 않을 걸요. 왜냐하면, 농민들은 어떤 경우에도 그에게 골칫거리가 되지는 않기 때문이죠."라고 어느 관리는 말했다. 또 다른 관리는 그바그보에게 있어 최고의 관심사는 어떻게 하면 권력을 계속 유지할 것인가 라고 내게 말했다.

"아마도 그는 죽어서 관에 실려 나갈 때까지 권력을 손에서 놓지 않으려고 할 걸요."+

아직까지도 몇몇 단체들은 코트디부아르의 카카오 자금에 무슨 일이 벌어지고 있는지 파헤치고자 열정을 쏟았던 기 앙드레의 발자취를 이어가려 애쓰고 있다. 그의 실종은 카카오 자금이 어디로 흘러들어 가는지 밝혀내려는

+ 그바그보의 임기는 원래 2005년까지였으나, 여러 차례 선거를 연기한 끝에 2010년 11월 28일에 대통령 선거가 치러졌다. 나흘 뒤, 선거관리위원회는 야당후보인 알라쌍 와타라가 54.1%의 득표율로 승리했다고 선언했지만, 그바그보는 와타라의 주요 지지층이 밀집된 북부지방에서 광범위한 선거부정이 저질러졌다며 선거결과에 불복했다. 그 뒤 양측 지지자들 간에 무력 충돌이 빚어지고 유엔평화유지군과 프랑스 군대가 파병된 끝에 그바그보는 2011년 4월 11일에 부인과 함께 체포돼, 현재는 국제형사재판소의 재판을 받기 위해 네덜란드 헤이그에 구금된 상태이다.

시도가 얼마나 위험한 행동인가를 잘 보여주고 있다. 카카오 자금의 행방을 들춰낸다는 것은 그바그보 정부를 하나로 묶고 있는 정치적, 개인적 연결고리의 실체를 발가벗기는 결과로 이어질 것이다.

어찌 됐든, 피땀 흘려 노력한 농민들에게 돌아가는 대가가 터무니없이 적다는 사실과 정치인들이 그들의 이익을 대변하지 못한다는 사실만큼은 명확하다. 카카오 자금을 조사한다는 것은 그냥 카카오 열매의 숫자를 헤아리는 것과는 비교할 수 없을 정도로 복잡한 일이다. 한 전문가의 말처럼 "카카오는 문제의 극히 작은 한 단면이자 해결책의 일부에 불과할 뿐", 결국 지속적인 정치적 합의가 문제 해결의 열쇠인 것이다.

4

한 알의 열매가
초콜릿이 되기까지

가나에서 가나의 카카오로

1978년, 당시 열여섯 살이었던 스티브 월리스^{Steve Wallace}는 학생들을 위한 홈스테이 프로그램에 자원했다. 혈기왕성한 이 미국 소년은 위스콘신 주의 자기 집에서 멀리 떨어져 살아 보고 싶은 마음이 너무나 간절한 나머지, 제대로 알지도 못하는 가나라는 나라를 덥석 선택했다. 그렇게 그는 가나 북서쪽에 있는 순야니^{Sunyani}라는 작고 아담한 마을에서 장사를 하는 요 브로비^{Yaw Brobby} 씨네 집에서 머물게 됐다. 브로비와 그의 세 아내, 그리고 스물한 명의 자녀들은 그를 아주 따뜻하게 맞아줬다.

브로비 씨는 작은 상점을 운영하고 있었는데, 놀랍게도 그의 가게 진열대는 거의 텅 비어 있다시피 했다. 당시는 카카오를 수출한 돈으로 유지되던 가나의 외환보유고가 바닥을 드러내던 시기였다. 그 때문에 공산품 대부분을 수입에 의존하던 가나로서는 수입품을 들여올 재간이 없었던 것이다. 부족한 건 텅 빈 진열대를 채워줄 수입품만이 아니었다. 브로비 씨네 집에는 전기가 들어오는 시간보다 들어오지 않는 시간이 더 많았고, 수돗물은 사흘에 한 번씩만 나왔다. 편지가 도착하려면 3, 4주는 족히 걸렸고, 전화를 건다는 것은 물론 상상조차 할 수 없었다. 이렇듯 모든 것이 부족한 순야니에서의 생활은 호수와 눈으로 뒤덮인 위스콘신에서의 안락한 삶과는 하늘과 땅 차이였다. 그래도 월리스는 그곳의 매력에 흠뻑 빠져들었다. 애초 머물기로 한 기간이 끝나고 다시 고향 집으로 되돌아가야 할 시간이 다가오자 쉽사리 발걸음이 떨어지지 않을 정도였다.

그리고 약 30년이란 시간이 흐른 뒤, 나는 가나 수도인 아크라 시내의 한 서구식 호텔에서 말끔하게 양복을 차려입은 월리스를 처음으로 만났다. 그 무렵의 가나는 그가 맨 처음 그곳에 발을 디뎠을 때와는 사뭇 달라진 모습이었다. 그가 머물던 호텔 라운지에는 맥주와 와인, 위스키가 가득 진열되어 있었고, 레스토랑에서는 반쿠banku+나 틸라피아tilapia++ 같은 가나 전통음식뿐만 아니라 햄버거와 프라이, 파스타 같은 서양음식도 마음껏 즐길 수 있었다. 아크라 시내 곳곳에는 날마다 새로운 건물들이 올라가고 있었고, 거리를 오가는 사람들은 저마다 휴대전화를 손에 쥐고 바쁘게 움직였다. 여전히 전기는 자주 끊겼지만, 그건 빠르게 증가하는 전력 수요를 노후화된 설비가 따라잡지 못하기 때문이었다. 이 모든 게 월리스가 경험한 1978년의 모습과는 하늘과 땅 차이였다. 그러나 첫 번째 여행의 기억은 그의 가슴 속에 오래도록 깊이 자리 잡고 있었다. "아마도 제 인생을 결정짓는 데 있어서 가장 중요한 경험이었을 겁니다."라고 이야기를 꺼낸 그는 예전 기억이 떠올랐는지 목소리가 울컥하는 바람에 적잖이 당황스러워했다.

"마치 해마다 똑같은 서점에 들러서 멋진 책 한 권을 매번 되풀이해서 들춰보는 것 같은 느낌이에요. 그때 제가 느끼고 경험한 것 하나하나는 그동안 가족들과의 관계에서부터 학교생활에 이르기까지 내가 자라면서 배웠던 전부를 모조리 뒤집어놓았죠."

그해 여름이 끝나고, 월리스는 대학에 들어가 세법을 전문으로 하는 변호사가 되었다. 하지만 학업을 계속하는 동안에도 그의 머릿속에는 어떻게 하면 가나로 다시 돌아갈 수 있을까 하는 생각뿐이었다. 그래서 해외파견 근무를 하거나 서아프리카에서 활동하는 자선 단체에서 일하는 걸 고려해본 적도

+ 옥수수가루와 카사바 가루를 발효해서 만들어 먹는 반죽.
++ 틸라피아라는 생선에 매콤한 양념을 끼얹어 구운 요리.

있었다. 그러다 문득 수입품 부족으로 텅 비어있던 브로비 씨 가게의 진열대를 떠올리면서 가나에 외화를 벌어다 줄 수 있는 사업을 하는 게 더 보람 있지 않을까 하는 생각을 하게 됐다. 그러나 그에게는 금이나 보크사이트, 혹은 다이아몬드에 투자할 돈도 없었고, 전문성과 경험도 턱없이 부족했다.

고민을 거듭하던 그는 가나가 세계 최대의 카카오 생산국 중 하나라는 사실을 떠올렸다. 가나의 카카오는 유럽과 미국으로 수출돼 공장에서 가공된 뒤 마즈나 캐드베리, 허쉬Hershey's의 상표를 달고 시장에 쏟아져 나오고 있다. 월리스는 가나의 카카오를 가지고 가나에서 직접 초콜릿을 만드는 방법은 없을까 하는 데까지 생각이 미쳤다. 가나는 해마다 카카오를 팔아서 수억 달러를 벌어들이고 있었지만, 초콜릿과 카카오 가공 상품 시장은 그보다 훨씬 더 규모가 커서 금액으로 환산한 가치만 약 750억 달러에 달했기 때문이다. 그는 "개인적으론 초콜릿을 많이 먹으면서 자라지는 않았어요. 그러나 저를 다시 가나로 되돌아오게 한 것은 바로 초콜릿이었죠. 무엇보다도 초콜릿이 지닌 부가가치가 저의 흥미를 강하게 자극했답니다."라고 말했다.

월리스가 보기에 가나에서 초콜릿을 만들어야 할 이유는 분명했다. 1파운드짜리 초콜릿이 있다면, 그 중 카카오 원료에 들어가는 돈은 단돈 7펜스에 불과하지만, 제조업체에 돌아가는 몫은 43펜스+나 된다.[1] 가치의 상당 부분, 아니 이윤의 대부분은 카카오를 초콜릿 회사에 파는 데서 나오는 게 아니라 카카오를 초콜릿으로 만드는 과정에서 발생하는 것이다. 반면, 가격변동에 따른 위험부담은 고스란히 농민들 몫으로 돌아간다. 농민들은 대규모 제조업체들에 비해 수시로 오르내리는 국제상품시장의 가격변화에 훨씬 더 취약하다. 오로지 카카오 판매에만 생존을 의지하는 농민들과 달리 대형 제조업체들은 가격변동의 충격을 어렵지 않게 흡수할 수 있는 여력을 갖추고 있기 때문이다.

월리스가 가나의 카카오를 통해 더 많은 가치를 창출해내고 싶었던 데에

+ 1파운드는 100펜스. 한화로는 약 1,770원 정도 된다.

는 또 다른 이유가 있었다. 구체적으로 설명하기는 좀 어렵지만, 그것은 금전적인 이익을 얻는 것과는 상관이 없었다. 서구 사람들은 고급 식료품 하면 일단 유럽이나 미국 기업들을 먼저 떠올린다고 월리스는 말한다. 초콜릿 애호가들에게 가장 좋아하는 초콜릿이 뭐냐는 질문을 던지면 하나같이 린트^{Lindt}나 캐드베리, 마즈 같은 이름들을 대곤 한다는 것이다. 실제로 전 세계 카카오의 대부분은 서아프리카에서 생산되지만, 그것으로 만들어지는 초콜릿은 이렇듯 아주 멀리 떨어진 다른 대륙에서 생산된다. 서아프리카 지역에서 자체적으로 만들어지거나 소비되는 초콜릿은 거의 없다고 해도 과언이 아니다.

일단 서아프리카 사람들이 즐겨 먹는 음식의 목록에는 초콜릿이 포함되어 있지 않은데다가 그 비싼 가격을 감당할 수 있는 사람도 많지 않다. 물론 지역에서 만들어진 초콜릿을 길거리 아이들이 '켄테^{Kente}'+ 문양으로 된 종이에 싸서 팔긴 하지만, 이마저도 하나당 50페세와^{Pesewa, 한화 약 340원: 옮긴이} ++ 정도로, 길에서 파는 쌀밥 한 접시보다 두 배가량 더 비싸다. 그렇기에 월리스는 서아프리카 자체적으로 좀 더 높은 부가가치를 창출하게 되면 서구인들의 아프리카에 대한 인식도 상당 부분 바뀔 수 있을 거라 생각했다. 그는 "아프리카에서도 이런 고급 식료품을 생산해낼 수 있다는 걸 직접 눈으로 확인시켜주고 싶었어요."라고 말했다.

'아프리카는 완성품보다는 원자재 공급처'라는 인식은 산업화를 향한 전 세계의 발걸음에 아프리카가 그만큼 뒤처져 있다는 현실을 그대로 반영한다. 전 세계 제조품목 가운데 아프리카에서 생산되는 것은 극히 일부에 불과하다. '유엔산업개발기구^{UN Industrial Development Organization, UNIDO}'에 따르면, 2005년 세계 제조업 부가가치는 총 6조 5366억 달러였다.[2] 이 가운데 4조 5352억 달러가 선진산업국, 1조 8925억 달러가 개발도상국에서 창출된 것이었다. 반면, 사하라 사막 이남의 아프리카 지역에서 창출되는 부가가치는 불과 458억 달러에 불과했고, 이는 2000년의 397억 달러에 비해 다소 증가하긴

+ 명주나 무명실을 가로세로로 교차되게 엮어서 만든 문양. 가나와 코트디부아르의 아칸 족의 전통 문양이다.
++ 100페세와는 1세디.

했지만 다른 지역과 비교하면 여전히 미미한 수치였다.

아시아 대륙과의 비교치는 더욱 놀랍다. 같은 해 동아시아와 태평양 지역은 1조 1467억 달러의 부가가치를 창출했는데, 이는 2000년의 7700억 달러에서 두 배 가까이 늘어난 금액이다.⟨3⟩ 그중에서도 특히 동아시아와 남아시아의 신흥 경제국들의 성장은 정말 놀라울 정도여서 산업 정체화 현상을 겪고 있는 많은 개발도상국들이나 계속해서 산업화에서 소외되어 온 아프리카를 비롯한 다른 저개발국가와는 확연히 비교된다고 유엔산업개발기구의 칸데 K. 융켈라Kandeh K. Yumkella는 2009년 보고서에서 밝히고 있다. 어쨌든 아프리카가 저 멀리 뒤처져 있다는 것만은 분명하다.

이는 단지 국가나 지역의 자긍심을 위해서만이 아니라 또 다른 측면에서도 아주 중요하다. 산업화와 그로 인한 부가가치 창출에 대한 윌리스의 믿음은 경제적으로 볼 때도 객관적인 사실에 기초하고 있다. 유엔산업개발기구는 땅이 아주 광활하거나 자원이 엄청나게 풍부하다든지 하는 특별한 환경이 아니고서는 그 어떤 나라도 산업화 없이는 발전을 이룰 수 없다고 지적했다. 동아시아의 경우, 산업화의 영향력은 가히 폭발적이었다. 몇 년 사이에 경제가 완전히 탈바꿈한 것이다. 그렇기에 가나 지도자 크와메 은크루마가 보기에도 어떻게 하면 나라를 발전시킬 수 있을까 하는 문제에서 가장 핵심은 산업화와 부가가치 창출이었다. 그러나 독립 이래로 가나는 거의 발전한 게 없었다. 공장다운 공장 하나 제대로 갖추지 못했다. 은크루마 이후 50년 넘는 세월 동안 전 세계 카카오의 약 3분의 2가 서아프리카에서 생산됐지만,⟨4⟩ 아프리카에서 가공되는 카카오는 5분의 1에도 미치지 못했다.⟨5⟩

오늘날 윌리스가 소유한 '오만헤네 코코아 빈Omanhene Cocoa Bean'사는 가나에서 직접 제조하고 포장한 초콜릿을 미국과 일본에 판매하고 있다. 하지만 아칸 족 말로 '최고로 높은 추장'이라는 뜻의 오만헤네 사의 사례는 단순히 수많은 비즈니스 성공 스토리 중의 하나가 아니다. 앞으로 펼쳐질 윌리스의 경험은 아프리카에서 부가가치를 창출하는 것이 얼마나 어려운지, 그리고 다른 기업들이 그의 뒤를 따르기를 왜 그토록 꺼리는 지에 대한 이유를 분명하게 드러내 준다.

성공을 위한 레시피

가나에서의 초콜릿 제조 가능성을 타진하기 시작할 당시에 윌리스는 워싱턴에서 일하고 있었다. 그는 도서관에서 먼지가 자욱이 앉은 책들을 뒤지고 제과 전문가들과 대화를 나누면서 어떻게 하면 완벽한 초콜릿을 만들 수 있을지에 골몰했다. 진열대에 있는 동안에도 신선도를 그대로 유지한 채 입 안에서 살살 녹는 초콜릿을 만들어낸다는 건 과학과 예술의 결합 없이는 불가능했다.

초콜릿을 만들려면 먼저 카카오 열매를 로스팅 해야 한다. 그 과정에서 천천히 열이 가해지면 짙고 달콤한 냄새와 함께 카카오 껍질이 제거된다. 그런 다음 열매를 갈아서 흔히 '카카오매스'라 부르는 짙은 갈색의 반죽을 만든다. 이 반죽 가운데 일부는 '카카오버터'를 추출해내기 위해 꽉 짜낸다. 그리고는 카카오매스와 설탕, 우유, 카카오버터를 혼합해 카카오와 설탕 입자가 너무 작아서 혀로 감지할 수 없을 정도가 될 때까지 섞는다. 그다음에는 가열과 냉각을 여러 번 되풀이 한다. 이렇게 완성된 초콜릿은 사람의 체온보다 살짝 낮은 온도에서 녹여, 초콜릿의 형태로 제조한 뒤에 판매용으로 포장한다.⁽⁶⁾

이런 기본적인 레시피에는 수천 가지의 변형된 형태가 존재한다. 제조업자들은 견과류나 건포도, 벌집, 퍼지 fudge + 같은 재료를 추가하기도 한다. 또한, 일부러 카카오매스를 빼서 화이트 초콜릿을 만들거나, 우유를 빼서 검은

+ 설탕, 버터, 우유로 만든 연한 설탕

색의 다크 초콜릿을 만든다. 아주 부드러운 맛의 고급 초콜릿을 만들기 위해서 혼합하는 시간을 더 늘릴 수도 있다. 이렇듯 재료의 엄격한 비율과 처리 과정에 따라 초콜릿의 맛과 색깔, 식감, 질감이 결정된다. 아주 미묘한 변화를 기준으로 대박 난 초콜릿과 실패한 초콜릿의 차이가 갈리는 것이다.

바로 이런 과정을 마스터한 인물들이 오늘날 세계 굴지의 초콜릿 기업들을 있게 했다. 1824년 영국 버밍엄에 차와 커피를 파는 작은 가게를 열었던 존 캐드베리John Cadbury, 조제분유를 처음 개발한 헨리 네슬레Henri Nestle,⟨7⟩ 카카오 가공 기계를 만들어낸 루돌프 린트Rudolph Lindt,⟨8⟩ 미국인들 입에 맞는 신맛의 밀크 초콜릿 레시피의 대가 밀튼 허쉬Milton Hershey, 그리고 대중적으로 인기가 높은 마즈 초콜릿의 창시자 포레스트 마즈Forrest Mars까지 하나같이 익숙한 이름들이다.

존 캐드베리가 맨 처음 가게를 연 지 거의 200년이 지난 2010년 초, 그가 만든 회사는 미국의 식품 제조업체인 '크래프트Kraft'사와의 합병을 통해 세계 최대의 초콜릿 기업이란 위치에 등극했다. 그 바로 아래에는 마즈가 자리 잡고 있고, 네슬레, 페레로Ferrero까지 포함한 네 개의 회사가 유럽 초콜릿 소비시장의 절반 이상을 장악하고 있다. 개별국가의 시장도 마찬가지다. 1990년대 중반에 캐드베리와 마즈, 네슬레가 초콜릿 제과 시장의 약 75%에서 80%를 차지했던 영국은, 각국의 초콜릿 시장에서 이들 대기업들에 대한 집중도가 얼마나 높은지를 가늠해볼 수 있는 가장 좋은 예다.⟨9⟩

이런 대기업들은 세계적으로 규모가 큰 주요 시장들을 죄다 누비고 있는데, 윌리스가 자신의 사업을 펼치고자 했던 곳이 바로 그런 시장들이었다. 유럽과 미국은 초콜릿 소비의 60% 이상을 차지하고 있지만,⟨10⟩ 이들 시장은 거의 포화상태에 이르렀다고 평가받고 있다. 오히려 유럽과 미국에서는 건강과 다이어트에 관한 관심이 증가함에 따라 앞으로 초콜릿 소비량이 줄어들 가능성도 있다. 반면, 다른 지역의 수요는 점점 증가하고 있다. 오늘날 동유럽은 세계 초콜릿 판매의 12%를 차지한다. 또한, 중국인들의 연평균 초콜릿 소비량은 단 200g에 불과한데, 이제 막 초콜릿 시장이 싹트기 시작한 시점이란 걸 고려하면 그 성장 가능성은 무궁무진하다. 이는 유럽과 아시아의 초콜릿 공장들에는 굉장한 희소식이 아닐 수 없다.

그에 비해 아프리카와 중동 지역은 전 세계 판매량의 단 3%만을 차지하고 있을 뿐이다. 코트디부아르나 가나 사람들 중에서 초콜릿을 먹는 사람은 거의 없다. 단순한 간식거리라고 하기엔 너무 비싸게 느껴지는데다, 남미에서 수입된 작물인 카카오는 서아프리카 사람들이 원래부터 먹던 음식이 아니었기 때문이다. 그래서 월리스는 자신이 만든 초콜릿을 수출하는 쪽으로 마음을 굳혔다. 그는 초콜릿 하면 일단 유럽과 미국의 첨단 식품 기술과 맛을 먼저 떠올리는 사람들에게 아프리카에서도 그런 종류의 고급 제품을 생산할 수 있다는 걸 증명해 보이고 싶었다. 게다가 수출 말고는 다른 선택의 여지가 없었다. 자신의 제품을 소화할만한 시장이 아프리카 지역에는 존재하지 않았기 때문이다.

미국으로 제품을 수출하려면, 일단 미국인의 입맛을 고려할 필요가 있었다. 카카오가 더 많이 들어가고 설탕은 적게 들어간 다크 초콜릿을 선호하는 유럽인들과는 달리, 미국인들은 전통적으로 설탕이 많이 첨가된 다디단 초콜릿을 좋아한다. 그래서 그는 미국인들의 단 입맛을 끌어당길 수 있으면서도 강한 카카오의 풍미를 지닌 진한 밀크 초콜릿을 만들기로 했다. 그를 위해 레시피를 수정하고, 머릿속에 든 수학공식을 응용해 필요한 원료의 정확한 비율을 산출해냈다. "처음에 만든 초콜릿은 사실 별로였어요. 그래서 그걸 바로잡아 제대로 된 맛을 내는 데만 아주 오랜 시간이 걸렸죠."라고 그는 말했다. 몇 달에 걸친 실험 끝에, 그는 자신과 시장 모두를 만족시킬만한 레시피를 찾을 수 있었다. 그러나 본격적으로 초콜릿을 생산하기까지는 아직 갈 길이 멀고 험했다.

갈고 반죽하기

일단 레시피가 완성되자, 그걸 이용해 초콜릿을 만들 공장을 물색해야 했다. 공장을 세울만한 금전적 여력이 없었던 그는 사업자금을 충당하기 위해 생명보험까지 해약했다. 1990년대 초반 무렵 그가 할 수 있는 선택은 그만큼 제한되어 있었던 것이다. 가나에서 카카오를 가공하는 공장은 '웨스트 아프리칸 밀즈West African Mills, WAM'와 '코코아 프로세싱 컴퍼니Cocoa Processing Company, CPC' 두 곳뿐이었다. 독립 이래로 사실상의 공기업 형태를 유지해온 두 회사는 카카오를 갈아서 카카오매스와 카카오버터 상태로 가공하는 일을 해왔다. 둘 중 코코아 프로세싱 컴퍼니가 초콜릿을 직접 만들기는 했으나, 지역을 대상으로 소량만 생산할 뿐이었다. 그들은 자신들이 만든 초콜릿을 서구 시장에 팔려는 노력을 한 번도 진지하게 해본 적이 없었다. 그렇기에 월리스는 코코아 프로세싱 컴퍼니가 자신이 개발한 초콜릿을 생산해주기를 바랐다.

그 전에 우선 그는 카카오를 구해야 했다. 가나에서는 카카오 위원회가 판매와 수출을 통제하는데, 위원회 관료들은 그를 매우 경계했다. "그 조직은 문화적으로나 경제적, 정치적으로 아주 거대한 기관입니다. 가나 정부는 이방인이 끼어드는 걸 원치 않았죠. 저는 그들이 아주 방어적이란 걸 느낄 수 있었어요."라고 그는 말했다. 그래도 우여곡절 끝에 그들은 월리스에게 카카오를 공급하기로 합의했고, 이제 해외에서 우유와 설탕을 들여와야 할 차례가 됐다. 가나에는 유제품 산업이 아예 존재하지 않았기 때문이다. 그리고 완성된 초콜릿을 포장할 회사도 필요했다. 그는 서구 소비자들이 원하는 화려한 포장과 마감을 해줄 수 있는 회사를 찾기 위해 각고의 노력을 다했다. 게다가 미국에서 개발한 초콜릿 시제품의 맛과 풍미를 정확히 재현해낸다는 게 얼마나 어려운 일인지도 금세 입증됐다. 첩첩산중이었다. 시간이 지나면 지날수록 월리스의 집착은 심해져 갔다. 그는 "이 사업에 완전히 정신이 나갔던 거죠. 제게 가장 큰 두려움은 이러다가 현실의 끈을 완전히 놓치는 게 아닌가 하는 거였어요. 제가 초콜릿에 너무 깊이 빠져 있었거든요."라고 당시를 회상했다. 그리고 처음 레시피를 개발하기 시작한 지 4년 만인 1994년, 그는 자신이 생산한 초콜릿을 최초로 시장에 내놓을 수 있었다.

월리스가 창업한 지 거의 15년이란 세월이 흐른 뒤, 가나에는 훨씬 더 많은 수의 카카오 가공 공장들이 생겨났다. 2001년, '발리 깔레보 Barry Callebaut' 사가 가나에 카카오 분쇄업체를 오픈한 것을 시작으로 ADM과 카길 등 세계 최대 규모의 카카오 가공업체들이 가나에 가공시설을 설립했다. 그들은 가나 외에도 세계 곳곳에 있는 공장에서 카카오를 갈아 초콜릿의 구성성분인 카카오버터와 파우더, 카카오매스를 만든다. 세계에서 세 번째로 큰 카카오 가공업체인 발리 깔레보[11]는 '커버추어 couverture'라 알려진 진한 갈색의 가공용 초콜릿을 가장 많이 생산하는 업체이기도 하다.

이들이 세계 초콜릿 산업에서 차지하는 역할은 점점 그 중요도가 커지고 있다. 발리 깔레보의 홈페이지에는 꿀맛이 가미된 초콜릿에서부터 유기농 초콜릿, 색다른 풍미를 내기 위해 가나와 코트디부아르, 인도네시아, 브라질산 카카오를 혼합한 초콜릿에 이르기까지 1650여 가지에 이르는 초콜릿 레시피를 자랑하고 있다.

초콜릿 제조를 다른 업체에 아웃소싱하는 기업들도 점점 늘고 있는 추세다. 그 대신 광고와 마케팅에 좀 더 집중하기 위해서다. 소비자들이 진열대 위에 놓인 그 수많은 제품 중 하나를 고를 수 있게 해주는 힘이 바로 광고와 마케팅에서 나온다. 캐드베리는 자신들이 사용하는 초콜릿 믹스 가운데 일부를 발리 깔레보로부터 들여오고, 허쉬 역시 마찬가지다. 당과류를 생산하는 회사들은 평균적으로 자기네 초콜릿의 11%가량을 다른 업체를 통해 외주 생산하는데,[12] 이 수치는 앞으로 점점 증가할 것으로 예상된다. 이런 거래를 장악하고 있는 소수의 대기업들이 이제는 모두 다 가나에 공장을 두고 카카오를 가공하고 있다.

2000년에 집권한 쿠푸오르 대통령은 이들 업체들의 가공 공장을 가나에 유치하려고 엄청나게 애를 썼다. 그러나 서아프리카에서 공장을 운영하려면 극복해야 할 장애물이 한둘이 아니었다. 가나에 있는 공장들은 오직 한 나라에서 생산되는 카카오에만 의존해야 하는데, 이는 맛을 획일화시킬 뿐만 아니라 흉작이나 병충해에 취약하게 만든다. 게다가 전력 사용료가 비싸기 때문에 생산비용이 올라간다. 물론 값싼 노동력이 풍부하긴 하지만, 이미 자동화된 식품 가공 공장에는 일반적으로 직원들이 많이 필요치 않다. 또한 가나는 세계 초콜릿의 대부분이 판매되는 유럽과 미국의 거대한 소비시장과 지리적으로 아주 멀리 떨어져 있다. 카카오를 운반하는 비용보다 카카오 제품을 해외로 수송하는 비용이 더 들 수밖에 없는 구조다.

하지만 기업들로 하여금 가나에 공장을 짓도록 유도하기 위해서 쿠푸오르 대통령은 그들에게 값싼 카카오와 세금 혜택을 제공했다. 이런 유인책은 제대로 먹혀들어갔다. 가공업체들은 가나에 공장을 설립하면 카카오 공급량을 안정적으로 확보할 수 있으리라는 기대를 안고 계약을 체결했다. 이에 대해 쿠푸오르 당시 대통령은 "카카오를 통해 얻는 경제적 혜택이 늘어날 것이며, 무엇보다도 국제 상품 시장의 가격 변동에 대한 의존도가 확연히 줄어들 것"이라고 전망했다.[13]

그러나 비록 서류상으로는 인상적인 성과였을지 몰라도 이들 공장이 가나에 준 실질적인 도움은 거의 없었다. 오늘날 가나는 연간 카카오 생산량의 절반가량을 직접 처리할 능력을 갖추고 있지만, 외국 기업이 세운 공장에서는 초콜릿을 생산하지 않고 카카오를 분쇄하기만 할 뿐이다. 시설도 워낙 자동화되어 있는 터라 일자리도 거의 창출되지 않았다. 연간 6만 톤을 가공 처리하는 발리 깔레보 사가 고용한 노동자가 불과 100여 명에 불과할 정도였다. 그뿐만 아니라 카카오 위원회는 자국에 있는 공장에 카카오를 팔기보다는 수출을 더 선호했고, 이 때문에 카카오 공급 문제를 놓고 현지 가공업체들과 옥신각신하기 일쑤였다. 가공업체들이 카카오 공급 부족으로 애를 먹는 것은 이미 일반화된 현상으로, 이는 투자자들을 아주 골치 아프게 만들고 있다. 속았다고 느끼는 가나 국민들 역시 늘고 있다. 한 공장의 서구인 관리자에게 외국기업들과의 거래를 통해 가나가 실제로 얻은 혜택이 무엇인지에 관한 질문을 던지자, "최소한 가나가 손해를 본 건 없잖아요."라는 답이 되돌아왔다. 그게 자신이 할 수 있는 가장 긍정적인 대답이라는 것이었다.

'코코아생산자연합회Cocoa Producers' Alliance'의 회장인 호페 소나 에바이Hope Sona Ebai는 서아프리카 가공업체들의 현실을 이렇게 정리했다.

"기업 입장에서는 자기네가 부가가치를 창출하고 있지 않느냐고 항변합니다만, 그 사람들은 세금을 비롯해서 여러 가지 혜택을 누리고 있단 말이죠. 그래서 핵심은 결국 그들이 지역 경제에 미치는 효과가 일자리 5, 60개 정도를 만든다는 것 말고는 없다는 사실이에요. 이건 그 사람들이 실제로 얻고 있는 혜택과는 비교조차 할 수 없죠."

그와 마찬가지로, 지역에 가공업체가 설립됨으로써 가나 정부가 얻는 이점도 거의 없다고 사람들은 입을 모은다.

"정부가 주장하는 것이 '30년 뒤를 내다보자, 적어도 이 나라에 일부나마 기술 이전을 해온 건 사실 아니냐.'라는 건데, 제 생각엔 터무니없는 소리입니다. 만약 외국 업체들이 만드는 게 전투기라면, 기술 이전 효과가 있겠죠. 그러나 카카오 가공 공장은, 물론 정교한 기술이 필요하긴 해도, 그렇다고 이게 로켓을 만드는 것처럼 최첨단 기술이 필요한 산업은 아니거든요."

마즈와 캐드베리, 허쉬 같은 기업들은 서아프리카에서 최종 완성품을 생산하는 데는 거의 관심을 보이지 않고 있다. 일단 서아프리카에서는 자신들이 필요로 하는 모든 원료를 구하기가 몹시 어렵다. 또한, 최종 소비자로부터도 멀리 떨어져 있으며, 사업을 하기엔 비용이 너무 많이 들어간다. 게다가 초

초콜릿은 부패하기 쉬운 제품이다. 캐드베리 사의 한 임원은 "당신 같으면 아크라 시의 땡볕에서 초콜릿을 만들겠어요? 설령 만든다 한들, 그걸 다시 에어컨이 빵빵하게 나오는 배에다 실어서 일 년 내내 비가 죽죽 내리는 영국의 소비자들한테 판다고요?"라고 되물은 적도 있다.

외국 투자자들의 시각에서는 이제 막 싹을 틔우기 시작하는 신흥 소비 시장과 비교하면 아프리카는 아직도 그 매력이 현저히 떨어지는 지역이다. 1980년대에는 고평가된 아프리카의 통화가 지역에 대한 투자를 가로막았다. 그러다 아프리카가 경제를 개혁하고 통화를 평가절하할 무렵에는 동아시아가 매력적인 투자처로 새롭게 떠올랐다. 다국적 기업들은 새로운 장소에서 새로운 길을 개척하기보다는 이미 검증된 지역에 공장을 세우는 걸 더 선호한다.[14] 물류 지원도 아주 중요하다. 원자재와 완성품을 얼마나 쉽게 운반할 수 있느냐가 산업 경쟁력을 좌지우지하기 때문이다. 유엔산업개발기구가 발표한 세계 물류 지수에 따르면, 가나는 세계 150개 국가 중에서 125위에 머무르고 있다.[15] 이러한 수치 뒤에는 보다 현실적이고 심각한 문제가 또한 도사리고 있다. 2007년에 월리스를 처음 만났을 때, 그는 선적과 전기 공급 불안 때문에 얼마나 어려움을 겪는지를 구구절절이 늘어놨다.

그러나 다른 제조업체들과는 달리, 월리스에게 생산지는 협상의 대상이 아니었다. 그가 원하는 건 단지 초콜릿을 만드는 것만이 아니었다. 그는 가나의 카카오를 가지고 가나에서 초콜릿을 만들고 싶었던 거다. 그가 사업을 하는 데 있어 가장 중요한 동기는 바로 그것이었다. 월리스는 가나에서 초콜릿을 생산하기 위해 그야말로 온갖 노력을 다 기울였다. 그러나 그걸로 끝이 아니었다. 이제 그는 자신이 생산한 초콜릿을 서구의 슈퍼마켓 진열대에 올려놓기 위해 훨씬 더 힘든 전투를 치러야 한다.

초콜릿의 가격은 어떻게 정해질까

월리스가 가나에서 생산한 초콜릿은 가격을 싸게 매기고 싶어도 그럴 수가 없었다. 가공업체들과 대기업들이 만든 초콜릿은 대부분 적은 이윤을 남기고 팔린다. 보통 영국의 슈퍼마켓에서 60펜스 정도에 팔리는 '마즈', '트윅스Twix', '킷캣Kit Kat' 같은 브랜드들은 월리스가 가지지 못한 이점을 가지고 있다. 앞서 말한 대로, 규모와 효율의 경제를 달성한 유명 브랜드 회사들은 점점 초콜릿 제조를 대규모 가공업체에 아웃소싱하는 추세다. 그런 업체들은 재고가 떨어질 때마다 그때그때 원료를 구해와 재고 부담과 창고 비용을 최소한으로 줄이는 '적기공급 생산방식just-in-time manufacturing'이 가능하다. 그러나 세계 이곳저곳에서 원료를 사와야 하는 월리스 처지에서는 그 정도 수준의 효율성을 갖추기가 여간 어려운 게 아니다.

"전 그렇게 정확하게 원가를 절감할 수 없어요. 세관에서 물품 통관이 지연되기도 하고, 파업이 일어날 수도 있죠. 미국에도 재고를 많이 보유하고 있어야 하는데, 이 모두가 비용이 이만저만 드는 게 아니에요. 그에 비해 대기업들은 마치 차이콥스키처럼 한 자리에서 그 모든 걸 지휘할 수 있죠."

물론 그 틈새를 잘 파고든 제조업자들은 자신들의 제품에 더 높은 가격을 매기는 경우도 있다. 일례로, 폴 영Paul Young이란 사람이 만든 초콜릿은 영국에서도 가장 비싼 초콜릿 중 하나다. 그가 그렇게 높은 가격을 매길 수 있는 원동력은 바로 초콜릿의 품질과 고급스러움이다. 그와 직원들은 최상급 초콜릿 회사로부터 매일같이 액상 초콜릿을 배달시킨다. 거기에다가 설탕, 바닐라, 혹은 콩으로 된 레시틴과 천연 유화제 따위를 섞어 다양한 초콜릿 제품을 만든 다음, 런던 북부에 있는 전용 매장에 공급한다. 그들이 만드는 트뤼플, 가나슈, 브라우니 같은 제품들은 방부제나 인공 향료, 첨가제, 식물성 지방, 포도당같이 슈퍼마켓에 오래도록 진열해놓기 위해 첨가하는 인공 원료들이 별로 들어가지 않는 대신, 가격이 비싸다. 그는 50g짜리 초콜릿 하나당 3.5파운드의 가격을 매긴다. 그러나 비싼 가격에도 이런 고급 제품을 찾는 손길은 점점 늘고 있다.

이처럼 초콜릿을 고급 제품으로 인식하는 사람들의 수가 갈수록 많아지고 있다. 와인 전문가들이 포도의 품종과 빈티지+를 따지듯이, 초콜릿 전문가들은 아로마와 풍미를 중요하게 생각한다. 그들이 이야기하는 초콜릿은 마즈나 킷캣 같은 제품과는 차원이 다른 것들로, 대개 카카오 함유율이 아주 높고, 그래서 가격도 엄청나게 비싸다. 오늘날 슈퍼마켓에 가보면 쉽게 볼 수 있는 '프리미엄'이나 '럭셔리', '콘티넨털' 같은 라벨이 붙은 초콜릿이 바로 그런 것들이다. 이런 제품들은 보통 개당 1.99파운드 정도에 팔리는데, 이는 그냥 계산대 옆에 갖다 두고 파는 제품보다 세배나 비싼 가격이다. 아직 전체 제과류 시장에서 차지하는 비중은 적지만, 영국에서는 이들 프리미엄 초콜릿의 판매가 증가하는 추세에 있다.〈16〉

그렇다면, '프리미엄' 같은 라벨이 붙은 초콜릿은 정말로 품질이 더 뛰어난 걸까? '포트넘 & 메이슨Fortnum & Mason' 사에서 초콜릿 구매를 담당했던 클로에 다우터 루셀Chloe Doutre Roussel은 마케팅 차원에서 붙인 그런 표현들에 대단히 비판적이다. 초콜릿의 카카오 함유율이 높다고 자랑하는 것은 알코올 도수가 높다고 그 와인의 가치를 높이 쳐달라는 것만큼이나 어리석은 이야기라는 것이다. "사실 '퍼센트'는 아무 의미 없는 개념입니다. 아로마를 제대로 살리려면 적당량의 카카오와 설탕을 넣으면 그만입니다."라고 그녀는 말한다. 원산지도 물론 중요할 수는 있지만, 베네수엘라산 카카오를 넣는다고 해서 반드시 초콜릿의 품질이 높아진다는 보장은 없다고 그녀는 덧붙였다. 대부분 소규모 농장에서 생산되는 카카오는 같은 지역과 나라 안에서도 그 품질이 제각각이기 마련이다. 심지어 최고 품질의 카카오로 만든 초콜릿이 최악의 맛을 내는 경우도 있다. 물론 프리미엄 초콜릿이 실제로도 그 맛과 품질

+ 와인이 생산된 연도.

이 뛰어난 경우도 있지만, 그녀는 소비자들이 영악한 마케팅에 쉽게 속아 넘어간다고 말한다. 어쨌든 프리미엄 초콜릿의 맛과 품질이 뛰어나냐 아니냐를 떠나, 고급 초콜릿에 대한 수요가 급증하면서 틈새 제조업자들이 초콜릿에 가격을 더 높게 매기는 게 훨씬 쉬워졌다는 것만큼은 사실이다.

초콜릿의 판매 가격을 결정할 때, 월리스는 자신이 선택한 시장인 미국과 일본의 수입 관세 역시 고려해야 했다. 수입 초콜릿에는 일반적으로 사탕수수 재배 농민들을 보호할 목적으로 고안된 다소 복잡한 관세체계가 적용된다. 이런 관세체계에 따라 유럽과 미국은 자국의 사탕수수 재배 농민들에게 국제 시장가격보다 세 배 더 높은 가격을 보장해주는 데 반해, 자국 바깥에서 나는 사탕수수를 사용하는 제조업체들에는 추가 관세를 물린다. 물론 미국 같은 경우에는 아프리카와의 무역 거래를 증진하기 위해 마련된 '아프리카의 성장과 기회를 위한 법률African Growth and Opportunity Act, AGOA'에 근거해 아프리카산 상품의 일부에 대해서는 관세를 면제해 주고 있다. 그러나 이러한 제도가 초콜릿 회사들에게는 별다른 해당 사항이 없다고 월리스는 말했다. 유엔산업개발기구가 내놓은 한 보고서에서는 '아프리카의 성장과 기회를 위한 법률' 같은 정책들이 일반적으로 제조업체들에 유리한 혜택을 제공할 수 있다고 언급되어 있다. 그러나 현재까지는 이 법률 덕분에 새로운 투자가 촉진된다든지 하는 성과는 나타나지 않았고, 특히 서아프리카에서는 그런 경향이 더욱 두드러졌다고 해당 보고서는 밝히고 있다.⟨17⟩

그나마 다행스럽게도 월리스가 유럽에 초콜릿을 수출할 때는 관세를 거의 물지 않아도 된다. 2007년에 유럽연합과의 '경제동반자협정Economic Partnership Agreements, EPA'이 체결된 이후로 가나와 코트디부아르에서 유럽연합으로 수출되는 카카오 관련 제품에는 관세가 부과되지 않기 때문이다. 그러나 여기에는 논쟁의 여지가 많다. 이들 두 나라는 그 협정을 체결하는 대가로 자국으로 들여오는 유럽산 제품들에도 15년 넘게 수입 관세를 매기지 않기로 동의해주었다. 하지만 이는 결과적으로 두 나라의 세수가 그만큼 줄어들고 자국 산업으로 하여금 값싼 수입품과의 치열한 경쟁이 불가피하도록 만들었다. 물론 그 때문에 두 나라가 협정에 서명하지 않았더라면, 유럽연합으로 수출되는 상품에 더 높은 관세가 부과되었을 게 분명하다.

아무튼, 이 경제동반자협정을 위한 협상 과정에서 드러난 구체적인 내용들은 역설적으로 서아프리카에서 초콜릿을 제조한다는 게 얼마나 어려운 일인지를 잘 보여주고 있다. 협정이 맺어질 당시 유럽의 초콜릿이나 제과 회사들 가운데 서아프리카에서 만들어지는 초콜릿에 부과하던 관세를 철폐하는 데 반대하고 나선 회사는 없었다. 자기네 사업에 그다지 위협이 되지 않는다는 판단에서였다. 서아프리카에는 성공적인 생산을 방해하는 요인들이 너무 많아서 아프리카의 초콜릿 제조업체들로부터 유럽의 산업을 보호하기 위해 굳이 무역 장벽을 추가하거나 관세를 물릴 필요가 없었던 것이다. 하지만 관세체계는 수출이라는 거대한 퍼즐 맞추기에서 극히 일부분일 뿐이라는 데는 월리스도 의견을 같이했다. 그의 앞길에는 그 밖에도 수많은 다른 장애물들이 놓여 있었다.

그저 심심풀이로 즐기는 간식거리 그 이상의 초콜릿을 원하는 욕구, 초콜릿을 고급 상품으로 보는 시각, 와인 전문가들이 '보르도'나 '샤도네이' 와인을 두고 품평하는 것과 똑같은 방식으로 초콜릿에 쏟아지는 각종 평가들과 같이 다양한 요인들이 초콜릿 제품의 가격을 끌어 올렸다. 월리스 같은 틈새 제조업자들이 이윤을 남기기 위해서는 어떻게든 가격을 높게 매겨야 했다. 그는 소비자들이 높은 품질과 고급스러움을 전면에 내세운 초콜릿을 위해서라면 지갑에서 더 많은 돈을 꺼내는 걸 망설이지 않게 되기를 바랐다.

"우린 대형 업체들과는 달리 규모의 경제에 도달해 있지 않기 때문에 가격을 더 높여서 팔 수밖에 없어요. 값싼 초콜릿은 이미 세상에 널려 있죠. 우리는 그런 제품들과는 차별화된 스토리와 품질의 제품을 내놓는 대신 더 높은 가격을 제시하는 겁니다."

여기서 그가 말한 '차별화된 스토리'란, 슈퍼마켓 진열대에 놓인 초콜릿 중에 가나에서 만들어진 초콜릿은 자기네 제품이 유일하다는 걸 가리키는 것이었다. 윌리스 같은 틈새 제조업자들이 초콜릿에 높은 가격을 매기기 위해서는 그렇게 각자 내세울 수 있는 특화된 장점이 있어야 한다. 그런 식으로 윌리스는 자신이 만든 오만헤네 초콜릿을 100g짜리 한 개당 약 4달러에 시장에 내놓는다. 상점에 가서 오만헤네 초콜릿을 찾아보면, 주로 비싼 제품을 진열해놓는 진열대의 맨 끝쪽에 자리 잡고 있는 경우가 많은 게 바로 그런 이유에서였다.

진열대를 확보하라

윌리스가 초콜릿을 판매하는 단계에 도달하기까지는 꽤 오랜 시간이 걸렸다. 그는 레시피를 개발하고, 원료를 들여오고, 생산에 만전을 기한 다음 포장하고, 관세를 협상하고, 가격을 매겨야 했다. 이 모두는 아주 힘든 과정이었다. 그러나 마지막으로 남아있는 가장 어려운 도전에 비하면 그전까지의 과정들은 힘든 축에도 끼지 못했다. 그건 바로 초콜릿을 슈퍼마켓 진열대에 올려놓는 것이었다. 수많은 다른 소규모 제조회사들이 그랬듯, 윌리스도 처음에는 일단 입소문을 타기만 하면 사람들이 슈퍼마켓 주인에게 자기네 초콜릿을 좀 들여놓으라고 요청할 거고, 그럼 수요가 조금씩 늘어날 거라고 생각했다. 그러나 현실은 그렇게 간단치 않다는 게 금세 입증됐다.

"초콜릿을 들고 소매점에 가서 '이건 무료로 드리는 겁니다.'라고 말하면 주인이 진열대에 올려는 주겠죠. 하지만 그렇다고 붙박이로 진열할 공간을 확보한 건 아니에요. 사람들한테는 농담처럼 이야기하지만, 별의별 수를 다 써도 진열대 공간을 얻을 수가 없는 거예요. 결국 돈을 주고 공간을 사야 한다는 소린데, 소규모 제조업자 처지에서 거기엔 협상의 여지란 없습니다. 그게 실제 현실이에요."

월리스의 경험은 전혀 특별한 사례가 아니다. 초콜릿뿐만 아니라 다른 상품을 만드는 소규모 업체들도 진열대 공간을 확보하느라 겪은 고초에 관해 이야기하라고 하면, 아마 자신들의 경험을 각자 한 보따리씩은 풀어놓을 수 있을 것이다. 소수의 브랜드가 초콜릿 산업을 장악하고 있듯이 소매업도 마찬가지로 몇몇 대형업체들이 시내 중심가를 꽉 잡고 있다. 북아메리카, 서유럽, 그리고 일본에서는 식품 소매업에서 대형 슈퍼마켓들이 차지하는 비중이 75~85%에 달하는 것으로 추산된다.[18] 소매업이 몇몇 업체에 집중되어 있는 이런 상황은 작은 회사들에게는 아주 불리하게 작용한다. 한정된 진열대 공간을 놓고 벌어지는 치열한 경쟁에서 큰 회사들이 훨씬 더 강력한 힘을 발휘하기 때문이다. 예를 들어, 대형 초콜릿 회사에서 새 제품을 출시하면 소매점들 입장에서는 그 제품을 들여놓지 않을 도리가 없다. 만약 들여놓기를 거부하면 그 회사는 인기 있는 다른 초콜릿들의 공급까지 중단해버릴 게 뻔하기 때문이다.

이런 맥락에서 볼 때, 월리스의 회사처럼 작은 업체들이 소매점들과 벌이는 협상은 아주 복잡하고 시시콜콜한 것까지 따져야 할 때가 많다. 대형 소매점들은 제품을 들여놓는데 합의하기 전에 자기네가 선호하는 유통업자와의 거래를 전제조건으로 내건다. 그런데 유통업자가 챙기는 유통 수수료와 요구 사항은 아주 다양하다. 어떨 때는 소매가격의 4분의 1가량이 유통업자의 몫으로 돌아가는 경우도 있다. 미국의 한 작은 초콜릿 회사는 50센트짜리 초콜릿 하나를 공급하는 과정에서 유통업자가 떼어가는 유통 수수료가 12센트나 된다고 내게 말했다. 이는 초콜릿을 만들고 포장하는데 드는 비용보다 불과 4

센트 낮은 금액이다. 그리고 소매업체가 추가로 다른 요구사항을 내거는 경우도 있다. 제조업체더러 제품을 보관하는 창고 비용까지 부담하라는 요구가 그런 것이다. 작은 회사 입장에서는 아주 부담되는 요구가 아닐 수 없다.

그렇게 몹시 어려운 과정을 거쳐 진열대를 확보한다 하더라도, 그걸 뺏기는 것도 한순간이다. 사람들은 대부분 충동적으로 초콜릿을 산다. 그 결정은 아주 짧은 순간에 이뤄진다. 대체로 자기 입맛에 익숙하거나 이름을 많이 들어본 초콜릿에 쉽게 손이 가는 경향이 강하고, 심지어 딱 한눈에 들어오는 제품만 사는 경우도 있다. 그런데 초콜릿이 차고 넘치는 소매점 진열대에서 마즈나 허쉬, 캐드베리 같은 유명 초콜릿들이 먼저 소비자의 눈에 뜨일 가능성이 훨씬 더 높다. 광고의 힘인 것이다. "소비자의 관심을 끌기 위해서는 엄청난 투자가 요구되죠. 제대로 된 투자가 없으면, 소매점에서 금방 쫓겨나기 십상입니다. 진열대를 확보하는 것보다 유지하는 게 더 어려워요."라고 미국의 '테오 초콜릿Theo Chocolate' 사의 상무이사 조 위니Joe Whinney는 말했다.

초콜릿 시장은 경쟁이 아주 치열하고 복잡한 시장이다. 윌리스의 초콜릿은 실제로 가나에서 만들어진다. 초콜릿 공정무역 기업인 '디바인 초콜릿Divine Chocolate' 같은 회사들은 가나에서 카카오를 들여오긴 하지만 거기서 제품을 만들지는 않는다. 소비자들이 그런 차이를 인정해주지 않는 게 너무 안타깝다고 윌리스는 한숨을 내쉬었다. 그는 "카카오를 들여와서 단지 포장만 하는 건 그리 대단한 게 아닙니다."라고 말했다.

가나에 자신의 사업체를 세우기 위해 20년 가까운 세월을 매달린 한 남자는 아이러니하게도 현재 미국에서 전화통을 붙잡고 소매업체나 유통업자와 통화를 하느라 대부분의 시간을 할애하고 있다.

"내가 맞닥뜨린 도전의 8할은 유통입니다. 진열대를 확보해서 유지하는 일, 대형 소매업체들을 관리하는 일들 말이죠."

진지하면서도 활달한 성격의 윌리스는 사업을 하면서 겪은 갖가지 어려움에 관해 이야기하면서도 유머감각만큼은 잃지 않았다. 그는 "처음 시작할 때는 누가 선수를 치지 않을까 하는 게 큰 걱정이었는데, 이제는 누가 제발 선수라도 쳐서 총대를 매쳤으면 하고 바란답니다."하고 농담을 던졌다.

윌리스는 여러모로 불리한 처지였다. 서아프리카에는 오만혜네 초콜릿을 팔만한 시장이 없다. 필요한 원료를 구하기 위해서도 한바탕 전쟁을 치러야 한다. 그는 미국의 세관원들과 식품안전 담당 공무원들 덕분에 자기네 초콜릿이 "세상에서 제일 엄격한 검사를 거친 초콜릿"이 됐다고 농담조로 말한다. 그런 다음에는 마지막으로 대기업 경쟁자들의 제품이 가득 쌓인 슈퍼마켓 진열대에 자신의 제품을 올려놓기 위해 고군분투해야 한다.

구체적인 수치를 제공하는 건 거부했지만, 그런 악조건 속에서도 그는 미국과 일본에서 오만혜네 초콜릿 판매가 점차 늘고 있고, 대규모 소매업체와 유통업자들과의 거래도 계속 확보해나가고 있다고 말했다. 하지만 더욱 중요한 것은, 가나와 자신의 사업에 대한 열정이 전혀 식지 않았다는 점이었다. 만약 자신의 회사를 소유하지 않고 네슬레나 캐드베리 같은 곳에서 일했더라면 아마 "몇 년 전에 해고됐을 것"이라고 그는 말한다.

"다행히 아내가 매우 협조적이랍니다. 사업 자체를 믿는다기보다는 나를 믿기 때문이죠."

미치지 않고서는 이 짓을 못했을 거라고 웃으며 말하는 그는, 제정신이 박힌 사람이라면 시작한 지 한 5년쯤 됐을 때 어떻게 하면 빠져나갈까 하는 궁리만 했을 거라고 덧붙였다. "그러나 내겐 열정이 있었죠. 언젠간 우리 시대가 올 거라고 생각해요. 사람들이 우리가 이룬 것들을 인정해줄 날이 올 거라고 지금도 굳게 확신합니다. 가치 있는 일에 사업의 열정을 쏟는다는 게 정말 어려운 일이지만 그런 믿음이 있으니까 얼마든지 버텨낼 수 있어요."라고 그는 힘주어 말했다.

윌리스가 처음으로 회사를 차린 지 거의 20년이 지난 뒤에도 가나는 여전히 카카오를 생산하는 데만 머무를 뿐 초콜릿 생산에 있어서는 불모지나 다름없다. 그러나 조만간 어떤 변화가 찾아올지는 누구도 예측할 수 없다.

5

아동
노동

운동가로 변신한 국회의원

2008년 초, 미국의 톰 하킨^{Tom Harkin} 민주당 상원의원이 카카오를 재배하는 코트디부아르의 작은 시골 마을을 방문했다. 그리고 그곳에서 그는 가난에 찌든 농민들의 충격적인 삶과 마주했다. 만나는 주민들마다 그의 소매를 잡아끌며 깨끗한 상수도 시설, 그리고 제대로 된 학교와 병원을 지을 수 있도록 도와달라고 호소했다. "당장 그들에게 가장 시급한 건 안심하고 마실 수 있는 물을 얻는 것이었죠. 하지만 정부에서는 그들에게 아무런 관심도 기울이지 않았어요."라고 그는 말했다. 또한 농민들은 가족들을 위해 조금이라도 더 나은 미래를 설계하고 싶어 했다. 그러나 현실은 한 치 앞도 내다볼 수 없는 안갯속이나 다름없었다.

"학교라고 하나 있긴 했지만, 얼기설기 지어놓은 임시 건물만 덜렁 있는 상황이었어요. 교과서도 거의 없었고, 아이들을 가르칠 선생님도 몇 명 되지 않았어요. 아주 황량함 그 자체였죠. 그런데도 부모들은 무슨 수를 써서라도 자녀들을 교육시키고 싶어 했습니다."⁽¹⁾

머리가 하얗게 센 1939년생의 원로 정치인은 아프리카와 아시아의 가난한 아이들이 고된 노동에서 벗어나 학교로 되돌아가게 하는데 자신의 정치 인생 대부분을 할애했다. 지난 수십 년간 그는, 공장에서 옷을 꿰매는 방글라

데시 아이들과 고사리 손으로 축구공을 만드는 파키스탄 아이들의 편이 되어 주었으며, 2001년부터는 서아프리카의 카카오 농장에서 일하는 아동 노동자들의 삶을 개선하기 위해 혼신의 힘을 기울여 왔다. 거기에는 가난한 광부의 아들로 태어나 서류를 배달하는 사무보조에서부터 공장, 건설현장에 이르기까지 닥치는 대로 일을 해야 했던 자신의 청소년기에 대한 기억이 크게 작용했다. 아이들이 각자의 삶에서 최선의 선택을 할 수 있으려면 최소한 "읽고 쓰는 법과 기초적인 수학" 정도는 알아야 한다고, 그래야 "경쟁력 있는 기술"을 가질 수 있다고 열변을 토하는 그의 눈동자는 젊은 사람 못지않은 열정으로 빛나고 있었다.

카카오 농장에서의 아동노동 문제가 처음으로 대중들의 관심을 끌기 시작한 것은 지난 2000년 무렵의 일이다. 당시 언론에서는 그와 관련된 심층 기사들을 집중적으로 쏟아내기 시작했다. 기사는 대부분 다음과 같은 식이었다. '먼저, 악덕 인신매매꾼들이 서아프리카 말리의 어느 버스 정류장에 서 있던 아이들에게 다가간다. 그들은 코트디부아르의 카카오 농장에서 일하면 큰 돈을 벌 수 있다고 아이들을 꼬드긴다.[2] 그렇게 농장에 팔려온 아이들은 겨우 목숨만 부지할 정도의 식사를 제공받으면서 이른 아침부터 저녁까지 죽도록 일만 해야 한다. 일한 만큼의 보수를 받는다는 건 꿈도 꿀 수 없다. 너무 힘들어서 조금만 일하는 속도를 늦췄다가는 심한 욕설과 매질이 쏟아진다.[3] 집으로 돌아가고 싶어도 마음대로 떠날 수도 없다. 쇠사슬로 묶여 있지 않다 뿐이지 그들은 사실상 노예나 다름없다.' 한마디로 우리가 매일같이 즐겨 먹는 초콜릿의 원료인 카카오가 바로 그런 아이들의 손을 거쳐 생산되고 있다는 것이었다.

하킨 상원의원은 그런 아동들의 피땀 어린 희생을 토대로 마즈나 허쉬 같은 유명 초콜릿 기업들이 막대한 돈을 긁어모으는 현실을 도저히 받아들일 수 없었다. 뭔가 획기적인 변화가 필요했다. 그리고 그 변화를 위해서는 무엇보다 초콜릿 기업들의 행동이 절실했다. "우리가 아동노동을 근절하는 데 필요하다고 주장하는 돈의 액수는 그들이 전 세계에서 벌어들이는 이윤에 비하면 정말 새 발의 피에 불과합니다."라고 그는 실망감이 그대로 묻어나는 목소리로 말했다.

"만약 허쉬나 마즈 초콜릿의 가격을 2센트씩 올려서 그 돈을 아동노동 근절을 위해 쓴다면, 아이들의 삶은 지금과는 완전히 달라질 겁니다."

초콜릿 기업들도 그런 목소리에 완전히 귀를 닫고 있을 수만은 없었다. 혹시라도 아동노동을 다룬 언론 보도가 초콜릿 판매에 부정적인 영향을 끼칠까 우려한 업계는 농장들의 실태를 조사해 아동노동을 근절하겠노라고 약속했다. 그리고 2001년, 그들은 하킨 상원의원과 엘리엇 엥겔Eliot Engel 하원의원의 이름을 딴 '하킨-엥겔 의정서'라는 자발적 협약에 서명했다. 그러나 그로부터 십여 년이 지난 오늘날, 농장의 현실은 거의 바뀐 게 없다. 하킨 상원의원 역시 개선되는 속도가 너무 느리다는 것에 동의하고 있었다.

카카오 재배 마을이 처한 문제를 풀어줄 실마리를 찾기 위해서는 카카오 산업 자체가 내부적으로 작동되는 방식을 이해하는 게 우선이었다. 아이들을 농장에서 벗어나게 하려면, 카카오 농업 자체가 변하지 않으면 안 된다. 아니, 카카오 산업 전체의 대대적인 개혁이 동반되지 않으면 그 숫자는 결코 줄어들지 않을 것이다.

냉소적인 업계

가나 주재 특파원으로 발령을 받아 런던을 떠날 채비를 하던 2005년의 어느 날, 로이터 통신의 동료 하나가 카카오 업계에 몸담고 있던 기업 관계자를 소개해 준 적이 있었다. 미리 카카오 산업의 동향에 대한 사전 정보를 듣고 가라는 배려 차원에서였다. 그러나 그날 식사 자리에서 오고 간 이야기 대부분은 아동노동에 관한 것이었다.

그는 서아프리카에서 오랜 시간 살았던 자신의 경험에 비춰보면, 당시 4년째에 접어든 하킨 의원의 아동노동 근절 캠페인은 완전히 방향을 잘못 잡은 어리석은 행동이라고 말했다. 카카오 농장에서 일하는 아이들이 분명 있기는 하겠지만 그 아이들은 절대 '노예'가 아니라는 것이었다. 또한 원래 집안일을 돕거나 고기를 잡아서 생계를 보태는 아이들은 어디에나 있는 법인데 왜 유독 카카오 산업만 물고 늘어지는지 모르겠다고 반문하기도 했다. 그 이유는 아마도 비판의 대상을 찾아 헤매는 기자나 인권운동가 입장에서 유명 초콜릿 회사들이 그만큼 만만하기 때문인 것 같다는 게 그의 주장이었다. 하지만 그 사람들은 도무지 카카오 산업의 전체적인 구조와 상황을 제대로 이해하려는 노력조차 하지 않는다며 그는 분노를 감추지 않았다.

그날 이후, 나는 그와 비슷한 이야기를 하는 사람들을 숱하게 만날 수 있었다. 그들은 하나같이 노예노동이 어쩌니 아동노동이 어쩌니 하는 언론 보도가 과장된 측면이 많다고 주장했다. 또 다른 기업의 관계자는 이렇게 말했다.

"내가 보기에는 사람들이 제정신이 아니에요. 나도 어렸을 때 주말마다 농장에서 일하곤 했단 말입니다. 처음엔 그런 비판들이 농담인 줄 알았어요. 이건 완전히 말도 안 되는 소리예요. 다 부풀려진 이야기들이라 이겁니다. 아무한테도 득이 되지 않는 그런 운동은 정말 한심한 짓거리밖에 안 돼요."

가나와 코트디부아르 정부 관료들의 의견도 그와 비슷했다. 코트디부아르 정부 내에서 아동노동과 카카오를 담당하는 아문 아쿠아Amoun Acquah 대변인은 아프리카의 시골에서는 부모가 자식들에게 일을 시키는 게 일반적인 관행이라며 거만한 말투로 이야기를 시작했다.

"프랑스나 미국 같은 나라에서도 다들 아이들에게 집안일 같은 것을 시키지 않나요? 여기 아프리카도 마찬가지예요. 게다가 이곳은 서구 나라들과 상황이 달라요. 이곳 아이들에겐 농장이 곧 학교와 같은 역할을 한단 말입니다."

그녀는 아이들이 부모의 농장에서 일을 거들며 농사를 배울 뿐, 농장에서 일하는 아이들 중에 인신매매로 끌려온 아이들은 거의 없다고 주장했다. 자신을 찾아오는 기자들에게 이런 기본적인 사실부터 하나하나 설명하느라 지쳐버렸다는 그녀는, "정말 감정이 앞서 있어요. 그냥 초콜릿이고, 아이들일 뿐인데 말이죠."라며 아동노동에 관한 논쟁이 너무 과열됐고 감성에 치우쳐 있다고 덧붙였다.

가나에서 만난 한 카카오 구매업자 역시 아프리카의 가족 구성원들은 모두가 가족의 생계에 조금이라도 보탬이 되어야 한다고 말했다. 그는 자기도 다섯 살 때부터 엄마를 따라 농장을 드나들었다며, "그렇다고 뭐 대단한 일을 하는 건 아니고, 그냥 엄마 뒤를 따라다니다가 점심도 날라주고 하는 거죠. 아버지가 하는 일도 거들곤 했는데, 그래도 그런대로 학교는 다 제대로 마쳤어요."라고 말했다. 그는 그렇게 일손을 거들어주는 게 농사일에 있어서는 아주 큰 보탬이 된다고 했다.

"비록 학교에 다니더라도 농사일은 도와야죠. 아이들이 집안 살림에 기여할 수 있는 게 그것밖에 없고, 또 그래야 기본적으로 학교에 다닐 돈이 나오죠. 아이들은 부모들이 학비를 대느라 얼마나 고생하는지도 알아야 하고, 그렇게 등골이 휘도록 일한 대가가 어떤 것인지도 깨달을 필요가 있어요."

생각해보면 이러한 반응에는 부분적으로 타당한 구석이 있는 게 사실이다. 농장에서 가족을 돕거나 카카오가 어떻게 재배되는지를 배우는 건 분명 잘못된 일은 아니다. 그러나 말하는 사람이 누구냐에 따라서 그런 이야기들이 아주 이기적으로 느껴질 때가 있다. 유럽이든 아프리카든, 기업의 중역 자리를 차지하고 있는 사람들 가운데 가족을 부양하기 위해 어릴 적 교육이나 미래의 꿈을 희생한 이는 아무도 없었다. 어릴 적에 무슨 일을 했건 간에, 그들은 각자의 미래를 위한 교육을 부족함 없이 받을 수 있었다. 그와 대조적으로, 내가 만난 사람들 중에는 학교라고는 문턱조차 밟아보지 못한 이들도 있었다. 그들이 배움의 기회를 놓친다는 게 자신들에게 어떤 의미였는지를 설명할 때는 정말 가슴이 미어질 것만 같았다. 아버지 일을 돕기 위해 학교를 그만둔 한 남자는 내게 이렇게 말했다.

"제가 지금처럼 일자무식이 된 건 많은 측면에서 커다란 손해였어요. 배운 사람들에게는 기회가 있지만, 저에게는 기회란 것 자체가 없었죠. 못 배웠다는 이유 하나만으로 아무도 제게 기회를 주지 않았거든요. 지금 생각해보면 너무나 많은 걸 잃어버린 느낌이에요."

무엇이 진실이건 간에 '기니만Gulf of Guinea'+에서 재배되는 카카오에 크게 의존하고 있는 초콜릿 회사들은 아동노동에 관한 언론의 관심이 높아질수록 잃을 게 많았다. 그들은 아동노동을 둘러싼 논쟁이 소비자들에게 부정적인 인식을 심어줌으로써 판매에 지장이 생길까 봐 두려워했다. 카카오 업계의 한 로비스트는 "그런 회사들은 언론의 머리기사 하나가 자칫 불매운동으로까지 이어질까 봐 항상 전전긍긍한답니다."라고 말했다.

가나와 코트디부아르 입장에서도 그런 기사들이 끼칠 경제적인 영향에 대한 두려움은 결코 가벼이 넘길 수준이 아니었다. 카카오가 자신들의 최대 수출품목 중 하나인데다 직접적으로 카카오에 생계를 의지하고 있는 국민들만 어림잡아 몇백만 명++에 달하기 때문이다. '스웨드워치Swedwatch'라는 민간단체의 의뢰를 받아 아동노동의 실태를 조사한 '가나 대학교University of Ghana'의 알라싼 오스만Alhassan Osman 선임연구원은 정부 관료들이 행여나 카카오 산업에 해가 될까 봐 두려워한 나머지 아동노동 문제에 대해서는 입을 굳게 닫고 있다고 말했다.

"관료들 사이에서는 가나처럼 카카오 덕분에 경제성장이 가능했던 나라에서 아동노동이 존재한다고 인정하는 순간 자칫 수출입 금지 같은 무역제재

+ 서아프리카의 코트디부아르에서부터 가나, 토고, 베냉을 거쳐 나이지리아 남쪽 해안의 일부에까지 걸쳐 있는 열대해역.

++ 저자의 원문에는 '몇십만 명'이라고 되어 있으나, 세계코코아재단을 비롯한 각종 기구들이 펴낸 자료에 따르면 서아프리카의 카카오 농장 수가 150만 개에 이르고 한 농장 가구당 평균 여덟 명의 가족이 있는 걸로 조사되고 있다. 따라서 본 번역본에서는 '몇백만 명'이라고 수정하였다.

로까지 이어질 수 있다고 우려하는 목소리가 큽니다. 핵심 수출품인 카카오에 커다란 오점을 남기게 될 거라는 거죠."

이렇듯 하킨 상원의원의 캠페인이 수많은 사람들을 당혹게 한 것만은 확실했다. 그리고 그들 중 상당수는 하킨 의원이 사안의 심각성을 단순히 과장했다고 믿고 있었다.

무엇이 아동노동일까

얼마나 많은 아이들이 카카오 농장에서 일하고 있고, 그 아이들이 정확히 무슨 일을 하는지를 밝히는 작업은 처음부터 난관에 부딪쳤다. 문제는 카카오 농장에서 벌어지는 아동노동에 대한 기준이었다. '국제노동기구International Labour Organization, ILO'는 15세 미만의 아이들이 경제활동을 하는 경우와 15세에서 17세 사이의 아이들이 위험한 작업에 참여하는 경우를 '아동노동'이라 정의하고 있다. 다시 말해, 15세에서 17세 사이의 아이들이 가족노동의 형태로 안전하게 일하는 경우는 아동노동의 범주에 포함되지 않는다는 것이다. 게다가 12살에서 14살 사이의 아이들이 비교적 가벼운 노동에 참여하는 행위는 일주일에 14시간을 초과하지 않는 한도 내에서 받아들일 수 있는 것으로 간주한다.

하킨 상원의원 역시 아이들이 가족노동의 형태로 일하는 것 자체에는 전혀 문제가 없다는 점을 분명히 했다. 그는 "토요일마다 일을 거드는 것은 괜찮아요. 또 이를테면 한창 바쁜 수확 철 같은 시기에 아이가 학교를 이삼일씩 빼먹어야 하는 경우를 가지고 문제 삼는 건 아닙니다."라고 말했다. 그가 진짜 우려하는 사례는 사실상의 '노예노동'을 강요당한다거나 '위험한 환경에서 일하는 경우'였다.

하킨-엥겔 의정서에 서명한 당사자들은 '국제노동기구 182호 협약'+에서 규정한 '가혹한 형태의 아동노동'을 찾아내서 근절하기로 약속했다. 여기에서 말하는 '가혹한 형태의 아동노동'에는 위험한 노동과 노예노동이 포함된다. 그리고 해당 협약에 따르면, 위험한 노동이란 '본질적으로, 혹은 그것이 행해지는 상황에 의해 건강, 안전, 도덕을 해칠 가능성이 큰 노동'이라 규정하고 있다. 이를 카카오 농장에 적용하자면, 위험한 기계나 장비 그리고 도구를 조작하거나 무거운 짐을 나르는 행위, 농약이나 화학비료에 노출되는 노동 등이 포함된다.

이러한 국제노동기구의 기준을 바탕으로 카카오 농장에서 행해지는 아동노동의 실태를 조사하러 간 사람들은 어느 농장엘 가나 그곳에서 아이들이 일하고 있다는 사실을 직접 확인할 수 있었다. 하지만 초점을 노예노동에 맞춰보면, 카카오 농장에서 노예노동이 얼마나 광범위하게 이뤄지고 있는지에 대해서는 의견이 서로 엇갈렸다. 영국의 한 다큐멘터리에 등장한 남성은 코트디부아르 농장의 90% 정도가 노예노동을 활용한다고 주장했다.〈4〉 만약 그 말이 사실이라면, 코트디부아르에만 수십만 명의 아동 노예들이 존재하는 셈이 된다. 반면, 영국 BBC방송에서는 농장에서 노예 상태로 일하는 아이들의 수를 1만 5000명가량으로 보도했다.〈5〉

그러나 여러 조사에 기초해 볼 때, 농민들이 가족노동의 한 형태로 아이들의 일손을 활용하는 경우가 압도적으로 많았다. 일례로, '국제열대농업연구소International Institute of Tropical Agriculture, IITA'가 2002년도에 발표한 카카오 산업에 관한 광범위한 조사 보고서는 "가족 이외의 어린아이와 성인을 월급을 주고 상시적으로 고용하는 사례는 비교적 드물었다."고 밝히고 있다.〈6〉 물론 코트디부아르의 농장에서 일하는 아이들 가운데 약 1만 2000명가량은 근처에 가족 연고가 없는 것으로 추산되는데, 그 아이들의 경우는 인신매매로 끌려

+ 〈가혹한 형태의 아동노동금지와 근절을 위한 즉각적인 조치에 관한 협약(Convention concerning the Prohibition and Immediate Action for the Elimination of the Worst Forms of Child Labour)〉, ILO Convention No. 182

왔을 가능성이 있다고 했다. 그리고 카카오 농업 중개인들을 통해 고용된 아이들도 어림잡아 2100명 정도 있었다. 그렇지만 카카오 농장에서 일하는 엄청난 수의 노동력에 비하면 실제 노예노동의 사례는 그다지 많지 않은 것으로 보인다는 게 보고서의 주장이었다. 그러나 설령 그것이 사실이라 하더라도 카카오 농장에서 일하는 수십만 명의 아이들이 위험한 노동환경에 노출되어 있다는 것은 부인할 수 없는 진실이었다. 국제열대농업연구소는 위험한 환경에서 아주 무거운 짐을 나르거나 농약을 치는 일을 하는 아이들의 수가 거의 30만 명에 이른다고 추산했다.

2009년에 발표된 미국 루이지애나 주 '툴레인 대학Tulane University'의 3차 연구보고서[7]에서는 가나에 약 100만 명, 코트디부아르에 약 80만 명 이상의 아이들이 과거 일 년 사이에 카카오와 관련된 일에 종사했다고 추정했다. 그 중 국제노동기구 가이드라인과 최저 연령 및 최저 노동시간에 관한 국내법을 위반한 사례는 코트디부아르가 26만 3000건, 가나가 27만 건으로 두 나라 합쳐서 50만 건이 넘는 것으로 드러났다. 아이들은 대부분 김을 매는 작업과 카카오를 수확해 헛간으로 나르는 작업에 투입됐으며, 절반 이상이 그 과정에서 부상을 당한 적이 있다고 보고서는 기록하고 있다. "카카오 분야에서 일하는 아이들은 땅을 개간하거나 무거운 짐을 나르는 일을 포함해 코트디부아르와 가나 정부가 위험하다고 분류한 활동에 때때로 노출되어 있었다."는 것이다.

그러나 이 보고서에서도 역시 노예노동의 증거는 거의 발견할 수 없었으며 빚을 대신해 일하는 경우 또한 아주 드물었다고 주장했다. 아이들 가운데는 코트디부아르의 경우 약 5%, 가나의 경우엔 약 10%가량이 돈을 받고 일을 하고 있었다. 간혹 자의가 아닌 강제에 의해서 일을 하는 경우도 있었지만, 대개는 가족이나 친지가 시킨 것이었다. 친지가 아닌 다른 사람이 강제로 일을 시킨 경우는 전체 농가 아이들의 0.5% 미만이었다고 해당 보고서는 밝히

아동노동

고 있다.

그와 동시에, 학교에 다니는 아이들의 비율도 비교적 높은 편이었다. 나라 전체로 볼 때 교육 혜택을 받는 아이들의 비율이 코트디부아르가 약 60%, 가나가 약 90% 정도였는데, 농장에서 일하는 아이들 중 상당수도 여기에 포함된다고 보고서는 말했다. 그러나 학교에 등록했다고 해서 이 아이들이 꼬박꼬박 출석한다는 의미는 아니었다. 5살에서 17살 사이의 두 나라 아이들 가운데 약 40%는 아주 간단한 문장조차 읽고 쓸 줄 몰랐기 때문이다.

하지만 여기에서 주목할 부분은, 카카오 재배 지역에 사는 아이들의 출석률이 다른 지역의 아이들보다 오히려 더 높았다는 점이다. 코트디부아르의 경우, 카카오 재배 지역이 아닌 곳에 사는 5살에서 17살 사이의 어린이들 가운데 45%가 학교에 다니는 반면, 카카오 재배 지역에서는 그 수치가 58%로 증가했다. 가나 역시 카카오 재배 지역이 아닌 곳은 74%, 카카오 재배 지역은 89%의 출석률을 기록했다.

게다가 일하는 아이들은 농장에만 있는 게 아니었다. 청소부, 판매원, 구두닦이로 일하는 아이들이 어딜 가나 눈에 띄었고, 지역 주민들의 주요 교통수단인 '트로-트로스Tro-tros'라는 낡은 승합차에 매달려 큰 소리로 요금을 받는 일도 대개 어린 소년들의 몫이었다. 그 밖에도 짐꾼이나 가사 도우미로 일하는 아이들도 많았고, 주말 바닷가에서 나이 어린 남자아이들이 어부들을 도와 그물을 끄는 광경을 직접 목격한 적도 있었다. '국제이주기구International Organization for Migration, IOM' 관리들은 가나에 아동 노예를 둘러싼 문제가 존재하는 건 사실이지만, 그것은 동부지방의 어촌 마을들 이야기지 카카오 농장은 해당 사항이 없다고 내게 말하기도 했다.

이렇듯 툴레인 대학 연구 보고서에서 드러난 현실은 다소 복잡했다. 서아프리카의 카카오 농장에서 많은 아이들이 일하고 있는 건 사실이지만, 상당수는 학교에도 다니고 있었다. 때때로 위험한 환경에 노출되고 장시간 노동에 시달리는 경우도 흔했지만, 아이들이 사는 나라는 그만큼 가난한 나라였다. 농장에서 일하는 아이들의 처지가 그 나라의 다른 아이들보다 더 나쁘다고 단정적으로 말하기는 어려운 것이다.

시간이 흐를수록 나는 카카오 업계 관계자들이 아동노동 근절 운동을 벌이는 사람들을 신랄하게 비판하는 이유를 조금씩 이해하기 시작했다. 특히 상당수 언론 보도들은 현실을 잘 모르거나 과장돼 있었다. 2010년 2월 초, '미국교사연맹 American Federation of Teachers, AFT'은 "가나와 코트디부아르에 사는 360만 명의 아이들에게 있어 밸런타인 데이란, 도저히 용납할 수 없는 환경 속에서 카카오를 따야 하는 수많은 처량한 나날 중 하루일 뿐"이라고 표현했다. 그러면서 그들은 "아이들이 고사리 손으로 거둬들이는 카카오"의 수입 중단을 요구했다.⟨8⟩

마찬가지로, 시카고 '일리노이 대학 University of Illinois'의 레너드 데이비스 Lennard Davis 교수는 유력 인터넷 언론인 〈허핑턴 포스트 The Huffington Post〉에 기고한 글에서 "세계 초콜릿의 절반 이상이 생산되는 서아프리카 지역에서는 14살 미만의 아이들이 잔인할 정도로 고된 노동에 그대로 노출되어 있을 뿐 아니라, 작업 도중 칼에 다치거나 농약을 치는 등 아주 위험하고 불공정한 노동을 강요당하고 있다. 그리고 그 아이들 중 상당수는 '가족으로부터 사실상 납치된 노예'들이다."라고 썼다. 그는 아프리카의 카카오 농장에서 일하는 아이들의 수가 630만 명에 달한다고 주장하면서, 소비자들로 하여금 공정무역 제품을 사거나 아프리카에서 생산된 카카오를 사용하지 않은 초콜릿을 사라고 권유했다.⟨9⟩

국제 빈민구호단체인 '옥스팜 Oxfam'＋이 벨기에서 진행한 초콜릿 공정무역 캠페인도 그와 똑같은 맥락이었다. 그들은 벨기에 초콜릿 판매량의 99%를 차지하는 일반 제조업체들의 초콜릿은 그 주원료인 카카오가 아이들에 의해 수확되지 않는다는 보장이 없다며 공정무역 초콜릿을 사 먹자고 소비자들

＋2차 세계대전이 한창이던 1942년, 영국 옥스퍼드 시의 퀘이커교도들과 사회운동가들, 학자들이 중심이 되어 연합군의 해상봉쇄로 고통받는 그리스 국민들을 구호할 목적으로 출범했다. 당시의 명칭이던 'Oxford committee for famine relief'를 줄인 옥스팜(Oxfam)이 오늘날 단체의 공식명칭으로 자리 잡았으며, 1995년 옥스팜 인터내셔널이 창립된 뒤 전 세계 90여 개국에서 '빈곤과 고통 없는 세상'을 위해 활동을 펼치는 세계 최대의 구호단체로 성장했다.

에게 호소했다. 지역의 신문과 방송사들은 이를 벨기에에서 팔리는 초콜릿의 절대다수가 노예 상태에 처한 아이들의 손으로 수확되는 카카오로 만들어진다는 의미로 해석했다.

그러나 일감을 찾아 다른 지방으로 옮겨간 아이들을 묘사하기 위해 '노예'나 '인신매매' 같은 단어를 사용하는 행위는 복잡한 현실에 대한 판단을 흐리게 할 위험성이 있다. 물론 착취당하는 아이들도 있지만, 그렇지 않은 아이들도 많다는 것이 현실이었다. 개중에는 경제적 필요 때문이 아니라 어른이 되기 위한 일종의 통과의례로 다른 지방으로 떠나는 아이들도 있었다. '런던대학교 보건대학원London School of Hygiene & Tropical Medicine'이 실시한 연구에서는, 자선단체들이 좋은 취지에서 고향마을로 돌려보낸 아이들이 일자리를 찾아 다시 떠나는 사례도 간혹 있다고 밝혔다.(10) 해당 연구원들은 인신매매를 강력하게 규제하면 할수록 아이들이 더욱더 불법적이거나 위험한 루트를 택하는 결과로 이어졌다고 우려했다. 이런 맥락에서 보면, 가나와 코트디부아르 사람들이 분노하는 이유를 이해하기란 어렵지 않다. 과장되거나 단순화된 언론 보도들은 현지 사람들로 하여금 그런 식의 보도를 좀처럼 인정할 수 없게 만드는 동시에 그들의 화만 북돋울 뿐이었다.

'노예가 생산하는 카카오'를 거부하자는 운동이 과연 문제를 개선할 수 있을지도 의심스럽긴 마찬가지다. 만약 서아프리카 지역에서 생산된 카카오를 금지한다면, 카카오에 생존을 기대고 있는 그 지역 수백만 농가의 삶이 황폐해질 것이다. 그런 식의 위협이나 금지 조처는 아무리 좋은 의도가 있다고 하더라도 상당한 역효과를 불러올 수 있다.

다시 예를 하나 들어보겠다. 1992년, 15살 미만의 아이들이 생산하는 제품의 수입을 금지할 목적으로 작성된 하킨 법안Harkin Bill이 미 하원에 제출되었다. 그러자 단지 그런 법안이 제출됐다는 이유 하나만으로 방글라데시의 의류산업은 일제히 공황상태에 빠져들었다. 그들이 생산하는 제품의 60%가

미국으로 수출되고 있었기 때문이다. 그 결과, 여자아이들이 대부분이었던 미성년 노동자들이 의류 공장에서 해고되었다. 그 뒤에 이어진 상황을 두고 '유니세프UNICEF'+는 1997년에 펴낸 '세계아동현황The State of the World's Children' 보고서에서 "노동자들은 작업 환경이 훨씬 더 열악하면서도 급여는 되레 더 낮은 공장으로 옮겨갔다. 개중에는 심지어 매춘에 빠지는 경우도 있었다."고 기록했다. 이는 결론적으로 좋은 동기에서 행한 일이 잘못된 결과를 낳은 전형적인 사례였다고 해당 보고서는 지적한다.

그렇다고 해서 아동노동을 근절하기 위한 노력이 실제로 효과를 발휘한 사례가 아예 없다는 이야기는 아니다. 오늘날 '굿위브GoodWeave'로 더 유명한 '러그마크Rugmark'++ 카펫 제품들이 가장 대표적이다. 그런 제품을 만드는 회사들은 정기적으로 작업 공정을 점검해서 아이들이 카펫 생산에 동원되는지를 확인하는 신뢰할만한 시스템을 가동해오고 있다.

그러나 아이들이 각지에 흩어진 수십만 개의 농장에서 일하는 카카오 농업의 경우에는 감시가 이만저만 어려운 게 아니다. 서아프리카에서 농장을 소유하고 있는 이들은 개별 농민들이지 대형 초콜릿 회사가 아니다. 이에 대해 "무려 200만 개나 되는 소규모 농가가 서아프리카의 외딴 시골 여기저기에 흩어져 있기 때문에 카카오 농장에서 매일같이 무슨 일이 벌어지는지는 당최 알 도리가 없어요."라고 '세계코코아재단World Cocoa Foundation'의 빌 가이튼Bill Guyton 총재는 말한다.

"카카오 산업에서 아동노동을 사용하지 못하도록 100% 보장할 수 있는 모델이 있을까요? 글쎄, 저는 모르겠네요."

게다가, 초콜릿은 농민 한 사람이나 마을 한 곳에서 생산된 카카오로 만들어지는 게 아니다. 대부분은 다양한 맛을 내기 위해 여러 종류의 카카오를 섞어서 만든다. 하나의 초콜릿에는 세계 각지의 농장에서 생산된 카카오가 서로 뒤섞여 있는 것이다. 따라서 특정 초콜릿의 원료가 어떻게 생산되는지 일

+ 유엔국제아동기금(United Nations International Children's Emergency Fund). 1946년 유엔 총회의 결의에 따라 전쟁 피해국 아동들의 구호를 목적으로 결성된 공식기구로, 주로 개발도상국 아동들의 보건, 영양, 교육을 지원하는 활동을 벌이고 있다.
++ 카일라시 사티아르띠(Kailash Satyarthi)라는 인도의 인권활동가가 1994년에 창설한 인증 프로그램. 그전까지 카펫 생산업체들 사이에서 광범위하게 활용되던 아동노동을 근절하기 위해 만들어진 이 프로그램은 일정한 검사와 확인 과정을 거쳐 아동노동을 사용하지 않는다는 게 입증된 제품에 한해 러그마크를 부착해 줌으로써 업계와 소비자의 변화를 유도하는 운동을 펼쳤다.

일이 추적하다 보면, 아이들을 착취해서 생산된 카카오가 전혀 함유되어 있지 않다고 누구도 장담할 수 없는 게 사실이다.

물론 가나의 공정무역 조합인 '쿠아파 코쿠Kuapa Kokoo, 6장 참고'나 '아르마자로Armajaro'+, '마즈' 같은 구매업체들은 나름의 추적 시스템과 카카오 인증제도를 만들려고 애쓰고 있다. 아직은 소규모에 불과하지만, 그런 노력은 종종 불합리한 현실에 경종을 울리는 역할을 한다. 예를 들어, 카카오 생산 환경에 대한 높아진 관심에 부담을 느낀 세계최대 곡물회사 카길 같은 경우에는 1500명가량의 농민들에게 지속 가능한 책임 생산을 훈련시키기 위해 '우츠 인증Utz Certified'++ 이라는 국제적인 비영리단체와 협력해왔다. 그러나 우츠가 해마다 인증하는 카카오의 양은 총 3000톤으로, 코트디부아르의 연간 생산량인 120만 톤에 비하면 극히 일부에 지나지 않는다. 게다가 우츠 역시 개별 농민들이 매년 검사를 받긴 하지만, 아이들이 카카오 수확에 동원되지 않았다는 걸 "100% 철두철미하게 보증할 수 있는 제도는 없다."는 점을 분명히 밝히고 있다.

한편 소비자들은 아동노동을 없애기 위해서 공정무역 제품을 선택하라는 이야기를 흔히 듣는다. 그러나 가나의 쿠아파 코쿠 공정무역 조합의 한 간부는 자신들이 카카오를 구매하는 농장들에 아동노동이 전혀 존재하지 않는다고 선뜻 장담하지 못했다.⁽¹¹⁾ 확실한 보장책을 마련한다는 게 얼마나 어려운지는 2010년 초에 벌어진 사례를 통해 더욱 명확해졌다.

2009년 9월, 가나의 카카오 공정무역 협동조합이 52개 소속조합 가운데 한 조합에 속한 33개의 공동체 중 7개 공동체가 가혹한 형태의 아동노동을 활용한 것이 드러나 구매중단 조처를 내렸는데, 영국의 한 텔레비전 방송사의 보도로 그 사실이 만천하에 공개된 것이다.⁽¹²⁾ 공정무역 운동단체들은 그런 사실을 적발해낸 것 자체가 일상적인 점검 시스템이 제대로 작동하고 있음을 보여주는 증거라고 반론을 제기했지만, 그런 제도를 시행하는 데 있어

＋ 런던에 본부를 둔 투자회사. 주로 카카오와 커피, 와인의 생산과 유통에 투자하고 있다.
＋＋ 커피, 카카오, 차와 같은 농산물에 특화된 공정무역인증 프로그램. 2002년부터 시작된 이 프로그램은 해당 제품이 초기 재배단계에서부터 최종 제품 생산단계까지 자체 윤리강령에 맞게 생산됐는지를 추적할 수 있는 매우 선진화된 시스템을 갖춘 것으로 평가받고 있다.

수많은 난관이 존재한다는 사실만큼은 분명해졌다. 또한 그 사건과는 별개로, 툴레인 대학의 보고서 역시 "(최악의 아동노동으로부터) 100% 자유로운 환경임을 증명할 수 있는 능력이 과연 존재하는지 의심하지 않을 수 없다."고 지적한 바 있다.

최근 소비자들 사이에서는 자기가 구매하는 제품이 어디서 생산되는지 궁금해하고, 더불어 아이들의 손으로 만들어진 제품은 사지 않으려는 경향이 점점 강해지고 있다. 이는 충분히 이해할만한 현상이다. 그러나 국제코코아 기구의 얀 핀에르후츠 위원장은 단순히 소비자 운동 차원에서 풀기에는 아동노동 문제가 너무나 복잡하다고 말했다.

"농민들 중에 자신의 아이가 학교에 가는 걸 원치 않는 사람은 세상 어디에서도 본 적이 없습니다. 부모라면 누구나 아이들에게 최대한 많은 걸 베풀어주고 싶어 하니까요."

하지만 그는 단지 카카오를 생산하는 농민들에게 더 많은 돈을 지급한다고 해서 그들이 더 나은 농민이 되는 건 아니라고 잘라 말했다.

"더 나은 농민이 될 수 있는 환경을 만들어줘야죠. 그러려면 상품작물과 더불어서 적당한 식량작물을 재배할 수 있게 도와줘야 합니다. 모든 부모들은 아이들이 더 나은 기회를 누리기를 원합니다. 아동노동은 왜곡된 경제 시스템에서 발생하는 문제입니다. 빈곤을 근본적으로 해결하게 되면 아동노동 문제도 풀 수 있다는 말이죠."

즉, 아동노동은 아프리카의 카카오 산업, 그리고 농촌 빈곤 문제의 핵심과 직접 맞닿아 있는 문제라는 것이다.

부를 찾아서

이제 겨우 열두 살밖에 안 된 부르키나파소 출신의 우수 크와쿠^{Oussou}
Kwaku는 실제보다 더 나이가 들어 보였다. 그는 돈을 벌고 싶어 했고, 빨리 어
른이 되기를 열망했다. 어느 날 낯선 사람이 찾아와 그의 부모에게 아들을 데
려가 코트디부아르의 아비장에서 기계공으로 일하게 하면 어떻겠냐고 했을
때, 그는 자신에게도 드디어 기회가 찾아왔다고 생각했다. 크와쿠는 당시를
회상하며 내게 말했다.

"그때는 무조건 떠나야겠다고 생각했어요. 커서 꼭 장사를 배워보고 싶었
거든요."

부모는 열두 명의 자녀 중 막내인 크와쿠까지 학교에 보낼만한 여유가 없
었다. 제안받은 일자리는 더 나은 삶을 찾아가는 기회일 수 있었다. 그리고 그
는 기회를 움켜쥐었다.

그러나 크와쿠의 꿈이 실망으로 변하기까지는 그리 오랜 시간이 걸리지
않았다. 그는 야자유 농장에서 아침 6시부터 저녁 6시까지 강제 노동에 시달
렸다. 고된 일을 하느라 항상 팔이 쑤셨고, 식사는 하루에 한 끼만 제공됐다.
여섯 달 뒤, 결국 그는 자신을 착취한 농장주에게 화가 난 나머지 근처 마을
로 도망쳤다.

가나 국경과 맞닿아있는 코트디부아르의 아보쏘^{Aboisso} 시에서는 크와쿠와
같이 일자리를 찾아 국경을 넘은 아이들이 종종 눈에 띄었다. 경찰과 국경 경
비대는 그런 아이들을 예의 주시하고 있었고, 신분증을 갖고 있지 않거나 허위
신분증을 소지한 사람들을 수시로 검문했다. 한 경찰관은 자신의 의지에 반해
끌려온 아이들은 극소수에 불과하다고 내게 말했다. 크와쿠가 그렇듯, 아이들
상당수는 학교에 다닌 적이 없었고, 일자리와 먹을거리 그리고 미래가 있는 새
로운 삶을 원했다. 국경에서 제지당한 아이들 열 명 가운데 적어도 여덟은 집

을 떠나 일자리를 얻게 된 데 만족해한다고 그 경찰관은 덧붙였다.

식구가 많은 가정에서는 항상 먹을 게 부족했다. 그래서 차라리 다른 곳에 가면 자녀들이 더 나은 삶을 살 수 있을 거라고 흔히들 믿는다. "딸린 식구들이 너무 많아서 아이들을 데려가고 싶다는 사람이 나타나면 아이를 넘기고 싶어 합니다. 적어도 집에서 이대로 비참하게 사는 것보다는 낯선 사람을 따라나서는 게 낫다고 생각하거든요."라고 가나의 한 NGO 활동가는 말했다.

"아이에게 악감정이 있어서 그런 건 아니에요. 부모들은 그게 아이를 위하는 길이라고 믿는 거죠. 그건 마치 가나에서 유럽으로 밀입국하는 사람들이 자신들의 앞날에는 풍요와 행복이 기다리고 있을 거라고 생각하는 것과 같아요."

가나와 코트디부아르보다 훨씬 더 가난한 말리나 부르키나파소의 아이들에게 코트디부아르로 건너가 돈을 벌고 싶다는 꿈은 가족을 떠날 결심을 하기에 충분할 만큼 강렬한 유혹으로 작용한다. 그리고 실제로 두 나라 사람들이 일자리를 찾아 잘 사는 이웃 나라로 건너간 건 어제오늘의 일이 아니다. "아이들은 코트디부아르의 카카오 농장에서 일하는 게 나무에서 황금을 따는 것과 마찬가지라고 얘기합니다. 꿈과 환상을 갖고 있는 거죠."라고 또 다른 활동가가 덧붙였다. 자전거나 옷가지, 돈 따위로 아이들을 유혹하는 경우도 있었다. "그렇게 넘어가는 아이들은 대개 식구가 많은 집의 셋째나 막내인 경우가 많아요. 그 아이들은 이다음에 돈을 많이 벌어서 자전거와 옷을 살 수 있을 거라고 믿지요. 하지만 정작 큰 실망만 안고 빈손으로 돌아가는 경우가 대부분이랍니다."라고 그녀는 말했다.

그러나 설사 그곳에서 맞닥뜨린 현실이 애초에 품었던 계획과 크게 어긋나더라도 그들은 쉽사리 꿈을 버리지 못했다. 앞으로 뭘 하고 싶으냐는 내 질문에 크와쿠는 집으로 돌아가고 싶지는 않다고 대답했다. 그는 여전히 기계공이 되어 아비장의 정비소에서 일하고 싶어 했다. 그렇게만 된다면, 고향에서의 가난을 뒤로하고 훨씬 더 나은 현실을 마주할 수 있기 때문이다.

내게 크와쿠를 소개해준 건 인신매매로 넘겨진 아이들을 돕는 한 NGO 단체였다. 크와쿠는 처음에 자신이 카카오 농장에서 일했다고 했으나, 금세 야자유 농장으로 말을 바꿨다. 나는 그것이 나를 도와주려던 단체가 저지른 선의의 실수였을 거라 지금도 굳게 믿고 있다. 그러나 마음 한구석으로는 그 단체가 카카오 농장에서 벌어지는 아동노동을 파헤치고자 하는 내 목적에 딱 들어맞는 피해자를 소개해줄 의향이 없는 게 아닌가 하는 의심이 든 것도 사실이다. 야자유 농장에서도 카카오 농장에서와 같은 아동노동 문제가 존재함에도, 카카오 농장에서 일한 적이 있는 아이들을 만나고 싶어 하는 기자들은 여럿이었지만 야자유 농장에서 일한 아이들을 찾는 기자는 거의 없었다. 왜냐하면 초콜릿은 다른 어떤 상품보다도 사람들에게 훨씬 더 익숙한 소비재이기 때문이다. 그런 상황을 지켜보는 카카오 업계는 자기네만 아동노동 문제의 주된 공격대상이 되는 게 아닌지 두려워한다.

크와쿠는 원체 강한 아이라 기운을 되찾는 속도도 빨라 보였다. 교육이라고는 거의 받지 못했지만, 그는 스스로의 힘으로 더 나은 삶을 만들어갈 결심을 하고 있었다. 그러기 위해서는 일단 돈을 벌어야 하고, 돈을 벌려면 일자리가 필요하다고 했다. 그가 어떻게 악덕 인신매매꾼이 쳐놓은 덫에 걸리게 됐는지 안 봐도 눈에 훤했다. 한마디로 말해, 고향 마을에서는 도저히 혼자 힘으로 미래를 설계할 방법이 없었기 때문이었다. 한 단체의 활동가는 유혹에 약한 아이들이 인신매매꾼들의 손아귀에서 벗어나게 할 수 있는 가장 좋은 방법은 그들이 반드시 학교에 다닐 수 있도록 하는 거라고 말했다. 그리고 아이들을 학교로 이끄는 가장 좋은 방법 중 하나는 학교에 출석하는 아이들에게 음식을 제공하는 것이었다. 그렇게 되면, 먹고 살기 위해 어쩔 수 없이 아이들의 교육을 포기해야 하는 부모들이 지금보다 훨씬 줄어들 것이고, 아이들은 고향에서 교육을 받으며 자신의 미래를 그려볼 수 있을 것이기 때문이다.

학교와 농장

열여섯 살의 알라싼 알리Alhassan Ali는 처음엔 카카오 농장이 혼자 힘으로 더 나은 삶을 가꿀 기회의 터전이라 여겼다. 일자리를 찾기 위해 가나 북부 지방에 있는 볼가탕가Bolgatanga의 고향 집 문을 나설 때 그의 나이는 열네 살이었다.

"서부 지방에는 비가 많이 와서 항상 일자리가 있다는 얘기를 들었거든요. 거기에 친척들도 있다고 했고요."

발에 노란색 비닐 샌들을 걸친 채 플라스틱 의자에 조용히 앉아있던 그는 이렇게 덧붙였다.

"항상 배가 고팠어요. 학교에도 안 다녔고요. 그래서 혼자 여기로 왔는데, 반겨주는 사람은 아무도 없었죠."

거친 흙이 붉게 깔린 도로를 따라 한참을 달리다가 짙은 안개와 울창한 숲이 걷히자 비로소 모습을 드러낸 베테나세Betenase는 한눈에 봐도 가난이 잔뜩 묻어나는 동네였다. 나지막한 집들이 마구잡이로 들어선 그곳에 도착하자, 길가 화덕 위에서 기름에 보글보글 끓는 도넛과 석쇠에서 타들어가는 노란 옥수수가 맨 먼저 눈에 들어왔다. 바로 옆 좌판 위의 더러운 유리 진열대에는 생선 대가리 몇 조각만 덩그러니 놓여 있었다. 1500명 정도 되는 주민들 대부분은 전기도 수도도 없는 진흙집에 살고 있었다. 그 가운데 가나 북부에서 건너온 아이는 알라싼 혼자만이 아니었다. 농가에서 먹고 자며 일하는 북부 출신 아이들이 족히 스무 명은 돼 보였다. 그리고 동네 여성 한 명이 그런 아이들을 근처의 세프위 위아우소 시로 매일 실어 나르고 있었다. 나는 그 여성과 인터뷰를 시도해보았지만, 그녀는 한사코 인터뷰를 거절했다. 마을 사람들은 그녀가 아이들을 데려다가 가게 점원이나 가사도우미 일을 시킨다고 귀띔해줬다. 물론 카카오 농장에서 일하는 아이들도 있었다.

지난주에 알라싼은 카카오 꼬투리에서 열매를 꺼내 나무 쟁반 위에 늘어놓고 말리는 일을 했다고 했다. 그는 이 열매가 무엇에 쓰이는지도 전혀 몰랐고, 초콜릿을 맛본 적도 없었다. 그가 아는 거라고는 정부가 그 열매들을 사간다는 것뿐이었다. 그렇게 늦은 오후까지 내내 일만 하다가 날이 저물면 다시 마을로 되돌아왔다. 그러나 그걸로 일과가 끝나는 건 아니었다. 마을에 도착해서는 물을 길어오고 푸푸fufu+에 들어갈 얌yam++을 빻는 일을 해야 했다. 그렇게 일 년을 꼬박 일해서 알라싼이 받은 돈은 30가나 세디new Ghana cedis, 한화 약 2만 4000원: 옮긴이가 고작이었다.〈13〉 그나마 일주일에 두 차례 정도 푸푸와 옥수수를 갈아 만든 방쿠banku, 삶은 얌에다 스튜를 곁들인 암페시ampesi를 배불리 먹을 수 있다는 게 위안이라면 위안이었다. 그러다 밤이 되면 함석으로 지붕을 올린 진흙집에서 두 명의 다른 일꾼들과 고무 매트리스 하나를 깔고 잠을 청했다. 독실한 이슬람교 신자인 그는, 예배를 보는 금요일을 제외하고는 거의 하루도 쉬지 않았다. 알라싼은 그래도 자기네 고용주는 비교적 잘 대해주는 편이라고 했다.

그러나 그는 자신이 분명 속았다고 느끼고 있었다. 베테나세에서의 생활이 고향에서 살 때만큼이나 힘겹다는 것이었다. 그는 아버지만 살아계셨더라도 학교를 졸업해 운전사나 교사가 되려던 꿈을 이룰 수 있었을 거라 믿고 있었다. 그러면서도 베테나세에서는 최소한 지낼 곳과 먹을 게 있어서 다행이라고 말했다.

마을에 학교가 하나 있긴 했지만, 알라싼은 일하느라 너무 바빠서 학교에 다니지는 못했다. 반면 알라싼과 같이 일하던 바바 아라바스Baba Arabas란 아이는 그 무렵 막 학교에 들어간 참이었다. 이제 겨우 열 살밖에 안 된 바바는 내가 질문을 던질 때마다 수줍게 다리를 흔들며 웅얼거리는 목소리로 겨우 대답하곤 했는데, 얼굴이 어찌나 아기 같은지 농장에서 그런 힘든 일을 한다는 사실이 믿기지 않을 정도였다. 이렇게 어린아이를 데려다 일을 시키는 게

+ 플랜테인(plantain)이라는 열대과일과 카사바(cassava)라는 고구마 비슷한 채소로 만든 반죽을 매콤한 국물 안에 넣어주는 음식. 중서부 아프리카 사람들의 식탁에 가장 일상적으로 올라오는 음식이다.
++ 아프리카, 라틴아메리카, 아시아에서 즐겨 먹는 마과(科)의 뿌리 식물.

농장에 무슨 보탬이 될까 싶었다.

그런 바바가 학교에 다닐 수 있게 된 건 지역의 자선단체 덕분이었다. 단체 활동가들은 그의 삼촌인 라미시 쿠사시 Lamisi Kusasi 를 찾아가 한참을 설득한 끝에야 바바를 학교에 보내도 좋다는 허락을 받을 수 있었다. 물론 교복과 책값도 단체에서 모두 지급한다는 조건이었다. 자신도 6년 전에 일자리를 찾아 북부 지방에서 이곳으로 건너온 바바의 삼촌은 내 질문에 적잖이 당황한 기색이 역력했다.

"바바는 제 조카예요. 형은 먹여 살릴 애들이 너무 많아서 바바까지 감당할 여력이 없었어요. 그래서 내게 바바를 데려가서 농장 일을 돕게 하라고 부탁한 거죠. 그동안은 형편이 안 돼서 못 보냈지만, 그렇잖아도 조만간 학교에 보내줘야겠다고 생각하던 참이었어요. 바바가 계속 열심히만 일한다면 나중에 농장도 좀 떼어줄 작정입니다."

마을 부족장인 나나 크와쿠 돈코르 Nana Kwaku Donkor 는 마을 주민들 대부분이 자녀를 학교에 보내고 싶어 한다고 말했다. 다행히 2005년에 초등학교 수업료가 폐지되면서 학교 보내기는 한결 수월해졌다. 그러나 주민들은 여전히 교과서와 교복 살 돈을 마련하느라 머리를 싸매야 한다. 시설 또한 아주 열악하다. 베테나세에서는 100명의 아이들이 세 개의 작은 교실에서 공부한다. 그래서 교실에 들어가지 못한 많은 아이들이 교실 밖 커다란 나무 아래에 앉아서 수업을 듣는다.

아직은 그런 열악한 환경 따위는 전혀 개의치 않는 어린 바바는 그저 교복을 입은 자기 모습을 자랑하고 싶어 안달이었다. 그에게 학교에서 뭘 배웠느냐고 물었더니 고개를 절레절레 흔들었다. 공부에 집중을 안 해서 그런 거 아니냐고 농담을 던지자, 학교에 가도 선생님이 부족해서 학생들에게 일일이 신경을 써주지 못한단다. 아무튼, 학교에 다니는 지금도 바바는 여전히 주말마다 농장에서 일한다. 삼촌도 그건 당연하다고 웃으며 말했다.

"만약 토요일에 일하러 오지 않는다면, 이 녀석은 일주일 내내 물만 마셔야 할 걸요."

2007년 한 해 동안 나는 모두 세 차례 베테나세를 방문했다. 마지막으로 찾아갔을 때, 나를 바라보는 주민들의 눈길이 싸늘해진 걸 느낄 수 있었다. 알라싼, 바바, 쿠사시 할 것 없이 모두 자취를 감추고 없었고, 그들이 어디로 갔는지 그 누구도 말해주지 않았다. 통역을 위해 마을까지 동행했던 지역의 NGO 활동가는 마을 사람들이 나 때문에 화가 많이 났다고 일러줬다. 곰곰이 생각해보니 짚이는 게 하나 있었다. 그 전에 내가 로이터 통신에 쓴 기사에서 알라싼과 바바의 사례를 인용하면서 베테나세 마을을 언급한 적이 있었던 것이다. 기사가 나간 뒤, 가나의 이미지를 손상시키고 카카오 수출을 위태롭게 만들었다며 정부에서 나온 사람들이 마을 주민들을 심하게 질책했다는 사실을 그제야 알게 되었다.

나는 알라싼과 바바, 쿠사시 세 사람에게 무슨 일이 생긴 건 아닌지 몹시 걱정스러웠다. 그러나 그들이 어떤 심각한 물리적 위험에 처해 있거나 나쁜 일을 당했을 거라고 생각하는 사람은 없었다. 대부분의 주민들은 그들이 단지 정부 당국의 눈을 피해 근처의 다른 카카오 농장에서 일하고 있을 거라고 짐작하고 있었다. 혹은 도시로 일하러 가거나 다른 어딘가의 학교로 옮겨갔을 수도 있다. 누구도 그들의 정확한 행적을 알 도리가 없었다. 물론 알면서도 이야기하지 않는 것일 수도 있다. 어쨌든 아동노동 문제로 카카오 수출이 막힐지도 모른다는 두려움 때문에 농민들은 아이들을 어떻게든 세상 사람들의 눈에 띄지 않게 만드는데 도사가 되어 있었다. 그러나 아동노동의 근본적인 원인을 해결하는데 있어서는 거의 진전이 없었다.

문제의 핵심은 카카오 산업에 있다

나는 알라싼의 고용주를 직접 만나보지는 못했지만, 그들이 왜 알라싼 같은 아이를 고용했는지는 이해할 수 있었다. 카카오 생산은 무척이나 고된 노동이다. 잡초를 뽑고 나무의 가지를 치고 열매를 따서 나르는 데는 많은 일손이 필요하다. 도저히 한 사람이 감당할 수 없는 일인 것이다.

전 세계 카카오의 90~95%가량이 3헥타르 정도밖에 되지 않는 소규모 농장에서 생산된다.[14] 게다가 헥타르 당 생산량도 비교적 적은 편이라 한동안 생산이 계속 정체를 면치 못해 왔다. 전체 농장의 3분의 1은 헥타르 당 137.5kg 정도밖에 생산하지 못한다.[15] 이는 소득이 가장 낮은 농민들은 일 년에 단 500달러밖에 벌어들이지 못한다는 것을 의미한다. 이 정도 소득으로는 겨우 먹고 사는 데만 급급할 뿐, 노동자들을 고용한다거나 비료를 사고 새로운 종자에 투자하는 건 꿈도 꿀 수 없다. 이런 상황에서 소규모 농민들이 가족들의 일손을 동원하고 가능한 한 가장 싼 노동력을 찾으려는 이유를 이해 못 할 바는 아니다.

생산 농민들은 가격 하락뿐만 아니라 주변 상황의 변화에도 아주 취약하다. 가족 중에 누군가가 사망하거나 병에 걸리기라도 하면 그들은 현금을 구하느라 골머리를 앓아야 한다. 베테나세에서 농사를 짓는 폴 아르마Paul Armah도 그 중 한 명이었다. 어머니의 병원비를 대느라 농장까지 팔았던 그는 어머니가 돌아가시자 장례식 비용을 마련하기 위해 대부업자에게 200만 세디old cedis+를 빌려야 했다. 이자율은 무려 100%에 달했다. 불과 6개월 사이에 가진 재산을 다 잃고 빚더미에 올라앉은 것이다. 부족장인 돈코르는 폴과 같은 사례가 비일비재하다고 말했다. 주민 상당수가 은행에 계좌가 없어서 사채업자에게 의존할 수밖에 없다. 이는 자칫하면 돌이킬 수 없는 결과로 이어질 수 있다. 빚을 갚지 못해서 채무 조정을 기다리는 사례가 촌장이 아는 것만 해도 열 건이

+ 가나 정부는 2007년 7월 3일 구권(舊券) 1만 세디를 신권(新券) 1세디로 교환하는 화폐개혁을 단행했다. 따라서 구권 200만 세디는 신권으로는 200세디에 해당하며, 한화로 계산했을 때는 약 15만 9000원 정도의 가치를 지닌다.

었다. 돈을 갚지 못한 사람은 끔찍한 상황을 맞게 된다고 촌장은 말했다.

"재산이 남아 있는 경우, 사채업자들은 빚 대신 그 재산을 가져가거나 카카오 농장을 빼앗았다가 십 년 뒤에나 돌려줍니다."

이렇게 그날 벌어 그날 근근이 입에 풀칠만 하는 상황에서 카카오 산업은 가족노동으로부터 결코 자유로워질 수 없다. 가족들의 일손이 없으면 농민들은 당장 커다란 벽에 부딪히게 된다. 그들 대부분은 다른 인력을 고용할만한 돈이 없다. 내가 만난 몇몇 농민들도 아동노동에 대한 단속 때문에 농장을 운영하는데 어려움을 겪고 있다고 솔직하게 불만을 털어놨다. 유럽의 한 초콜릿 기업의 대표는 이렇게 인정했다.

"그것이 카카오 농업이 돌아가게 하는 유일한 방법입니다만, 초콜릿 제조회사들은 소비자들에게 절대 그런 이야기를 하지 않아요. 그러나 우리 모두는 진실을 잘 알고 있습니다. 단지 그걸 말하지 않을 뿐이지요. 대가 없이 노동력을 제공할 가족이 없으면, 농사가 제대로 될 수 없습니다."

카카오 산업의 성공 여부는 농장 소유자의 가족이든 관리인의 가족이든 간에 가족의 일손을 활용할 수 있느냐에 전적으로 달려 있다. 국제열대농업연구소는 자신들의 보고서에서 카카오 산업을 "기술적으로 정체되어 있고, 생산량은 적으며, 빈곤의 고리에 갇힌 미숙련 노동자들의 수요가 점점 늘고 있는 산업"이라고 평가했다. 이런 상황에서 생산자들이 그렇게 하루 벌어 하루 생활하는 방식으로 자신의 소규모 농장을 운영하는 한, 카카오 농장에서 일하는 어린이들은 끝없이 존재할 수밖에 없다. 이것은 아주 복잡한 문제이자, 선한 의도를 가지고 노력하는 운동가들을 곤혹스럽게 만드는 문제이다. 게다가 하킨-엥겔 의정서의 진전 속도 역시 아주 더뎠다.

그런 가운데, 카카오 업계는 2010년 말까지 독자적인 인증 프로그램을 개발할 계획을 세우고 있었다.(16) 그 외에 카카오 업계의 자금을 활용한 정책들도 여럿 시행되고 있다. 카카오 업계와 개별 기업들은 가나와 코트디부

아르의 지역사회를 지원하는 '국제코코아이니셔티브International Cocoa Initiative'
에 2008년 6월까지 약 1000만 달러를 제공했다.[17] 그와 동시에 약 3만 명
의 서아프리카 농민들이 카카오 업계가 재정을 후원하는 훈련과정을 이수했
다.[18] 물론 그들은 200만 명에 달하는 지역 전체 농민들 수에 비하면 아직
은 그 비중이 얼마 되지 않는다. 그러나 또 다른 6만 5000명가량의 농민들이
다른 농민들로부터 유사한 교육을 받고 있다.

또한 툴레인 대학 연구 보고서에 따르면, 정부나 업계의 프로젝트에 참여
한 어린이들은 조사대상의 5% 미만인 것으로 조사되었다. 보고서는 카카오
농업에서 아동노동이 줄어들고 있다는 일부 지표를 내놨는데, 이는 코트디부
아르의 카카오 생산 하락과 아동노동에 대한 언론의 조명, 혹은 두 나라의 생
활수준 향상이 원인인 것으로 여겨진다.

하킨 상원의원은 카카오 업계가 아동노동을 근절하기 위해 더 많은 돈을
투자해야 한다고 주장한다. 그는 초콜릿 기업들에게 연간 약 2천만 달러의 투
자를 요구하고 있다. 잘사는 나라 정부들도 책임을 다해야 하고, 코트디부아
르와 가나 정부도 카카오 구매업체들에게 아동노동 근절 노력에 동참하도록
압력을 넣어야 한다고 그는 덧붙였다.

"하룻밤 사이에 전부 바꿀 수 있다는 뜻은 아닙니다. 앞으로 몇 년 내에 그
들 나라에서 아주 급격한 변화가 시작될 수 있다는 의미죠. 그들이 슬쩍 발을
빼지만 않는다면 말입니다."

동시에 관련 활동가들은 초콜릿 기업들을 향해 카카오 구매 가격을 인
상할 것을 계속해서 요구하고 있다. "만약 농민들이 성인 노동자들을 고용
할만한 돈이 있다면, 충분히 그편을 택할 겁니다."라고 '국제노동권리기금
International Labor Rights Fund, ILRF'의 바마 아쓰레야Bama Athreya는 말한다. 그러나
단순히 가격을 인상한다고 해서 기대한 만큼 효과가 발생한다는 보장은 없
다. 우선 농민들이 얼마만큼의 현금을 손에 쥐느냐 하는 것은 정부가 부과하

는 세금이 얼마냐에 달려 있기 때문이다.

또한 일 년에 단 2가마니 정도를 수확하는 농민들에게는 가격 인상이 별 의미가 없다. 카카오 가격이 10% 오른다고 해봤자, 그들에게는 단지 30달러를 더 손에 쥔다는 의미 그 이상도 이하도 아니기 때문이다. 물론 그러한 변화 역시 환영할만한 일이지만, 그것만으로는 그들의 삶을 바꾸지 못한다. 게다가 농민들이 지역 은행을 이용할 수 있는 방안이 마련되지 않는다면, 추가로 벌어들이는 돈 역시 사채업자의 손에 들어가거나 지방 관리들과 나눠야 할지도 모른다. 한마디로 이것은 카카오를 둘러싼 경제적 시스템 차원의 문제이지, 단지 돈을 더 얹어준다고 해서 해결될 수 있는 성질의 문제가 아닌 것이다.

수십 년 동안 이어져 온 정치적인 혼란과 부정부패, 예산낭비 등으로 인해 가나와 코트디부아르의 대부분을 차지하고 있는 농촌 지역은 극도의 저개발 상태에 머물러 왔다. 그리고 소규모 농장 체계, 열악한 교육환경과 낮은 생산성은 농민들을 가난이라는 함정에 가둬놓은 공범이다.

카카오가 농민들에게 경제적으로 의미를 지닐 수 있게 하는 유일한 길은 현재로서는 자기 가족이든 관리인의 가족이든 간에 가족노동을 활용하는 방법밖에는 없다. 나는 좋은 의도만 가지고 접근하거나 방향을 잘못 잡은 소비자 운동으로는 아동노동의 문제를 막을 수 없다는 걸 깨달았다. 아이들을 카카오 농장에서 벗어나게 해주고 싶다면 카카오 농업 자체의 문제를 해결해야 한다고 생각하기 시작했다. 지금 변화가 필요한 건, 바로 농민들이 카카오를 생산하는 방식인 것이다.

6

공정무역의
신화와 현실

눈에 보이는 것이 전부는 아니다

    영국의 록 밴드 콜드플레이Coldplay의 보컬인 크리스 마틴Chris Martin은 감미로운 록발라드 곡들과 더불어 할리우드 여배우 기네스 펠트로Gwyneth Paltrow와의 결혼으로 유명세를 떨친 인물이다. 하지만 그런 그가 가나 초콜릿의 애호가란 사실은 잘 알려지지 않았다. 그는 2005년 빈민구호단체 옥스팜과 함께 가나를 직접 방문해 '쿠아파 코쿠' 생산자조합에 소속된 농민들을 만났다. 그들 농민들은 영국에서 가장 유명한 공정무역 브랜드 중 하나인 '디바인 초콜릿'에 카카오를 공급하는 동시에 그 회사의 지분도 소유하고 있었다. 그렇게 그들은 공정무역 시스템 아래에서 다른 농민들보다 더 많은 소득을 올릴 수 있었을 뿐 아니라 여러 가지 혜택을 같이 누릴 수 있었다. 아포노아포노Aponoapono라는 마을의 농민들은 마을을 방문한 마틴 일행에게 공정무역이 자신들에게 금전적인 대가 말고도 또 어떤 변화를 가져다주었는지에 대해 "우물에서는 깨끗한 물이 펑펑 나오고, 카카오의 무게를 잴 때 저울 눈금이 미리 조작된 건 아닌지 염려할 필요도 없고, 동네에는 그럴듯한 학교도 들어서게 됐죠."라고 설명했다. 그러자 마틴은 "공정무역 초콜릿이 맛도 더 뛰어난 것 같아요."라고 엄지손가락을 치켜세우며 다음과 같이 말을 이었다.

    "이렇게 비옥하고 푸르른 지역에 와서, 내가 디바인 초콜릿 하나를 베어

물 때마다 카카오 재배 농민들을 돕고 있다는 사실을 깨닫는 것 자체가 너무 놀라워요. 네슬레 초콜릿을 먹을 때와는 비교할 수 없죠."(1)

디바인 초콜릿과 쿠아파 코쿠에 찬사를 보내는 유명인사는 크리스 마틴 뿐만이 아니었다. 쿠마시Kumasi 시에 자리 잡은 쿠아파 코쿠 본부의 방명록은 한눈에 알아볼 수 있는 유명인사들의 이름으로 가득했다. 2002년의 어느 날, 토니 블레어Tony Blair 당시 영국 총리가 가나의 카카오 공정무역 농장을 방문했고, 그 전날에는 역시 영국의 안경잡이 코미디언 해리 힐Harry Hill도 다녀갔다.(2) 2005년 G8 정상회담을 위해 주요 강대국 정상들이 스코틀랜드의 소도시 글렌이글스Gleneagles에 모였을 때, 그들이 머물던 호텔 객실에는 빈곤퇴치 운동가들이 보내온 디바인 초콜릿이 선물로 놓여 있었다. 마침 그 해 정상회담의 핵심 논의 주제는 아프리카에 대한 원조였다. 정치인과 유명인사, 빈곤퇴치 운동가들로부터 감당할 수 없을 만큼의 찬사가 디바인 초콜릿에 쏟아졌다. 영국 총리, 영국에서 가장 유명한 싱어송라이터, 인기 코미디언, 영국의 주요 자선단체들……. 고작 초콜릿 하나가 이 정도의 관심과 지지를 이끌어낸다는 건 보통의 다른 초콜릿 회사들로서는 감히 꿈도 꿀 수 없는 일이었다. 나는 공정무역과 디바인 초콜릿이 그런 명망가들의 후원을 이끌어낸 원동력이 무엇인지 궁금했다. 그리고 그런 명망가들의 지지가 진흙탕 같은 현실과도 잘 맞아떨어지는지 알고 싶었다.

얼핏 보면, 왜 그토록 대단하고 훌륭한 인물들이 쿠아파 코쿠와 공정무역에 대한 지원을 아끼지 않는지 그 이유를 이해하기란 어렵지 않다. 즉, 그런 관심과 지지 자체가 정의를 위한 투쟁의 한 부분으로 여겨지기 때문이었다.

농번기가 되면 가나의 농민들은 진갈색 카카오 열매를 헛간 앞에 놓인 갈대 돗자리에 펴서 말린다. 그리고 그 열매들이 달콤하면서도 고약한 냄새를 풍기며 말라갈 즈음, 구매업자들이 찾아와 무게를 재고 가격을 매긴다. 상당수가 전혀 글을 읽고 쓸 줄 모르는 농민들은 그때마다 저울의 눈금이 미리 맞취져 있는 게 아닌가 의심한다. "그 사람들이 우릴 속인 게 한두 번이어야 말이죠."라고 쿠아파 코쿠 협동조합의 창립자 중 한 사람인 나나 코조 아피아 쿠비Nana Kojo Appiah Kubi가 말했다. 게다가 농민들은 카카오를 구매업자들에게 넘긴 후에도 판매 대금을 받으려면 몇 달씩 기다려야 했다. 그들은 공정한 거래를 바랐고, 믿을 수 있는 저울을 원했다. 그래서 그들은 만약 자신들 스스로 회사를 설립할 수 있다면 "우리 농민들이 다시는 속아 넘어가는 일은 없을 것"이라는 결론에 도달했다.⟨3⟩

1993년, 그들에게 기회가 찾아왔다. 그때까지 카카오를 구매하는 주체는 단 하나, 정부뿐이었다. 그러나 시장이 부분적으로 자유화되면서 구매업체들이 국가가 정한 최저가격에 농민들로부터 카카오를 사들이기 시작했다. 그런 다음 그들은 수출을 담당하는 기관에다 구매한 카카오를 넘겼다. 나나 코조 아피아 쿠비를 비롯한 7명의 생산 농민들은 '굿 코코아 파머스 컴퍼니Good Cocoa Farmers Company'라는 이름을 가진 협동조합 형태의 구매업체를 직접 설립했다. 그리고 그 회사는 원래 이름보다는 '쿠아파 코쿠'라는 아칸 족 이름으로 더 유명해졌다.

그들이 맨 먼저 한 일은 저울의 눈금이 정확한지 농민들 스스로 확인해보도록 장려하는 활동이었다. 그다음에는 영국의 비영리 단체인 '트윈 트레이딩Twin Trading'의 도움을 받아 공정무역 인증을 신청했다. 인증만 받게 된다면, 농민들은 톤당 150달러의 웃돈을 얹어 최저 1600달러의 가격에 카카오를 팔 수 있게 되기 때문이었다. 역사적으로 카카오 가격은 2000년 11월 뉴욕 선물거래 시장에서 톤당 714달러로 27년 만에 최저를 기록한 바 있는데,⟨4⟩ 이와 비교해 볼 때 공정무역 거래는 가격 면에서 아주 큰 차이가 있었다. 게다가 만약 시장 가격⟨5⟩이 공정무역 가격을 넘어서면 농민들은 그 차액만큼을 보상받을 수 있게 되었다.

그러나 쿠아파 코쿠의 꿈은 단지 농장 문 앞에만 머물지는 않았다. 윤리적인 화장품 기업인 '더 바디샵The Body Shop'+과 영국의 자선단체인 '크리스천 에이드Christian Aid', '코믹 릴리프Comic Relief'의 후원으로 '더 데이 초콜릿 컴퍼니The Day Chocolate Company'를 설립해 디바인 초콜릿을 만들기 시작한 것이다. 그리고 1998년 크리스마스 무렵, 그들이 만든 초콜릿이 처음으로 슈퍼마켓 진열대에 올랐다.(6) 그 후, 풍부하면서도 부드러운 공정무역 초콜릿에 서구 소비자들이 점차 맛을 들이게 되면서, 공정무역으로 벌어들인 돈은 학교를 짓고, 우물을 파고, 펌프를 갖추고, 멀리 떨어진 시골 지역까지 진찰하러 오는 의사들의 비용을 대거나 생산자들에게 소규모 대출을 해주는 자금으로 사용되었다.

그중에서도 다른 구매업체들과는 달리 쿠아파 코쿠 조합만이 제공하는 가장 중요한 혜택은 바로 주인의식이라고 쿠아파 코쿠의 오헤멩 티냐세Ohemeng Tinyase 경영 이사는 강조했다. 쿠아파 코쿠는 100% 농민들이 소유하고 있는 회사다. 그들은 선거를 통해 자신들을 대표할 이사들을 뽑고, 연례 모임에 참석해 수익금을 어디에 쓸지 결정한다. 그뿐만 아니라 그들은 디바인 초콜릿 회사의 지분 45%도 소유하고 있다.

카카오 농장에서 나고 자란 티냐세 이사는 쿠아파 코쿠 조합에 대한 열정으로 가득 차 있었다. 그는 "농장에서의 삶이 얼마나 힘든지 저는 너무나 잘 압니다. 농민들의 삶에 의미 있는 변화를 가져올 수 있는 회사는 쿠아파 코쿠가 유일해요. 아무도 그 길을 가려 하지 않거든요."라고 목소리를 높였다. 또한 "쿠아파 코쿠가 자신에게 불편을 끼치거나 돈을 주지 않는다고 말하는 농민은 아무도 없습니다. 카카오 업계 사람들 중에서 솔직하고 정직한 이들이라면 누구나 쿠아파 코쿠는 다른 업체들과는 다르다고 얘기할 걸요."라고도 덧붙였다.

가나에 맨 처음 도착했을 무렵, 쿠아파 코쿠 조합에서 내게 농민 몇 사람을 소개해 준 적이 있었는데, 그들이 해준 이야기도 거의 비슷했다. 그들은 이

+ 1976년 아니타 로딕(Anita Roddick)이라는 평범한 주부에 의해 설립된 더 바디샵은 세계 각지의 전통적인 화장법과 친환경 천연재료를 활용해 '고객이 필요한 만큼' 덜어서 쓰는 독특한 판매방식으로 화장품 업계에 큰 반향을 불러일으켰다. 이윤 극대화가 아닌 인간과 자연의 절대적 가치를 사업 전면에 내세운 더 바디샵은 한때 전 세계 1,800개 매장을 지닌 세계적인 기업으로 성장했으나, 2006년 3월 갑작스럽게 프랑스의 로레알 사에 매각되었고 로딕 또한 이듬해 뇌출혈로 생을 마감했다.

구동성으로 우물과 학교 이야기, 다른 구매업체들은 자신들을 존중하지 않는다는 이야기, 주인의식의 중요성 같은 이야기들을 했다. 크리스 마틴의 이야기가 모두 사실인 듯했다. 소비자가 공정무역 초콜릿을 사면 살수록 농민들의 삶이 실제로 나아졌다. 반짝이는 포장지 아래 윤리적인 소비의 본질이 숨어 있었던 것이다.

그러나 쿠아파 코쿠 조합 사람들과 동행하지 않고 나 혼자 마을을 찾아가서 들은 이야기는 사뭇 달랐다. 그 전에 들었던 이야기와 지금 들은 이야기 중에서 어느 게 더 진실에 가까운지 점점 헷갈리기 시작했다. 그 이유는 이랬다. 농민들 중에 쿠아파 코쿠가 다른 구매업체들과 다르다고 인식하는 사람은 막상 그리 많지 않았다. 쿠아파 코쿠에 카카오를 넘기는 농민들은 쿠아파 코쿠 말고 다른 업체들에도 카카오를 팔고 있었다. 실제로 보니, 누구든 수풀을 헤치고 가장 먼저 현금 가방을 들고 도착하는 사람이 카카오를 손에 넣는 식이었다. 내 상식으로는 이게 도저히 이해가 되지 않았다. 웃돈을 얹어 카카오를 사주고 자기네 마을이 좀 더 살기 좋게 투자까지 해주는데, 왜 농민들은 쿠아파 코쿠가 아닌 다른 업체에 카카오를 파는 걸까?

경쟁자라 할 수 있는 다른 구매업체들도 쿠아파 코쿠 협동조합 이야기만 꺼내면 일단 하늘부터 쳐다봤다. 가나의 카카오 구매 통계 역시도 겉으로 드러난 것 말고 다른 속사정이 있음을 암시해주고 있었다. 쿠아파 코쿠가 카카오 시장에서 차지하는 비중은 점차 하락하는 추세였다. 1996/97 시즌에 쿠아파 코쿠가 구매한 카카오 양은 7368톤으로, 전체의 약 2.3%를 차지했다.[7] 2001/02 시즌에는 3만 5568톤을 구매하면서 그 비중이 10.48%로 올라갔지만, 2007/08 시즌에도 여전히 같은 양을 구매하면서 시장에서의 비중은 되려 5.28%로 떨어졌다. 심지어 2008/09 시즌에는 3만 2227톤을 구매하면서 시장 비중이 5.08%까지 하락했다. 경작하는 카카오의 양이 늘어나면서 생산량도 증가했지만, 자신이 수확한 카카오를 쿠아파 코쿠가 아닌 다른 업체에 파는 쪽을 택한 농민들이 그만큼 늘어난 것이다. 쿠아파 코쿠와 공정무역에 쏟아지는 찬사와 지지에 비춰볼 때, 이런 통계는 앞뒤가 맞지 않았다. 농민들의 주인의식, 정의의 회복, 유명인사들의 후원과 정치인들의 지지방문 이면에는 훨씬 더 복합한 현실이 자리 잡고 있었던 것이다.

전 세계적 차원의 공정무역 운동

공정무역의 역사는 쿠아파 코쿠나 디바인 초콜릿, 혹은 카카오에서 처음 시작된 건 아니었다. '막스 하벨라르Max Havelaar'라는 재단이 멕시코의 생두를 가지고 커피를 만든 게 그 출발점이었다. 그들이 만든 커피는 1988년 네덜란드에서 최초로 판매되기 시작했는데, 당시는 커피 산업이 일대 위기를 겪던 시기였다. 개별 국가가 수출할 수 있는 양의 한도를 정해놓은 '국제커피협정 International Coffee Agreement'이 수십 년 동안 잘 유지되어 오다가 어느 순간 붕괴해버린 것이다.＋ 그리고 때마침 베트남 같은 신흥 생산국들이 등장하면서 커피 생산량은 마구 치솟기 시작했다. 그러나 세계인들이 마시는 커피의 양은 제한돼 있었다. 당연히 커피 가격은 곤두박질쳤고, 수백만 농민들의 벌이는 최저 생계비 밑으로 떨어졌다.

1985년, 네덜란드의 개발운동 단체인 '솔리다리다드Solidaridad'＋＋에서 일하던 니코 로전Nico Roozen이 멕시코의 한 커피 협동조합을 방문했다. 당시 그곳 농민들은 자신들이 해마다 생산해내는 커피 생두 1200가마니의 판로를 찾느라 무진장 애를 먹고 있었다. 그들이 로전에게 들려준 사연은 인도네시아의 커피 농민들을 마구 착취하던 네덜란드 식민지 역사의 어두운 부분을 그대로 옮겨놓은 듯했다. 그리고 예전에 읽었던 소설 한 권이 자연스레 떠올

＋ 국제시장에서의 커피의 수급조정과 가격안정을 위해 1962년에 처음 체결된 국제커피협정은 수출국뿐만 아니라 수입국에도 비가맹국으로부터의 수입을 일정량 이하로 제한하도록 강제했다. 그러나 커피의 주요 생산국인 중남미의 공산화를 막기 위해 이 협정에 참여해오던 미국이 1980년대 후반에 갑작스럽게 탈퇴하면서 협정은 급속히 붕괴하게 된다.
＋＋스페인어로 '연대連帶'라는 뜻.

랐다. 19세기 네덜란드의 한 식민지 관리가 자국의 착취로 고통받는 인도네시아 농민들의 현실에 대한 환멸을 담아 쓴 《막스 하벨라르: 또는 네덜란드 무역회사의 커피 경매 Max Havelaar: Or the Coffee Auctions of the Dutch Trading Company》라는 소설이었다. 당시 이 책은 식민 지배의 추악한 현실을 있는 그대로 세상에 드러내는 계기이자 억압과 착취에 맞선 투쟁의 대명사가 되었고, 저자인 에두아르드 데커 Eduard Dekker는 국가적 양심을 대표하는 인물로 떠올랐다.

로전은 그런 막스 하벨라르의 바통을 이어받아 멕시코 농민들이 커피 생두를 제대로 된 가격에 판매하는 데 보탬이 되고 싶었다. 그러나 그의 계획은 시작부터 회의적인 시각에 맞닥뜨려야 했다. 소매업자들은 과연 소비자들이 소규모 협동조합에서 재배된 커피를 더 비싼 돈을 들여서 기꺼이 사려고 할지 의구심을 드러냈다. 로스터+들 역시 멕시코 농민들이 생산한 커피의 품질이 어떨지 확신하지 못했다. 하지만 막스 하벨라르 재단은 불가능할 것처럼 보이던 일을 성공으로 이끌 수 있음을 증명했다. 제품을 내놓은 지 불과 석 달 만에 네덜란드 커피 시장의 2~3%를 차지한 것이다.

막스 하벨라르 재단의 아이디어는 이내 유럽과 미국의 자선단체들을 강타했다. 당시는 커피 업계의 골리앗 기업들인 사라 리 Sara Lee와 네슬레가 해마다 기록적인 이윤을 거둬들이는 사이, 커피 재배 농민들은 좀처럼 가난에서 헤어 나오지 못하고 있던 시기였다. 활동가들은 막스 하벨라르 재단과 같은 아이디어가 그런 현실을 바꿀 수 있으리라 기대했다. 네덜란드의 막스 하벨라르 운동은 이내 영국에서는 '페어트레이드 Fairtrade', 미국에서는 '트랜스페어 Transfair'라는 이름으로 발전해갔다. 초창기만 하더라도 생산 농민들을 돕겠다는 소망 이외에 이런 상표들이 정확히 무엇을 뜻하는지 명확하지 않았다. 1997년, 전 세계적으로 그 개념을 명확하게 하기 위해 '세계공정무역인증기구 Fairtrade Labelling Organization International, FLO'가 세워졌다. 그 결과, 공정무역의 개념은 '농민들에게 제대로 된 가격을 지급함으로써 그들이 지속 가능

+ 씨앗상태의 커피 생두를 볶아 원두커피로 만드는 사람

한 생산을 하기 위한 비용과 공동체에 투자할 수 있는 비용을 마련할 수 있도록 하는 것'이라는 의미로 점차 자리를 잡아갔다. 농민들이 공정무역 생산자의 자격을 얻기 위해서는 민주적인 조직 체계를 갖추는 게 필수였다. 현실에서 이는 그들이 협동조합에 가입해 최소한의 사회·경제·환경적인 기준을 충족시켜야 한다는 것을 뜻했다.

쿠아파 코쿠는 1995년도에 공정무역 생산자 인증을 받았다. 그리고 그들은 등록된 농민 수만 약 4만 명[8]에 이르는 세계 최대의 공정무역 협동조합으로 성장했다. 그러나 막스 하벨라르 커피의 성공과 공정무역 운동의 확산 덕분에 무럭무럭 커져가던 희망은 치열한 경쟁 속에 있던 가나 카카오 시장의 불쾌한 현실과 정면으로 충돌할 수밖에 없었다.

그들만 '공정'한 건 아니다

가나에서 본격적인 카카오 철이 시작되기 전까지는 더디고 긴 준비기간이 필요하다. 8월 말과 9월 초 사이에 농민들은 먼저 익은 꼬투리부터 수확한 다음, 그것들을 갈대 바구니에 담아 엉성하게 지어진 오두막집 앞에 두고 말린다. 그리고 9월 중순 무렵이 되면, 카카오나무에는 노란색과 보라색 꼬투리가 무성해진다. 이미 그즈음에는 다가오는 시즌의 카카오 가격이 어떻게 될지를 놓고 온갖 추측들이 난무한다. 해마다 정부가 최저 가격을 정하게 되는데, 정부에 비판적인 신문들은 올해 농민들이 보장받는 최저 가격이 아주 낮게 책정될 거라는 전망을 쏟아내곤 한다. 반면 친정부 성향의 신문들은 생산자들이 응당 받아야 할 대가에 합당하게 가격이 정해질 거라는 정반대의 주장을 편다. 업자들은 카카오를 구매하기 위해 이 마을 저 마을 분주히 돌아다녀 보지만, 농민들은 선뜻 카카오를 넘기려 하지 않는다. 혹시라도 작년보다 가격이 더 올라갈 경우, 일주일에서 열흘 정도만 기다리면 가마니당 1달러 정도를 더 받을 수 있기 때문이다. 그리고 9월 말에서 10월 초가 되면 가격을 놓고 오가는 억측과 소문은 거의 폭발하기 직전까지 달아오른다. 그런 다음, 드디어 정부가 최저 가격을 발표하면서 시즌의 시작을 알린다. 댐의 수문이 열리는 것이다.

조슈아 은크루마Joshua Nkrumah도 일 년 내내 이때만 바라보고 산다. 빌린 돈을 갚고, 아이들 학비를 내고, 옷과 휴대전화 값을 치르기 위한 돈을 벌 수 있는 시기가 이때뿐이기 때문이다. 내다 팔만한 양이라고 해봤자 고작 몇 가마밖에 안 되는 그였지만, 그래도 대충 스물다섯 명이나 되는 구매업자들 중 한 명을 택해야 한다. 마을에 있는 시설이라고는 물 펌프 하나와 건물도 없이 나무 아래에서 수업해야 하는 학교 정도밖에 없으면서도 카카오 창고만큼은 대여섯 개나 되는 마을도 있었다. 모두 카카오를 구매하려고 혈안이 된 업자들이 지어놓은 것들이었다. 이들 구매업자들은 원래 정부가 정해놓은 최저 가격만 지급해도 되지만, 실제로는 칼이나 살충제, 교과서, 심지어 대출까지 얹어주는 경우가 많았다.

가나 중부, 브롱 아하포Brong Ahafo 지방의 위디엠Hwidiem 시 근처에서 농사를 짓고 있는 은크루마는 특정 구매업체에 대한 충성도 같은 건 전혀 없었다. 그는 현금으로 대금을 치르는 쿠아파 코쿠 같은 공정무역 업체에 카카오를 넘길 수도 있지만, 수표로 대금을 치르는 대신 살충제를 싼값에 얹어주는 지역 최대의 구매업체인 '프로듀스 바잉 컴퍼니Produce Buying Company'에게 판매할 수도 있다고 말했다. 이렇듯 농민들이 구매업체를 선택하는 기준은 여러 가지였다. 특정 업체에 빚을 지는 바람에 어쩔 수 없이 넘겨야 하는 경우도 있었고, 혹시나 돈을 떼일까 봐 두세 군데 업체에 위험을 분산시키는 경우도 있었다. 구매를 대행하는 에이전트가 누구냐에 따라 선택이 갈릴 때도 있었다.

에이전트가 친구나 친지여서 그런 경우도 있고, 단순히 믿을 만한 사람이어서 그럴 수도 있다. 개인적인 차원의 요인도 돈 못지않게 커다란 영향을 미치는 것이다.

하지만 대부분의 농민들에게는 역시 현금이 왕이다. 은행 계좌가 없는 사람들이 많고, 설사 있다고 하더라도 멀리 떨어진 시내 은행 지점까지 가서 수표를 현금으로 바꾸는 수고를 해야 하기 때문이다. 그들은 카카오를 구매하러 마을로 들어오는 업자들의 손에 지폐가 들려 있기를 바란다. 그래서 업자들은 항상 현금을 많이 준비해놓아야 한다. 2010/11 시즌에 농민들은 64 kg 짜리 한 가마당 200세디^{한화 약 15만 9000원: 옮긴이}(9)를 받았다.(10) 가나는 일 년에 평균적으로 65만 톤을 생산하는데, 어떤 해에는 구매업체들이 농민들에게 현금으로만 약 10억 달러를 건넨 적도 있었다. 구매업체들이 이렇게 큰돈을 마련하기란 여간 어려운 게 아니다. 그래서 그들은 대개 정부로부터 대출을 받는데, 정부 역시 그 돈을 마련하기 위해 국제 금융시장에서 자금을 융통한다. 흔히 종잣돈이라 일컫는 이런 현금을 대출받는 절차는 시간도 오래 걸리고 종종 지연되기 일쑤인데다 이자율도 높다. 우여곡절 끝에 돈을 대출받은 구매업자들은 그 돈을 멀리 떨어진 농장과 마을까지 직접 가져가야 한다. 세프위 위아우소나 엔치^{Enchi}, 코포리두아^{Koforidua} 같이 카카오 생산지와 인접한 도시의 은행들은 금고에 보유하고 있는 현금이 넉넉지 않기 때문이다. 그래서 어떤 업자들은 카카오를 운반할 때 쓰이는 마대 자루에다 지폐를 담아서 마을로 향하는 경우도 있다. 또 다른 업자들은 차량을 빌려서 쿠마시나 아크라에서부터 현금을 가득 싣고 농장으로 향한다. 어쨌든 현금이 준비되어 있어야 카카오를 손에 넣을 수 있기 때문이다.

카카오를 놓고 이렇게 치열한 각축전이 벌어지는 상황에서 공정무역이란 건 별로 의미가 없다. 초기에는 쿠아파 코쿠도 다른 업체들처럼 정부에게서 카카오 구매 자금을 빌리느라 시간이 지연되는 게 다반사였다. 계좌에 돈이 입금되거나 은행이 현금을 마련하기까지는 오랜 시간을 기다려야 했다. 농민들은, 만약 두 개의 구매업체가 있는데 하나는 공정무역 업체지만 현금이 준비되어 있지 않고, 다른 하나는 공정무역을 하는 업체는 아니지만 현금이 마련되어 있다면 아마도 후자를 택할 것이라고 내게 말했다. 2007년 영국 런던의 '해외개발연구소Overseas Development Institute'가 400명이 넘는 농민들을 대상으로 벌인 조사에서도, 생산품을 누구에게 팔지를 선택하는 데 있어서 현금을 융통할 수 있느냐의 여부가 "농민들에게는 핵심적인 요인"이라고 밝히고 있다. 그리고 그다음으로 중요한 요인이, 생산을 위해 필요한 신용대출을 해줄 수 있느냐의 여부였다.(11)

그뿐만 아니라 공정무역이 보장하는 최저 가격 역시 문헌상에서와는 달리 현장에서는 별다른 의미가 없었다. 여기에는 두 가지 주된 이유가 있었다. 첫째, 최근 몇 년 사이 국제 카카오 가격이 공정무역이 보장하는 최저 가격인 톤당 1600달러^{2011년 2000달러로 인상}보다 훨씬 더 올라버린 것이다. 둘째, 그와 동시에 정부도 농민들에게 지급하는 최저 가격을 지속해서 인상해왔다. 그래서 지난 몇 년 동안 가나 농민들이 카카오를 팔아 벌어들이는 수입은 꾸준히 올라갔던 것이다. 카카오를 쿠아파 코쿠 트럭에 실건 아쿠아포 아담포Akuafo Adamfo나 올람Olam 같은 업체들의 트럭에 실건 상관없이, 이것은 엄연한 사실이었다. 왜냐하면, 농민들에게 지급하는 가격은 정부가 결정하기 때문이다. 이는 곧 구매업체를 골라야 하는 농민들이 쿠아파 코쿠와 다른 업체 간의 차이를 별로 못 느낄 수도 있다는 걸 뜻한다. 또한, 정부가 책정하는 가격이 공정무역에서 보장하는 최저 가격과 같거나 때로는 그보다 더 높은 경우도 종종 발생한다. 2010/11 시즌에 가나의 모든 카카오 농민들이 톤당 2242달러를 받은 것이 그 대표적인 예다.(12)

물론 이러한 시나리오는 두 가지 가정에 따라 얼마든지 바뀔 수 있다. 국제시장 가격이 급격히 하락하거나 정부가 가격 정책을 유턴하는 경우가 바로 그에 해당한다. 만약 그런 상황이 발생한다면, 공정무역이 농민들에게 실질적인 혜택을 제공해주는 훨씬 더 매력적인 구매자의 지위를 얻게 될 것이다. 그러나 당분간은 두 가지 경우 모두 다 가능성이 희박해 보인다. 전 세계 농민들이 생산하는 카카오의 양은 초콜릿 회사들이 원하는 수요를 따라잡지 못하고 있다. 영국 〈파이낸셜 타임즈The Financial Times〉에 실린 한 전문가의 분석에 따르면, 이들 기업들은 "필요한 카카오를 확보하느라" 혈안이 되어 있기 때문에 가격이 내려가기를 기다린다는 건 "아주 먼 이야기"다.⟨13⟩ 대부분의 구매업체들과 전문가들이 분석하는 대로 국제 카카오 가격은 한동안 높은 수준에 머물러 있을 것으로 예상된다.

그러나 카카오는 주기를 타는 작물이다. 어떤 단계에까지 올라가면 틀림없이 가격은 다시 내려갈 것이다. 디바인 초콜릿의 소피 트란첼Sophi Tranchell 이사는 "좋아요, 시장가격이 높은 시기에는 공정무역으로 인한 혜택이 많지 않다고 칩시다. 그런데 시장가격이 고작 700달러였던 2000년에도 우리는 1600달러를 지급했었습니다."라고 말했다. 그녀의 말처럼 프리미엄이 붙은 공정무역 가격이 미래의 가격 하락으로부터 생산자들을 보호할 수 있다는 것은 분명 사실이다. 그러나 카카오 이외에 다른 작물도 함께 재배하는 생산 다각화나, 더 적은 나무에서 더 많은 카카오를 생산할 수 있게 하는 생산성 향상을 통해서도 그런 효과를 기대할 수 있다. 이런 대안들은 장기적인 측면으로 볼 때 단순히 농민들에게 더 많은 돈을 지급해주는 것보다 확실히 지속가능성이 더 높다.

두 번째 가능성, 즉 정부가 농민들에게 지급되는 최저 가격을 후려칠 가능성도 희박해 보이긴 마찬가지다. 만약 가격이 너무 내려가면, 토고나 코트디부아르로 밀수출되는 카카오가 늘어나서 국가 재정에 꼭 필요한 세금 수입이 줄어들 수 있다. 이는 현실적으로 얼마든지 일어날 수 있는 위험이자 정부가 가장 경계하는 부분이기도 하다. 더욱 중요한 점은, 가나가 1990년대 초반 이래로 다섯 번의 민주적인 선거를 치렀고 두 차례의 정권 교체를 경험했다는 것이다. 수백만 명에 달하는 카카오 농민들과 그 가족들의 표를 무시한 채, 농민들의 수입 증대를 보장하라는 압력을 마냥 외면할 수 있는 정부란 없다.

공정무역 시장의 규모가 작다는 점 역시 농민들에게 돌아갈 혜택을 제한하는 요인 중 하나다. 공정무역 거래를 하는 농민들은 톤당 150달러의 사회적 프리미엄+을 받는다(2011년 200달러로 인상). 그러나 윤리적이라는 상표가 붙은 카카오를 찾는 수요가 여전히 낮은데다가, 오로지 공정무역으로 판매되는 카카오에만 이런 프리미엄이 붙는다. 쿠아파 코쿠의 경우, 최근까지 공정무역으로 판매하는 카카오가 연간 2500톤에 불과했다. 이는 그들이 구매하는 전체 약 3만 5000톤에 비하면 극히 일부에 지나지 않는다. 그나마 다행히 2011년부터는 캐드베리가 쿠아파 코쿠를 통해 공정무역 형태로 연간 1만 5000톤에서 1만 9000톤을 구매할 것으로 예상된다. 그렇게 된다면 쿠아파 코쿠가 이들 2만 1500톤(캐드베리의 최대 구매량에 쿠아파의 기존 공정무역 판매를 더한 양)에 대해 톤당 200달러의 프리미엄을 받는다고 가정할 때, 연간 공정무역 프리미엄으로 430만 달러를 번다는 뜻이 된다. 이 돈을 협동조합에 속한 농민들 4만 명으로 나누면 농민 한 사람당 107달러, 혹은 한 가마당 12달러(톤당 열여섯 가마라는 가정하에)에 해당하는 셈이다. 결론적으로, 일 년에 세 가마를 생산해서 각각 140달러(현재 가격)에 파는 농민이 공정무역을 통해 추가로 받을 수 있는 돈은 36달러가 넘지 않는다는 계산이 나온다.

그래도 다른 구매업체보다는 나은 것 아니냐고 반문할 수도 있다. 그러나 다른 많은 업체들도 칼과 교과서, 살충제, 대출 등을 제공하고 있으며, 일부 업체들이 제공하는 혜택은 공정무역이 제공해주는 혜택과 비교해봐도 경쟁력이 있는 수준이다. 그 이유는 간단하다. 카카오를 농장에서 항구까지 실어 나르는 지역 구매업체들이 조금이라도 더 이윤을 남기려면 가능한 한 번에

+ 공정무역 프리미엄은 사전에 합의된 공정무역 가격 이외에 교육이나 의료, 생산기술 개발에 투자할 목적으로 생산자에게 추가로 지급되는 돈을 의미한다. 금액은 세계공정무역인증기구(FLO)에서 결정하며, 생산자에게 지급하는 공정무역 가격이 올라간다고 하더라도 금액의 변동은 없다.

많은 양의 카카오를 운반해야 한다. 결국, 얼마나 많은 카카오를 확보하느냐에 성패가 달려 있다는 게 구매업자들이 누누이 강조하는 부분이다. 그들은 농민들로 하여금 자신들에게 카카오를 팔도록 유도해야 한다. 그러려면 아무리 적더라도 농민들에게 일정한 혜택을 제공할 수밖에 없다.

쿠아파 코쿠의 최대 경쟁업체 중 하나는 자신들이 농민들에게 40만 달러를 무이자로 대출해주거나, 3년짜리 프로그램을 만들어 약 1만 명에 이르는 농민들에게 훈련을 제공했다고 밝혔다. 또한 대당 500달러나 하는 전동 분사기 300대를 비롯해 칼과 기타 장비들을 해마다 무료로 농민들에게 제공해왔다. 그뿐만이 아니다. 이 업체는 농민들에게 가장 적합한 농업형태를 제시하기 위해 8개의 시범 농장도 운영하고 있었다. 그 이유를 묻자, 업체의 사장은 "농민들이 카카오 농사를 그만두고 다른 작물로 옮겨가는 걸 원치 않기 때문이죠. 소출이 높아지면 농민들한테도 좋은 일이고요. 누구나 최상의 공급자와 일하기를 바라잖아요."라고 대답했다.

더욱이 쿠아파 코쿠 조합은 공정무역으로 얻은 프리미엄 수입을 개별 농민들에게 현금으로 나눠주지 않는다. 대신 그 돈으로 학교를 짓거나 수도시설을 마련하고, 훈련과 대출을 제공하는 등의 공동체 프로젝트에 투자하기로 조합원 총회를 통해 의결했기 때문이다. 이 모두가 정말로 꼭 필요하고 가치 있는 사업들임에는 두말할 나위 없다. 또한 쿠아파 코쿠는 여성들을 조합원으로 끌어들이는 데도 노력을 기울이고 있다. 분명 내가 만난 농민, 교사, 학생들은 자신들이 공정무역과 연결되어 있다는 사실에 행복해했고, 조합을 믿고 있었다. 그래서 위에서 언급한 경쟁업체 사장조차도 그들을 가리켜 "공정무역을 통해 소중한 가치를 얻게 된 사람들"이라고 표현할 정도였다.

그러나 농민들과 함께 협력하거나 농촌 지역에서 활동하는 조직은 쿠아파 코쿠만 있는 게 아니다. 여러 기관과 운동단체들, 그리고 농민들의 지지와 존경을 받는 구매업체들도 여럿 있다. 예를 들어, '아브라보파Abrabopa'+란

+ '코코아 아브라보파 협회(Cocoa Abrabopa Association)'가 정식명칭인 이 단체는 생산성 향상을 통한 농민 소득 증대를 목표로 2008년도에 가나 서부 지방에서 설립되었다. 현재 1만 9000여 명의 카카오 농민들이 2114개의 그룹으로 나뉘어서 활동하고 있다.

단체는 생산자들을 조합으로 묶어서 비료를 살 돈을 빌려주고 있다. 카카오 업계가 직접 자금을 대서 설립한 '지속 가능한 수목 재배 농민들Sustainable Tree Crops Farmers'이란 단체는 생산량을 늘리는 방법을 농민들에게 가르치고 훈련하는 일을 해오고 있다. '게이츠 재단Gates Foundation'+은 서아프리카의 카카오 농민들과의 협력을 위해 2000만 달러 이상을 지원하기로 약속했다.(14) 캐드베리는 가나에서 향후 십 년 동안 3000만 달러를 쓸 예정이며, 마즈는 카카오 유전체게놈, genome 연구에 돈을 대고 있다. 정부 산하의 카카오 위원회 역시 자체적으로 농민 자녀들에게 장학금을 제공한다.

물론 쿠아파 코쿠 조합의 노력은 대부분 순수하고 좋은 의도에서 나온 것이다. 그러나 조합의 티냐세 이사가 인정하는 바와 같이, 쿠아파 코쿠가 하는 일을 농민들 모두가 제대로 이해하거나 고마워하는 것은 아니다. 카카오 산업은 수많은 행위자가 참여하는 분야다. 이는 쿠아파 코쿠가 여간해서는 자신의 차별성을 드러내 보이기가 어려운 구조라는 의미다. 디바인 초콜릿의 소피 트란첼 이사는 우연히 작은 마을에 들렀다가 수많은 경쟁업체가 카카오를 확보하러 돌아다니는 걸 보고 입이 딱 벌어진 적이 있다는 얘기를 한 적이 있다. 하지만 그녀는 쿠아파 코쿠 조합이 그래도 지금까지는 그들에 맞서서 자신의 입지를 잘 다져왔다고 말했다.

"저는 쿠아파 코쿠 하고만 거래할 거라고 이야기하는 농부들을 많이 만났어요. 물론 쿠아파 코쿠와 뜻을 같이하지 않는 농민들이 있다는 것도 맞는 얘기고요. 그 사람들은 틀림없이 다른 업체에 카카오를 넘기겠죠. 나름대로 다 그럴만한 이유가 있을 거예요. 그러나 저는 쿠아파 코쿠가 시장에서 일정한 역할을 계속 유지할 수 있을 거라 생각해요. 그렇게 어려운 거래 환경에서도 아주 오래도록 살아남을 수 있을 겁니다."

그녀의 말처럼 쿠아파 코쿠는 이 분야에서 오랫동안 살아남아 왔다. 그러나 바꿔 말하면 이는 생산자에게 도움이 될 만한 인센티브를 제공하지 못하

+ Bill & Melinda Gates Foundation. 마이크로소프트사의 회장인 빌 게이츠가 자신과 부인의 이름을 따서 설립한 재단으로, 개발도상국들의 보건의료와 교육, 정보기술을 향상시키고 빈곤을 퇴치하는 활동을 주로 벌이고 있다.

는 업체나 기관은 언제든지 경쟁에서 낙오될 수 있다는 의미도 동시에 함축하고 있다.

또 하나, 공정무역의 규모가 늘어나자 비용도 덩달아 증가하고 있다. 쿠아파 코쿠 같은 경우는 조합원 선거를 치르는 데도 돈이 들어갈 뿐만 아니라 공정무역 인증기관인 '세계공정무역인증기구'의 정기 감사에 드는 비용도 감당해야 한다. 쿠아파 코쿠 정도의 규모면 감사에만 평균 3주 정도가 소요된다고 세계공정무역인증기구의 관계자는 말한다. 이런 감사는 해마다 진행되고, 회당 2만 달러에서 2만 6000달러가량의 비용이 든다. 그렇기 때문에 감사관들은 쿠아파 코쿠를 소규모 협동조합으로 쪼개면 조합원들에게 더욱 효율적인 서비스를 제공할 수 있을 거라고 수시로 권고해왔다. 그에 대해 쿠아파 코쿠 측은 가나의 카카오 시장에서 경쟁할 수 있으려면 현재의 규모를 유지해야 한다고 반론을 폈다.

쿠아파 코쿠 조합의 이 모든 노력에도, 나는 내가 만나 본 농민들이 쿠아파 코쿠와 다른 업체들 사이에 별다른 차이를 느끼지 못한다고 말하는 현실이 전혀 의외라 생각하지는 않는다. 자신의 집 베란다에 맨발 차림으로 서서 한쪽 눈의 시력을 거의 잃은 상태로 나를 물끄러미 쳐다보던 오제이비크롬Ojeibikrom 마을의 족장 나나 요 오포수Nana Yaw Ofosu는 자기네 마을에는 두 개의 업체가 들어온다고 했다. 그 중 쿠아파 코쿠는 우물을 파주었고, 아쿠아포 아담포는 학교에 공책을 무료로 제공해왔다. 그는 "둘 다 별다른 차이가 없어요. 매입해가는 가격도 똑같고요."라고 말했다. 둘 중 누구에게 카카오를 파느냐는 "누가 현금을 가지고 있느냐에 달려 있다."고 그는 덧붙였다. 정부가 책정한 가격이 너무 낮다고 불평을 털어놓긴 했지만, 마을 농민들의 삶이 점점 나아지고 있다고도 했다. 하지만 그게 공정무역 덕분은 아니라고 말했다.

"경쟁 덕분이죠. 선택권은 우리한테 있으니까 누가 현금을 가졌는지를 먼저 따져 봅니다. 예전엔 구매업체가 하나뿐이라서 돈을 받으려면 몇 달씩 기다려야 했거든요."

족장이 전해준 이야기는 가나에서 카카오 공정무역이 처한 현실을 잘 드러내 주고 있다. 쿠아파 코쿠는 농민들에 있어 유일한 선택지가 아니다. 그뿐만 아니라 공정성을 내세우는 구매업체가 그들만 있는 것도 아니었다. 결국 쿠아파 코쿠도 카카오를 사들이기 위해 경쟁하는 수많은 업체 중 하나인 것이다.

치열한 시장경쟁

오늘날 영국에서는 공정무역을 확산시키기 위한 운동이 날로 커져가고 있다. 노동자들과 학생들은 전국 곳곳의 학교와 커피숍, 일반 기업들을 대상으로 공정무역 상품을 구매하라는 운동을 지속해서 벌여왔고, 그만큼 소비자들의 인지도도 높아지는 추세다. 그 결과 사회 곳곳에서 조금씩 변화가 눈에 띄기 시작했다. 스타벅스는 그들의 커피가 '노동력을 착취하는 커피sweatshop coffee'라는 항의가 쏟아진 뒤 공정무역으로 방향을 틀었다. 런던에서만 런던 경시청, 소방서, 잉글랜드 은행, 왕립식물원, BBC 방송국, 새들러즈 웰즈 극장, 글로브 극장 같은 곳들이 모두 직원들에게 공정무역 상품을 제공하고 있다. 심지어 웨스트민스터의 국회의사당에서도 공정무역 상품들이 판매 중이다. 일단 동력이 실리자 판매도 그만큼 가속도가 붙었다. 공정무역 기업인 디바인 초콜릿의 2007년도 총 매출액은 전년도보다 20%가량 증가한 1070만 파운드 한화 약 190억 원: 옮긴이를 기록했다. 전 세계 제과 시장에서 차지하는 비중을 따져보면 아직은 미미한 수준에 불과하지만, 사업은 날로 팽창해가고 있다.

앞서 말했듯이, 쿠아파 코쿠 조합에 소속된 농민들은 디바인 초콜릿의 지분 가운데 45%를 소유하고 있다. 그리고 나머지는 대부분 트윈 트레이딩이라는 비영리 공정무역 단체의 소유다. 그래서 흔히 디바인 초콜릿의 지분을 소유한 덕분에 쿠아파 코쿠의 농민들이 실질적인 혜택을 누릴 수 있을 것으로 여기기 쉽다. 그러나 쿠아파 코쿠에 속한 조합원 수가 한둘이 아니라는 사실을 간과해서는 안 된다. 즉, 디바인 초콜릿 판매에서 얻은 이익을 분배해도 조합원 한 사람에게 돌아가는 금액은 얼마 되지 않는다는 것이다. 예를 들어, 디바인 초콜릿은 2007년에 처음으로 쿠아파 코쿠 측에 4만 7309파운드의 배당금을 지급했는데, 이 돈을 조합원 4만 명으로 나누면 농민 한 사람당 돌아가는 배당금은 1파운드가 겨우 넘는 수준이었다.

쿠아파 코쿠의 티냐세 이사는 그 때문에 그 돈을 농민들 각자에게 배당하지 않고 생산자금이 필요한 농민들에게 대출해주는 용도로 사용할 거라고 말했다. 디바인 초콜릿의 트란첼 이사 또한 비록 굉장히 적은 금액이지만 배당금을 지급한 것 자체가 커다란 발걸음을 하나 뗀 셈이라며, "우리가 바라는 만큼 매출을 올리게 된다면, 거기에서 나오는 이윤은 농민들의 소득에서 가장 귀중한 부분을 차지하게 될 겁니다."라고 말했다. 그러나 그때까지는 디바인 초콜릿에서 들어오는 배당금 역시도 공정무역 프리미엄의 경우에서와 마찬가지의 문제에 직면하게 된다. 그 금액이 너무 적어서 농민들에게 금전적으로 별다른 도움이 되지 못한다는 것이다.

디바인 초콜릿은 비단 업계의 거대한 공룡기업들뿐만 아니라 윤리적으로 비슷한 동기를 가지고 있는 다른 동종기업들과도 험난한 경쟁을 치르고 있다. 오늘날 공정함을 우선적으로 고려해 물건을 구매하려는 소비자들이 선택할 수 있는 제품의 폭은 아주 넓어졌다. 그들은 '열대우림동맹Rainforest Alliance'+이나 '우츠'의 인증을 받은 공정무역 상품을 선택할 수 있다. 그리고 이제는 캐드베리의 제품을 선택해도 된다. 캐드베리는 지난 2009년 가나에 대한 3000만 파운드 투자 계획의 일환으로 쿠아파 코쿠 조합으로부터 공정무역 카카

+ 환경과 인간을 해치지 않으면서도 지속적으로 유지될 수 있는 자연 친화적이고 인권 친화적인 산업을 장려하기 위해 1987년에 설립된 비영리단체. 생태계 보전, 야생동물 보호, 정당한 고용계약, 적절한 노동환경 보장 등의 기준을 준수한 제품에 대해 인증을 해주는 활동을 벌이고 있다.

오를 구매하겠다는 계획을 발표한 바 있기 때문이다. 물론 캐드베리 초콜릿이 주로 가나의 카카오로 만들어져왔기 때문에 안정적인 공급량을 확보하겠다는 계산이 어느 정도 바탕에 깔려 있긴 하지만, "농업이 지속 가능하지 않으면 카카오나 초콜릿도 존재할 수 없다."는 그들의 믿음도 큰 계기로 작용한 것만은 사실이다.

공정무역을 통해 기업의 이미지를 높이려는 의도 또한 분명히 존재한다. 캐드베리가 공정무역에 동참하겠다는 게 처음엔 선뜻 이해가 안 됐던 나는 어느 날 캐드베리에서 기업의 사회적 책임을 담당하는 앨리슨 워드^{Alison Ward}를 만나 그러한 질문을 던져 본 적이 있다. 그랬더니 그녀는 "시장에서 공정무역에 대한 소비자들의 이해도와 인식은 정말로 높습니다. 사람들이 그게 뭘 의미하는지 잘 이해하고 있기 때문에 우리로서는 윤리적인 기업이라는 아주 강력한 명함이 하나 추가되는 거죠."라고 답했다. 왜 열대우림동맹 같은 단체로부터 인증을 받는 방식이 아니라 공정무역 제품을 직접 구매하는 방식을 택했느냐고 묻자, 역시 공정무역의 브랜드 파워가 훨씬 더 강력하기 때문이라는 대답이 돌아왔다.

그녀의 대답은 충분히 이해가 가는 측면이 있었다. 캐드베리가 공정무역 카카오 구매를 발표하기에 앞서, 나는 캐드베리의 홍보부서로부터 가나에 대한 투자 계획을 설명하는 여러 통의 이메일을 받았다. 그러나 그런 사실은 언론에서 거의 다뤄지지 않았다. 반면, 캐드베리가 자사의 데어리 밀크 초콜릿에 들어가는 카카오를 앞으로 공정무역 제품으로 구매하겠다는 결정을 내리자, 전 세계 언론의 집중적인 조명이 쏟아졌다. 그 직후 캐드베리 측의 대대적인 광고 공세가 뒤따랐음은 물론이다. 여기에서 보듯이, 캐드베리가 미래의 카카오 공급량을 확보할 목적으로 향후 십 년 동안 가나를 포함한 세계 여러 나라에 4500만 파운드를 투자하기로 했다는 사실에 관심을 기울이는 사람은 아무도 없었다. 그에 반해 공정무역 계획에 관해서는 수많은 신문에서 지면을 할애해 상세히 소개했고, 덕분에 이미 가나에서 진행하고 있던 프로젝트에까지 소비자들의 격려가 쏟아졌다.

그렇다면, 윤리적인 동기에서 공정무역 초콜릿을 사려는 소비자들이 이제 캐드베리와 디바인 초콜릿을 놓고 둘 중 하나를 선택할 수 있게 됐다고 했을 때, 이 두 초콜릿의 차이점이란 과연 뭘까? 영국에서 만들어지는 캐드베리 초콜릿과 마찬가지로 디바인 초콜릿 역시 가나에서 만들어지지 않는다. 디바인 초콜릿은 독일의 한 가족이 운영하는 업체가 직접 개발한 레시피를 바탕으로 초콜릿을 만든다. 스티브 월리스[4장 참고]가 해준 경험담을 떠올려 보면, 가나에서 초콜릿을 생산한다는 게 결코 쉬운 일은 아닐 것이다. "가나에서 초콜릿을 만들려면, 우선 우유는 모두 수입해서 써야겠죠. 그다음에 초콜릿을 냉각시켰다가 다시 꺼내서 녹여야 하는데, 바라던 품질의 제품을 대중적인 가격에 내놓을 수 있을지는 아주 불확실합니다."라고 디바인 초콜릿의 트란첼 이사는 말한다.

"왜냐하면, 모든 설비와 재료를 가나로 이전해야 하고, 그런 다음에도 초콜릿을 만들어서 냉각하는데 또 추가로 비용이 들 테니까요."

그녀는 또한 대형 제조업체에 납품하기로 되어 있던 카카오를 공정무역 제품 몫으로 따로 떼어놓을 수 있을 만큼의 역량을 갖춘 제조업체를 가나에서 찾기란 쉽지 않다고 지적했다. 가나에서 초콜릿을 만들지 않는 데는 확실히 다 그만한 이유가 있는 것이다. 그러나 유럽에서 초콜릿이 만들어진다는 사실은 곧, 초콜릿으로 생겨나는 가치의 대부분(카카오를 초콜릿으로 만든 다음에 상표화하는 과정에서 생겨나는)이 가나가 아닌 다른 곳에서 창출된다는 걸 의미한다.

아동노동에 대한 소비자들의 우려 역시도 마찬가지다. 그게 캐드베리든 디바인 초콜릿이든 간에 공정무역 카카오로 만들어진 초콜릿을 사는 행위가 아동노동 문제에 있어서 어떤 차별성을 가지는지는 불명확하다. 앞서 말했듯

미국의 자선단체들은 흔히 사람들에게 공정무역 초콜릿을 사라고 권하는 운동을 벌이는데, 그 이유 중 하나가 공정무역 초콜릿은 아동노동을 사용하지 않는다고 믿기 때문이다. 카카오 농장에서의 아동노동에 반대하는 운동을 하는 가장 유명한 단체 중 하나인 '글로벌 익스체인지Global Exchange'는 자기네 웹사이트에 디바인 초콜릿을 링크시켜놓고는 "카카오 회사들이 지급하는 가격이 너무 낮아서 상당수 농민들은 가족들이 살아가는 데 필요한 기본적인 것들을 충족시켜줄 수 없습니다. …… 하지만 공정무역으로 인증된 초콜릿에는 아동을 학대하는 강제노동이 금지되어 있습니다."라고 밝히고 있다.

이와 관련해, 쿠아파 코쿠 조합과 디바인 초콜릿 측은 자신들이 아동노동 행위를 강하게 비난해왔고 아동노동을 막기 위한 워크숍에 농민들을 참여시켜왔다고 말한다. 그러면서도 쿠아파 코쿠 소속의 농장에서 일하는 아이들이 전혀 없다고는 선뜻 장담하지 못한다. "저는 '보장'이라는 단어는 이상한 단어라 생각해요. 모든 농장을 24시간 내내 점검하지 않는 한, 그 어떤 것도 보장하는 건 불가능하니까요."라고 트란첼 이사는 말했다. 쿠아파 코쿠의 티냐세 이사 역시도 조합원들만 4만 명에 달하는 상황에서 누가 누구를 위해 일하는지 일일이 확인하기란 여간 어려운 게 아니라고 말한다.

다른 많은 사안에서처럼, 아동노동에 있어서도 소비자들이 이해하는 공정무역과 실제 현실 사이에는 커다란 간극이 존재한다. 캐드베리의 앨리슨 워드는 NGO 단체들이 내놓는 주장에 대해 불편한 기색을 감추지 않았다.

"우리는 공정무역을 주장하는 사람들이 이런저런 이야기들을 하는 걸 내내 지켜봐 왔어요. 그러나 아동노동이란 과연 무엇을 말하는 걸까요? 그 아이들을 이주노동자라 봐야 할까요, 아니면 노예라 봐야 할까요? 여러 방면에서 압력을 행사하는 상당수 NGO들은 아직 그런 정도의 이해 수준도 갖고 있지 못해요. 그게 바로 우리가 직면한 도전이랍니다."

공정무역 측이 스스로 그렇게 주장하지는 않지만, 아프리카 농장에서 행해지는 아동노동의 복잡한 본질에 대한 인식을 끌어 올리는 것이 캐드베리나 디바인 초콜릿, 혹은 공정무역의 진짜 관심사는 아니다. 그런 종류의 논쟁은 소비자에게 전달하고자 하는 메시지를 흐리게 할 수 있기 때문이다.

캐드베리는 공정무역 때문에 추가로 들어가는 비용은 자체적으로 흡수할 것이며, 그 때문에 초콜릿 가격을 올리지는 않을 거라고 발표했다. 그래서 공정무역 카카오로 만들어진 캐드베리 데어리 밀크 초콜릿을 집어든 소비자는 45g에 80펜스 하는 디바인 초콜릿보다 평균 25펜스가량 값을 덜 치르게 될 거라고 한다.[15] 디바인이나 캐드베리 둘 다 비용 내역을 공개하지 않기 때문에, 소비자가 거의 같은 크기의 초콜릿에 더 비싼 가격을 치른다고 해서 농민들에게 돌아가는 몫이 얼마나 더 늘어나는지는 파악하기 어렵다. 다만, 학생들을 위한 교육용 자료에 나와 있는 기준을 통해 알 수 있는 사실은, 디바인 초콜릿이 1파운드짜리 초콜릿 하나를 만들기 위해 카카오 원료에 쓰는 돈은 7펜스에 불과하다는 점이다. 그에 비해 카카오 이외의 재료에는 13펜스를 지출하고 있었다. 이를 기초로 판단해 볼 때, 공정무역 카카오에 지급하는 프리미엄은 1파운드 초콜릿 하나당 1, 2펜스 정도에 그친다는 이야기가 된다.

그렇다면 공정무역 초콜릿은 왜 그렇게 비싼 걸까? 소규모 제조업체들은 감히 꿈도 못 꿀 수준의 대량생산과 생산비 절감을 통해 막대한 이윤을 벌어들이는 캐드베리에 비해 디바인 초콜릿이 훨씬 불리한 위치에 있는 건 엄연한 사실이다. 그래서 대부분의 소비자들은 공정무역 제품이 그렇지 않은 제품에 비해 값이 더 비싸다는 것을 알고 있다. 하지만 어떤 때는 소매업자가 가격을 추가로 올려 받는 경우도 분명히 있다. 예를 들어, 영국의 대표적인 커피전문점 브랜드인 '코스타 커피 Costa Coffee'는 공정무역 커피를 출시하면서 소비자들에게 한 잔당 10펜스를 추가로 받았다. 그러나 자신을 스스로 '언더 그라운드 경제학자'라 부르는 〈파이낸셜 타임즈〉의 팀 하포드 Tim Harford 기자는 코스타 공정무역 커피에 추가로 들어가는 실제 비용은 1페니+도 안 될 정

초콜릿, 달콤씁쓸한 유혹

+ 페니는 단수, 펜스는 복수형이다.

도로 극히 미미하다고 추산했다. 이에 대한 코스타 커피 측의 해명을 듣기 위해 그가 연락을 취하자, 회사는 황급히 공정무역 커피에 추가적인 가격을 매기지 않겠다는 결정을 내렸다. 공정무역 제품을 파는 다른 많은 업체들이 그렇듯이, 코스타 커피 역시 소비자들이 윤리적인 브랜드가 붙은 음료를 마시기 위해서 10펜스 정도는 지갑에서 기꺼이 더 꺼낼 것이라 계산하고 가격을 올리는 도박을 한 것이었다.

나는 직접 디바인 초콜릿 측에 캐드베리와의 차별성이 뭐냐는 질문을 던져봤다. 그러자 디바인 초콜릿 측은 농민들의 소유 지분 참여를 거론했다. 농민들에게 정기적으로 배당금을 지급하고, 매출액 가운데 지분에 해당하는 몫만큼 생산자에게 되돌려준다는 것이다. "소비자들은 주주에게 이윤을 안겨주는 걸 법률상의 핵심적인 의무라 여기는 회사의 제품을 사는 대신에, 회사의 주인인 농민들과 밀접하게 협력하면서 다른 방식으로 사업을 펴나가는 회사가 만드는 훌륭한 초콜릿을 살 수 있는 선택권을 가지게 된 셈이죠."라고 디바인 측은 설명했다. 그뿐만 아니라, 디바인 초콜릿의 지분을 가지고 있는 덕분에 쿠아파 코쿠 조합 소속 농민들은 싼 이자에 돈을 빌릴 수 있게 됐다고도 덧붙였다. 트란첼 이사는 디바인 초콜릿이 생산자들에게 초콜릿에서 발생하는 이윤의 실제 몫을 되돌려준다는 점을 강조했다. 게다가 디바인 초콜릿은 해마다 매출액의 2%를 쿠아파 코쿠에 기부한다고 말했다.

"그들의 역량을 강화시켜 주는 거죠. 우리가 하는 일은 다른 업체와는 아주 달라요."

그러나 디바인 초콜릿의 이윤이 지금보다 훨씬 더 늘어나기 전까지는, 쿠아파 코쿠의 농민들이 작은 초콜릿 회사의 지분을 소유하고 있다고 해서 그들에게 큰 혜택이 돌아가지는 못할 것이다. 그렇다면 디바인 초콜릿의 이윤은 어느 정도까지 늘어날 수 있을까?

공정무역의 창시자이자 막스 하벨라르 커피의 설립자인 니코 로전은 돈을 더 주고서라도 공정무역 제품을 살만한 사람들은 전체 소비자의 약 5% 정도이고, 나머지는 일반적인 브랜드 제품을 계속 고수할 거라고 예상한다. 그는 "잠재력을 가진 틈새시장이긴 하지만, 어디까지나 틈새는 틈새일 뿐"이라고 덧붙였다. 그러면서 공정무역은 어디까지나 "다양한 윤리적 운동rainbow of ethical initiatives"의 하나로 보는 게 가장 올바른 관점이라고 말했다. 그런 운동은 디바인 같은 소규모 회사들로부터 비롯되기도 하고, 미래의 카카오 공급선을 확보하기 위한 목적을 가진 캐드베리 같은 대기업들이 이끌어가기도 한다. 로전은 공정무역이 생산자들이 처한 문제를 해결하는 유일한 해답은 아니라고 말한다.

"공정무역이 전체 시장에 적용될 수 있는 개념이라고 생각하는 사람들이 많습니다. 그것이 유일한 구제수단이라는 거죠. 하지만 그런 생각은 정말 터무니없는 소리입니다."

공정무역 초콜릿이 계속 틈새 상품으로 남는다는 것은, 작은 초콜릿 회사의 지분 45%를 소유한 쿠아파 코쿠의 4만여 농민들은 비록 회사의 이윤이 늘어난다고 하더라도 기대했던 만큼의 소득 증대 효과를 누리지는 못할 거라는 의미가 된다. 소비자들이 어떤 초콜릿을 먹을지는 아주 짧은 시간에 이뤄지는 결정이다. 그들의 선택은 가격이나 맛, 혹은 유명인이 등장하는 광고의 영향을 받는다. 크리스 마틴이 뭐라 말하건 간에, 소비자들이 어떤 초콜릿을 집어 드느냐 하는 것은 농민 입장에서는 별로 중요한 문제가 아니라는 점은 확실한 듯하다. 하지만 공정무역은 오로지 한 가지 현실에만 초점을 맞춘다. 실제로 따져 봐야 할 현실은 그보다 훨씬 더 크고 복잡한데도 말이다.

현실을 덮어버리다

머리에는 옥수수 광주리를 인 채로 이제 갓 한 살 된 아들을 등에 업은 마가렛 엔트위Margaret Entwi의 행색은 세계 초콜릿 시장의 주역이란 수식어를 붙이기에는 너무나 남루해 보였다. 지난해 그녀는 다섯 가마니가 채 안 되는 약 250kg의 카카오를 내다 팔았다. 65만 톤이 넘는 가나의 연평균 생산량에 비하면 그야말로 새 발의 피에 불과한 셈이다. 그래도 그 다섯 가마니 덕분에 그녀는 여섯 명의 아이들 가운데 다섯을 가르치고, 그 중 하나는 대학에도 보냈다. 막내는 아직 엄마 등에 업혀 콩깍지를 움켜쥔 채 칭얼대는 갓난아기에 불과하지만, 엄마의 눈에는 그 아이의 창창한 미래가 벌써부터 눈에 선하다. 그녀는 막내를 절대 카카오 농민으로 키우지는 않을 거라고 말한다.

"얘는 학교에 가서 꼭 교수님이 될 거예요."

그게 명품이건 최고급이건, 유기농이건 다크 초콜릿이건, 땅콩 초콜릿이건 과일 초콜릿이건, 디바인이건 마즈 초콜릿이건, 우리가 어떤 초콜릿을 즐겨 먹든 간에 이것 하나만큼은 확실히 말할 수 있다. 바로 최근 몇 년 사이에 가나 카카오 농민들의 삶이 점점 나아지고 있다는 사실이다. 시장 가격에서 마가렛 엔트위 같은 농민들이 가져가는 몫은 1990년대 초반의 약 30%에서 최근 5, 60%까지 꾸준히 올라갔다.[16] 그와 더불어 정부가 병충해를 없애기 위해 부지런히 살충제를 뿌린 덕분에 2001/02 시즌에 34만 톤이었던 생산량이 오늘날 65만 톤으로 증가했다. 비록 가격의 변동성은 여전히 높지만, 시장 환경도 그녀의 편이었다. 국제적으로 카카오 수요는 꾸준한 반면, 아직 공급은 그를 따라잡지 못하고 있다. 시장의 기초여건이 높은 가격을 떠받쳐주고 있는 것이다. 서로 카카오를 사가려고 경쟁하는 구매업체들 중에는 국가가 정한 최저 가격에다가 인센티브를 얹어주는 곳도 있다. 그뿐만 아니라, 가나 국민들의 삶도 점점 개선되고 있다. 학교는 학생들로 이미 포화상태이긴 하지만, 초등학교까지는 무상 의무교육이 제공된다. 생산 농민들의 삶은 분명히 나아졌다. 그러나 그들의 삶이 나아진 건 공정무역과는 아무 상관이 없다.

농민들의 삶이 나아지게 된 진짜 이유는 사실 공정무역에 관한 스토리에서는 거의 등장하지 않는다. 1970년대와 80년대 초, 정부가 농민들에게 지급하는 가격을 후려치면서 생산이 급감했다. 롤링스 대통령과 그의 뒤를 이은 쿠푸오르 대통령은 생산에 대한 적절한 보상이 이뤄지지 않는다면 농민들이 카카오 생산을 그냥 중단해버리거나 가격을 더 쳐주는 이웃 코트디부아르로 카카오를 밀수출할 거라는 걸 알고 있었다. 그래서 정부는 카카오 재배를 장려하기 위해 최저 가격을 인상했다.

게다가 농민들은 유권자이기도 하다. 1992년, 수십 년에 걸쳐 수많은 쿠데타와 군부 독재를 경험한 가나는 20년 만에 처음으로 민주적인 선거를 치렀다. 농민들과 그 가족들의 수만 해도 수백만 명에 달하기 때문에, 뒤이은 정권들도 농민들이 가진 표의 중요성을 충분히 인식하고 있었다. 자연히 농민들에게 지급하는 가격도 꾸준히 올라갔다.

이런 현실은 공정무역을 다룬 책에서는 그저 '주석' 정도로만 처리될 뿐이다. 공정무역 운동을 하는 해리엇 램Harriet Lamb+과 캐드베리의 최고경영자CEO 토드 스티처Todd Stitzer가 함께 가나를 방문해 배포한 보도 자료에 따르면, 그들은 "오늘날 카카오 농업이 처한 어려움에 대해 농민들과 대화를 나누고, 더욱 강력한 농민조직과 공정무역 인증을 통해 카카오 소득의 안정성을 높여서 생계 수준을 대폭 끌어올리는 동시에 지속 가능한 농업과 지역 사회의 삶의 질을 개선시킬 방안을 논의"했다. 그러나 좀 더 자세히 들여다보면, 이는 현실과는 다소 어긋난다. 물론 잘 조직된 협동조합이나 농민조직은 확실히 아주 중요하고, 그것은 정부와 구매업체들이 농민들과 의사소통하고 훈련과 지원을 제공하는 걸 원활하게 하는 역할을 한다. 그러나 가나 농민들의 삶

+ 세계공정무역인증기구(FLO)를 거쳐 영국의 공정무역재단(Fairtrade Foundation)을 이끌고 있는 여성 활동가

을 개선하는 데 있어 협동조합과 공정무역의 역할은 지금까지 제한적이었다. 가격을 결정하는 것은 여전히 정부의 몫이며, 그 가격을 인상하는 것 또한 정부의 결정인데다, 그를 통해 농민 절대다수에게 안정적인 소득을 제공한 것도 정부였다. 그에 비해 공정무역으로 거래하는 농민들은 4만 명밖에 되지 않는다.

니코 로전처럼 공정무역을 옹호하는 사람들은 공정무역이 농민 복지를 의제로 설정해왔다고 말한다. 그러나 공정무역이 마케팅 의제를 설정했을지는 몰라도, 지속 가능한 농업과 생산자 복지라는 의제는 하나의 단일한 윤리적 운동보다는 시장과 민주적인 힘에 의해 설정된 측면이 훨씬 더 크다. 즉, 카카오 공급이 바닥날까 봐 우려하는 기업들은 농민들이 카카오 농사를 계속 유지하도록 지원해주고자 하고, 정부는 장차 농민들의 표와 세금 수입을 확보하기 위해 농민들에게 돌아갈 몫을 늘려주려고 하는 것이다.

생산자를 돕기 위해서는 훨씬 더 많은 것들이 이뤄질 필요가 있다. 작물의 다각화, 토지 개혁, 농촌 금융, 과학적 연구 같은 조치들이 바로 그것이다. 오늘날 모두가 머리를 맞대고 고민해야 할 이러한 쟁점들은 공정무역이 감당할 수 있는 범위를 넘어선다. 그런 문제들의 해결책은 가나 정부와 초콜릿 업계의 손에 달려 있다. 공정무역을 옹호하는 이들은 공정무역을 통해 농민들이 세계 카카오 시장에서 자신들의 목소리를 낼 수 있게 될 거라고 말한다. 그러나 실제로 중요한 것은 공정무역이 아니라 카카오 위원회의 목소리다. 생산자를 대신해 카카오를 수출하고, 가나의 카카오에 제대로 된 가격을 보장해줄 수 있는 충분한 무게를 가진 이들이 그들이기 때문이다. 어쨌든 가나의 카카오 산업을 형성하는 건 공정무역보다 훨씬 더 큰 요인들이다.

공정무역 활동가들이 주장하는 이야기는 정부나 선거, 세계 시장의 역할 따위는 그냥 덮어버린 채, 오로지 소비자와 농민 사이의 관계에만 주목하고 있다. 그런 식으로라면, 가나의 농민들에게 가장 중요한 것은 소비자가 어떤 초콜릿을 사느냐일 것이다. 그러나 공정무역은 가나의 카카오 마을에 어떤 변화를 가져오기보다는 가나에서 이뤄진 민주적인 성과에 업혀갔을 뿐이다. 실제적인 변화는 소비자들이 디바인 초콜릿을 집어 드는 찰나의 결정에서가 아니라, 투표용지에 찍는 붓두껍, 공정한 개표, 새로운 대통령의 취임 그리고 농민들은 생산자일 뿐만 아니라 또한 유권자이기도 하다는 깨달음에서 비롯된다.

7

트레이딩
게임

남부러울 것 없던 어린 시절

1950년대, 가나의 카카오 농장 근처에서 자랐다는 것을 제외하곤 존 뉴먼John Newman의 어린 시절은 또래의 여느 영국 중산층 아이들과 별반 다르지 않았다. 변호사였던 그의 아버지는 정부 기관에서 일했고, 어머니는 아크라에서 장사를 했다. 그는 가나에서도 손꼽히는 명문인 음판치핌Mfantsipim 중학교에 다녔는데, 그곳의 교육은 영국에서도 보기 드물 정도로 수준이 높았다. 그는 "크리켓도 배우고, 고전도 배웠어요. 한마디로 교양을 갖춘 모범생이었죠."라고 자신의 학창시절을 회상했다.

그러던 어느 날, 학교 버스를 타고 크리켓 경기를 하러 가던 길에 그는 머리에 물건을 잔뜩 인 채 도로를 걸어가는 사람들의 모습을 보고는 큰 충격을 받았다. 세상에는 이렇게 가난한 사람들이 많은데, 자신은 단 한 번도 가난이란 걸 경험해본 적이 없다는 사실을 새삼 깨달은 것이다. 이후 그는 법학을 전공해 한때 재무부에 취직했다가, 얼마 뒤 가나의 카카오 산업 전반을 이끄는 카카오 판매위원회로 자리를 옮겼다.

아직 20대이던 그 시절, 이전까지는 나라 전체 예산에서 카카오 수입이 절대적인 부분을 차지한다는 정도밖에는 몰랐던 그는 카카오 농장을 직접 방문해 본 뒤에야 비로소 현장의 현실을 절실히 깨닫게 되었다. 그가 고개를 돌릴 때마다 그동안 자신이 누려온 삶과는 너무나 대조적인 광경들이 하나씩 눈에 들어왔다. 그는 당시의 경험을 이렇게 이야기했다.

"한 농민이 더러운 물을 그냥 마시는 걸 봤어요. 내게도 마시라고 건넸지만 도저히 마실 수가 없었죠. 그래서 미안하다고 말하자, 그 농민은 백인 Obroni 은 꺼져버리라고 하더군요."

자신이 누려온 '남다른 특권'과 극명하게 대비되는 농민들의 삶은 그에게 커다란 충격으로 다가왔다.

"실제로 우리 모두를 먹여 살린 건 다름 아닌 그 사람들이었어요. 그들 한 사람 한 사람이 모두 다 이 나라의 부를 창출해내는 사람들이더란 말이죠. 그에 비해 나 자신을 돌아봤더니, 나는 단 한 번도 무언가를 생산해본 적이 없다는 걸 깨달았어요. 학교도 다니고, 크리켓도 배우고, 그래서 당장 영국에 떨어뜨려 놓아도 살아가는 데 아무 문제가 없을 테지만, 절대 이곳 사람은 아니었던 거죠."

이내 그는 남부러울 것 없이 살아갈 수 있는 자신의 삶과 저들 농민들의 노동이 떼려야 뗄 수 없는 관계로 서로 이어져 있다는 사실을 깨달았다.

"농민들의 고생과 노력 덕분에 제가 그런 교육을 받을 수 있었던 거예요. 정부가 교육에 돈을 투자할 수 있었던 것도 다 카카오 농민과 벌목공들이 예산을 뒷받침해줬기 때문에 가능했던 거니까요."

그때의 깨달음은 그가 카카오 업계에 몸담고 있는 내내 지워지지 않고 가슴 속 깊이 자리 잡았다. 그리고 어느덧 시간이 흘러, 그는 카카오 위원회를 이끄는 위치에까지 올랐다. 그 무렵은 카카오 산업이 그야말로 정점에 달해 있던 시기였다. 나는 가나에 도착한 직후 테마Tema 에 있는 어느 카카오 공장에서 그를 처음 만났다. 당시 그는 이미 카카오 위원회를 떠나 자문역으로 일하고 있었다. 그는 카카오와 정치에 대한 열정으로 가득했고, 농민들의 삶을 개선시킬 최선의 방안이 무엇인지 흉금을 터놓고 토론하길 원했다. 생산자들에 대한 책임감에 대해 하나하나 자세히 설명하는 그의 모습이 그렇게 색다르고도 진실되게 느껴질 수 없었다. 내가 가나와 코트디부아르, 혹은 런던에서 만나본 사람 중에 생산자의 복지에 대해서 뉴먼의 절반만큼이라도 신경쓰는 사람을 본 적이 없었다. 그는 자기가 맨 처음 마주쳤던 그 농민을 떠올리면서 이렇게 말했다.

"그렇게 우리를 먹여 살려 온 사람들이 바로 그 사람들인데도 그들이 처한 상황은 아직 요 모양 요 꼴입니다. 이쪽 업계에 몸담고 있는 한, 저는 그들이 이런 빈곤의 늪에서 벗어날 수 있도록 무슨 일이든 해야 합니다."

뉴먼이 처음으로 농장을 찾았던 40년 전과 비교하면 오늘날의 카카오 시장은 상상했던 것 이상으로 팽창해있다. 1960/61년 시즌 110만 톤에 불과했던 전 세계 생산량은 2007/08년 시즌에는 370만 톤으로 세 배가량 늘어났다.(1) 오늘날, 초콜릿과 초콜릿을 기반으로 한 제품의 시장 규모 또한 가치로 따져볼 때 무려 750억 달러에 달한다.(2) 그러나 최근 몇 년 사이, 대형 초콜릿 회사들이 갈수록 규모를 키워가는 동안 소규모 회사들은 그대로 고사하거나 대기업으로 흡수되었다. 그와 동시에, 대부분의 카카오 농장들은 40년 전 뉴먼이 목격했던 작고 영세한 모습에서 한 치도 벗어나지 못했다.

뉴먼이 몸담았던 카카오 위원회는 농민들에게 가능한 최상의 가격을 보장하기 위해 설립된 기관이다. 그리고 외딴 시골에 떨어져 있는 생산자와 해외의 무역업자를 서로 연결시켜 주는 걸 목적으로 한다. 하지만 나는 몇몇 대기업들이 전 세계의 카카오를 싹쓸이해가는 지금의 변화된 시장 환경에서 카카오 위원회가 과연 어떤 역할을 할 수 있을지 궁금했다. 과연 정말로 그들은 농민들의 삶과 미래를 더 밝고 희망차게 만들 수 있을까?

기본적인 규칙

여기서 질문 하나. 카카오 1톤은 얼마만큼의 가치를 지니고 있을까? 아마 그 가치란 초콜릿을 즐기지 않는 사람에게는 무시해도 좋을 정도일 것이다. 그러나 초콜릿 애호가나 초콜릿 공장을 운영하는 사람이라면 이야기는 완전히 달라진다. 여기에서 알 수 있듯이, 카카오를 비롯해 어떤 상품에 절대적인 가치를 매기기란 사실상 불가능하다. 지금 이 순간에도 세계 곳곳에서는 수백 차례의 거래가 이뤄지고 있다. 그리고 그 거래는 아크라나 아비장 같은 한 나라의 수도에서 이뤄질 수도 있고, 외딴 오지 어딘가에서 중개업자와 농민들 사이에 성사될 수도 있다. 여기서 우리가 명심할 건, 바로 그런 행위 모두가 카카오의 현재와 미래 가치를 결정하는 역할을 한다는 사실이다.

그중에서도 가장 가치의 규모가 큰 거래는 국제 선물 시장에서 예약 주문의 형태로 이뤄지는 경우가 대부분이다. 이런 예약 주문 시스템은 그 자체로 거대한 비즈니스다. 이 시스템을 통해 거래되는 가치는 세계 전역에서 운반되는 카카오의 물리적인 실제 가치를 훨씬 능가한다. 런던, 암스테르담, 시카고의 거래소에서는 '클릭' 몇 번만으로 수십억 달러어치의 거래가 이뤄진다. 그리고 이런 거래를 통해 초콜릿 회사가 벌어들이는 이윤과 농민에게 돌아갈 가격이 결정된다.

트레이더가 카카오 가격을 결정하려면, 우선 기본적인 시장의 동향과 더불어 공급과 수요의 규모, 다시 말해 판매 가능한 카카오의 양과 사람들이 사고자 하는 양을 제대로 파악할 필요가 있다. 마을에 수북이 쌓아놓고 말리는 카카오의 양과 그걸 부지런히 휘젓는 초콜릿 공장의 기계 사이에 균형 잡힌 계산을 해내야지만 카카오의 가격을 정할 수 있는 것이다. 농민의 주머니에 얼만큼의 돈이 들어갈지는 바로 그렇게 결정된다.

그렇다면 트레이더는 카카오의 수요를 판단하기 위해 무엇을 어떻게 해야 할까? 일단은 먼저 초콜릿이 얼마나 팔리고 있는지를 들여다봐야 할 것이다. 세계 경제가 성장하면 그에 비례해 초콜릿 같은 단맛 나는 제품의 판매도 늘어난다는 게 일반적인 법칙이다. 주머니에 쓸 수 있는 현금이 많아지면 특별한 간식거리에 대한 수요가 그만큼 더 늘어나기 때문이다. 마찬가지로, 트레이더는 끝없이 쏟아져 나오는 각종 통계를 통해 수요를 예측할 수 있는 능력이 있어야 한다. 이를테면, 관련 소비재의 판매량에 따라 버터나 파우더, 술로 가공되는 카카오의 양이 늘었는지 줄었는지를 알 수 있고, 이는 카카오 수요의 증감 여부를 판단하는 또 하나의 기준이 되기 때문이다.

한편, 공급 상황을 확인하려면 가나와 코트디부아르의 뉴스와 날씨에 대한 분석이 빠져서는 안 된다. 그래서 트레이더들은 현지에서 어떤 일들이 일어나는지에 항상 촉각을 곤두세우곤 한다. 쿠마시의 강수량, 세프위 위아우소의 병충해 발생, 혹은 아벤구루^{Abengourou}에서 구름 낀 날이 며칠인지 따위가 거래를 할지 말지를 결정하는 데 모두 영향을 미칠 수 있다.

때문에 '팟 카운터^{pod counter}'라 알려진 작황 예보관들은 생산량이 어떻게 될지를 판단하기 위해 정기적으로 오지를 여행한다. 그들은 가지에 달려 있는 녹색의 타원형 껍질을 일일이 헤아리고, 꼬투리로 피어날 작은 흰색 꽃들을 찾아다닌다. 그들이 실시한 분석은 나중에 회사 내부 보고서에 반영되어 트레이더들로 하여금 가능한 최상의 결정을 내릴 수 있도록 돕는 역할을 한다. 이런 보고서들이 미치는 영향력은 아주 크다. 작황 예보관들이 펴낸 보고서나 그들의 조사를 둘러싼 각종 루머들이 가격을 들썩이게 하는 경우는 흔히 있는 일이다.

또한, 세계적인 카카오 기업들과 카카오 위원회는 카카오와 관련된 정보를 하나라도 더 얻어내기 위해 서로의 주위를 뱅글뱅글 맴돈다. 이를 가리켜 카카오 위원회의 전직 위원장인 크와메 피아님은 "아주 재미있는 관계죠. 나는 그 사람들을 주시하고, 그들은 나를 주시하고……. 그러나 내가 대형 구매업체들의 기분을 맞춰줄 수만 있다면, 그들과 좋은 관계를 계속 유지할 수 있어요."라고 이야기했다.

내가 몸담았던 로이터 통신사가 가나에 특파원을 두는 주된 이유도 바로 공급량을 둘러싼 정보에 대한 수요가 있기 때문이다. 회사에서는 내가 일 년 내내 생산량에 관한 기사를 정기적으로 송고해주기를 바랐고, 그 바람에 나는 독자들이 상상하는 것 이상으로 분주한 나날들을 보내야 했다. 세계 시장은 항상 새로운 정보에 굶주린 야수 같았다. 로이터 같은 통신사들은 그런 시장 참여자들에게 기삿거리를 먹이로 던져줘야 한다는 열망에 사로잡혀 있었다. 사실 내 직속상관들은 생산량이 올라가는지 떨어지는 지에는 관심이 없었다. 그런 것에 속을 태울 이유가 전혀 없었기 때문이다. 대신 그들은 내가 꾸준히 기사를 송고하기만 바랄 뿐이었다. 로이터의 뉴스 서비스를 구독하는 상품 전문가들에게 유용한 거래 정보를 제공하는 게 그들의 유일한 목적이었던 것이다.

카카오에 관한 기사를 쓰기 위해서 나는 시골로 내려가 그곳 농민들이나 중개인들과 수시로 대화를 나눠야 했다. 창고에서 가마니를 내리는 사람들, 카카오의 품질을 검사하는 사람들도 예외가 될 순 없었다. 업황이 좋을지 아니면 침체될 지를 이야기해줄 수 있는 사람이라면 그 누구의 말이라도 귀를 기울였다. 아크라에서는 강수량과 습도에 관한 데이터를 얻기 위해 직접 가나 기상청을 찾아가기도 했다. 또한 파업 중인 운송 노동자들과도 인터뷰했고, 타코라디^{Takoradi} 항구에 주차된 수백 대의 트럭을 일일이 헤아려서 운송 혼잡과 지연에 관한 기사를 쓴 적도 여러 번이다.

어찌 보면 이런 것들은 아주 일상적인 정보들이기 때문에 얻으려고 노력만 하면 누구나 손에 쥘 수 있는 것들이었다. 그러나 또 다른 측면에서 보면 아주 민감한 정보들이기도 했다. 운송이 어쩌니저쩌니 하면서 툭툭 내뱉은 말 한마디에 국제 시장 가격이 요동을 칠 수도 있고, 가나가 벌어들이는 수입에 영향을 미칠 수도 있었다. 그런 까닭에 세계 시장에 카카오를 내다 팔아야 하는 카카오 위원회의 거래 담당자들은 신경이 여간 곤두서 있는 게 아니었다. 카카오 위원회의 한 전직 거래 담당자는 "한 나라가 벌어들이는 외화의 6, 70%가 내가 하는 업무에 달려 있다면, 그 압박감이 이만저만 큰 게 아니죠." 라고 고충을 털어놓기도 했다.

가격이 수시로 요동칠까 두려운 나머지, 카카오 위원회 관리들은 항구에 도착한 카카오의 양이나 선적량, 그리고 날씨가 생산에 적합했는지조차 말하기를 꺼렸다. 그들은 판매에 불리할 수 있겠다 싶은 정보들은 절대 알려주려 하지 않았다. 그들의 그러한 반응은 가나에 도착한 지 얼마 되지 않아서 금세 피부로 느낄 수 있었다. 내가 처음으로 쿠마시의 카카오 위원회 지역 사무소를 찾았을 때, 그곳에 근무하던 여비서는 눈썹을 치켜 올리면서 내가 그녀의 상관을 만나려는 게 "가나의 국익에 정말 도움이 되는 건지"를 꼬치꼬치 따져 물었다. 우여곡절 끝에 그녀가 자신의 상관을 연결해 주긴 했으나, 정작 그 상관이란 사람은 내가 던진 질문들을 요리조리 피해 가기만 했다. 맑은 날씨가 카카오 작황에 유리하다는 둥, 지난주 내린 비 때문에 병충해가 확산될지 모른다는 둥 하는 이야기를 혹시라도 잘못 건넸다가는 자칫 자신의 자리가 위태로워질 수도 있기 때문이었다. 그는 자신이 국제 카카오 가격 변동의 원인 제공자가 될지 모른다는 두려움에 끝까지 신중한 자세를 잃지 않으려 했다.

관리들이 이처럼 기자들과의 대화를 꺼리는 데는 또 다른 요인들도 작용하고 있었다. 나는 카카오 위원회가 어떻게 운영되는지, 그리고 실제로 농민들의 이익을 대변하고 있는지에 관한 질문도 곧잘 던지는 편이었다. 게다가 로이터 통신에서 전송하는 기사들은 종종 현지 신문에도 실리곤 했다. 혹시나 생산량이 줄어들 것 같다는 예측 보도가 나가면, 나라 경제가 잘못 운영되고 있다는 표시라며 야당 정치인들에게서 집중적인 비판의 화살이 날아들 수도 있었다. 온갖 술수와 모략이 판을 치는 정치판에서 로이터 통신 기자를 상대로 입 한 번 잘못 놀렸다가는 동료 정치인들이나 정적들에게 꼬투리를 잡히기 십상인 것이다.

그리고 개중에는 내가 혹시 다른 꿍꿍이가 있는 게 아닐까 의혹의 눈길을 보내는 사람들도 있었다. '이 사람이 금전적인 이익을 바라고 정보를 얻으려는 건 아닐까?', '이 사람이 단지 통신사 기자일 뿐일까?', '아니면 가나의 카카오를 둘러싸고 모종의 음모를 꾸미는 누군가에 의해 고용된 사람은 아닐까?' 하는 식의 의문 말이다.

처음에 나는 그들이 나와의 대화를 꺼리는 걸 충분히 이해할 수 있다고 생각했다. 가나의 관리들은 자기네 카카오를 최대한 유리한 조건으로 거래하길 원했다. 그런데 이론상으로는 내가 쓴 기사들 때문에 가격이 내려가거나 협상에서 구매업체가 유리한 위치를 선점하게 될 수도 있었다. 하지만 가나에서 일하는 시간이 길어지면 길어질수록, 나의 인내심은 바닥으로 치달았다. 나는 그들이 언론 기사 때문에 시장이 출렁일지 모른다는 우려를 방패막이로 삼고 있다는 생각이 들었다. 그들은 나 같은 기자와는 카카오에 관한 이야기를 나누는 걸 극도로 꺼렸지만, 외국 트레이더들이 하급 관리들에게 돈을 찔러주는 대신 카카오 구매나 운송에 관한 데이터를 얻는 경우는 아주 흔한 일이었다. 나는 그들이 어떻게 하면 가나에 유리한 거래를 이끌어낼 수 있을지보다 감독 기관인 카카오 위원회에서 벌어지는 일들을 은폐하는 데 더 관심이 있는 게 아닐까 의심하기 시작했다. 이런 투명성의 부족은 온갖 비밀과 잘못된 정보, 뜬소문을 만들어내는 결과를 낳았다. 가나 국민들 가운데 자신들을 대신해 카카오를 사고파는 기관에서 어떤 일이 벌어지고 있는지 제대로 이해하거나 알고 있는 사람은 거의 없었다. 나는 과연 이것이 가나의 국익을 위해 최선일까 의심하지 않을 수 없었다.

그와 동시에, 카카오 위원회는 자신들을 향한 비판에는 비열한 방식으로 대응하곤 했다. 한 번은 내가 로이터 통신에다 그 해에 농민들에게 지급될 가격을 미리 분석하는 기사를 쓰자, 위원회는 내가 쓴 기사보다 시즌 가격을 더 낮추는 것으로 대응했다. 이에 대해, 로이터가 틀렸다는 걸 증명하기 위해 위원회가 일부러 가격을 변경한 것이라는 사실을 나중에 두 명의 구매업자가 내게 넌지시 귀뜸해줬다. 자신들의 주장을 그대로 받아쓰게 하거나 비밀을 유지시키는데 익숙한 위원회로서는 농민들에게 원래 예정된 가격을 지급하는 것보다 성가시게 구는 기자 한 명에게 본때를 보여주는 게 더 중요한 듯했다. 평소 내게 기삿거리를 물어다 주곤 하던 한 지인은 농민들의 가난을 걱정하던 내가 위원회의 심기를 잘못 건드려서 농민들을 더 가난하게 만들었다고 농담을 던졌다. 상황이 이러하다 보니, 나는 카카오 공급이나 업계의 동향에 관한 정보는 어쨌든 많으면 많을수록 좋다고 생각할 수밖에 없었다.

이렇듯 카카오 위원회는 생산자들에게 최상의 거래조건을 제공하는 것보다 자신들의 치부를 감추는 데 더 관심이 많은 것 같았다. 내가 정기적으로 취재하던 그 조직과 존 뉴먼이 열정적으로 강조했던 숭고한 목적들 사이에는 도저히 연결지점을 찾아볼 수 없었다. 나는 농민들에게 지금 절실히 필요한 건 제대로 된 조직과 지도자라는 생각이 들었다. 그래서 카카오 위원회가 모범적으로 운영되는 게 더욱더 중요했다. 카카오를 구매하려는 무리들끼리 서로 똘똘 뭉치는 상황에서는 특히나 더 그랬다.

소수에게 집중된 시장

공급 상황을 파악하기 위해 정기적으로 오지를 드나드는 사람들 중에는 작황 예보관들뿐만 아니라 나 같은 기자들도 끼어 있었다. 그 외에는 거의 대형 초콜릿 회사나 가공업체에 고용된 사람들이었다. 실제 숫자로는 그리 많지 않지만, 그들의 구매력은 엄청났다. 흔히 스니커즈나 마즈, 킷캣, 크림 에 그, 크런치, 리터 스포트 Ritter Sport 같이 가게 진열대 위에 잔뜩 쌓아있는 수많은 종류의 초콜릿을 보면 업계의 경쟁이 아주 치열할 것으로 생각하기 쉽다. 하지만 그건 착각에 불과하다. 2005년만 하더라도 캐드베리, 크래프트, 페레로, 네슬레, 마스터푸드 Masterfoods, 이렇게 다섯 개 회사가 유럽 초콜릿 시장의 57%를 차지했다.[3] 그리고 그보다 더 적은 수의 회사들이 시장을 지배하는 나라들도 꽤 있다.

초콜릿 브랜드는 셀 수 없이 많지만, 그걸 소유하고 있는 기업들은 소수에 불과하다. 스위스의 거대 식품기업인 네슬레는 '애프터 에이트 After Eight'라는 브랜드의 초콜릿을 만드는 '론트리 Rowntree' 사를 소유하고 있고, 오레오 쿠키와 가공 치즈로 유명한 크래프트는 '테리즈 Terry's'라는 초콜릿 제과회사를 별도로 소유하고 있다. 심지어 유기농 초콜릿 회사인 '그린 앤 블랙 Green & Black's' 조차도 캐드베리에게 넘어간 실정이다. 그리고 이 책을 쓸 무렵에는 크래프트와 캐드베리가 합병을 통해 세계 최대의 초콜릿 제조업체로 다시 태어났다.+ 초콜릿의 포장지를 벗겨 내고 그 뒷면을 잘 살펴보면, 실제로 가게 진열대 위에 놓인 초콜릿들에 다양성 따위는 거의 존재하지 않는다는 걸 알 수 있을 것이다.

그와 동시에, 산업 간의 경계 또한 점점 흐릿해지고 있다. 카카오 가공도 겸하고 있는 주요 무역회사들은 최근 들어 대형 초콜릿 회사들의 주문을 받아 산업용 초콜릿이나 커버추어 제조에도 직접 뛰어드는 추세다. 게다가 이런 가공 산업은 카길, 발리 깔레보, ADM이 전 세계 물량의 41%를 장악하고 있는데다,[4] 인도네시아에 본사를 두고 있는 '페트라 푸드 Petra Foods'와 '블로머 Blommer'도 급속도로 힘을 키워가는 중이다. 소매업도 몇몇 소수 업체에 집중되어 있기는 마찬가지이다. 영국의 경우에는 '테스코 Tesco'와 '아스다/월마트 Asda/Wal-Mart'++, '세인스베리 Sainsbury's', '모리슨 Morrison's'이 식료품 체인점 시

+ 크래프트는 2010년 1월에 189억 달러를 들여 캐드베리를 인수했다. 당시 영국의 대표적인 초콜릿 회사가 미국계 기업으로 인수되는 데 대해 영국 국민들과 노동계, 정치권의 극심한 반대가 있었지만, 결국 계획대로 인수합병이 진행돼 크래프트는 세계 제과시장의 14.8%를 차지하는 세계 최대 업체로 등극했다. 2위는 마즈(14.6%), 3위는 네슬레(7.8%).

++ 세계 최대의 유통기업인 월마트는 영국에서는 아스다, 멕시코에서는 월멕스, 일본에서는 세이유라는 이름으로 운영된다.

장의 74%를 차지하고 있으며, 소매로 판매되는 초콜릿 제품의 약 55%는 이런 대형 슈퍼마켓에서 판매되고 있다.⟨5⟩

카카오 위원회와 카카오 공급에 관해 협상하기 위해 정기적으로 가나를 드나드는 회사들도 대부분 그 나물에 그 밥이다. 또한, 코트디부아르에서는 지역의 구매업체들이나 수출업자들이 그런 몇몇 회사들로부터 자금을 지원받거나 공식적인 관계를 맺는 경우도 종종 있다. '유엔무역개발회의United Nations Conference on Trade and Development, UNCTAD'가 2008년에 펴낸 카카오에 관한 연구 보고서는 잇따른 인수합병 때문에 구매업체의 수가 계속 줄어들고 있다고 분석했다. "그런 합병 절차를 용납한 결과, 카카오 구매에 있어 실질적인 경쟁자 수가 상당히 줄어드는 잠재적인 효과를 가져왔음이 명백하다."는 것이다. 이는 곧 구매업체들로 하여금 자신들에게 유리한 가격에 카카오를 사들일 수 있는 강력한 지위를 갖게 만들었다. 그리고 소매와 제조에 있어서 이러한 집중도 확대는 장기적인 상품 가치의 하락과 동시에 일어난 현상이라는 점도 확실하다. '유엔식량농업기구United Nations Food and Agriculture Organization, FAO'의 통계에 따르면, 2000년부터 2005년 사이에 상품의 '실질 가격'은 1970년대에 비해 4분의 1밖에 되지 않는다는 것이 드러났다. 그리고 2007년에도 여전히 30년 전과 비교하면 3분의 1 미만 수준에 머물렀다.⟨6⟩

가격의 불안정성 또한 여전히 높다. 그 원인으로는 국제 선물거래 시장에서의 투기 거래가 종종 주범으로 지목된다. 자기네 공장에서 원료로 사용될 카카오를 구매하는 상업적인 거래와는 달리, 투기꾼들은 자신들이 구매하는 카카오에는 아무런 관심도 없다. 그들은 단지 도박을 하고 있을 뿐인 것이다. 최근 들어 많은 펀드들이 상품에 돈을 투자하고 있는데, 주식 시장과 상품 시장에서의 실적이 서로 반비례 관계에 있다는 보도들이 잇따르면서 그런 추세는 점점 가속화되고 있다. 이 이론에 의하면, 주가가 곤두박질칠 때는 설탕과 커피, 옥수수, 카카오 가격이 오르고, 그 반대도 마찬가지라고 한다.⟨7⟩

카카오 시장에서 오고 가는 돈 중에 투기 자금이 얼마고 상업 거래 자금이 얼마인지를 판단하기란 사실상 쉽지 않다. 일반적으로 펀드들은 자신들이 시장에 끼치는 영향을 낮춰서 말하는 게 보통이다. 국제코코아기구 관계자들 역시 투기활동 때문에 가격이 왜곡됐다는 증거를 발견하지 못했다고 말한 바 있다. 그러나 비록 아직 입증되지는 않았지만, 그와 관련된 다양한 증거들이 속속 쏟아지고 있다. 한 분석가는 최근 몇 년 사이에 "산더미처럼 쌓인 돈들이" 상품 시장으로 흘러들어 갔다고 담담하게 말했다. 투자 규모가 크든 작든 간에, 투기적 성향의 펀드가 늘어나면서 카카오 시장이 시끌벅적한 판이 되어 버렸다고 또 다른 분석가는 말했다. 그녀는 뚜렷한 이유 없이 가격이 갑자기 오르락내리락할 가능성이 얼마든지 존재한다고 덧붙였다.

이러한 갑작스러운 가격 변동은 농민들의 소득에 커다란 영향을 미친다. 가격이 어떻게 변하느냐에 따라서, 먹고사는데 아무런 지장이 없을 수도 있고 온갖 발버둥을 다 쳐야 겨우 입에 풀칠이나마 하게 될 수도 있다. 아이들을 학교에 보낼 수 있느냐 없느냐 하는 문제 역시 가격 변동에 달려 있다. 농민들이 거둬들이는 카카오에 아무런 관심도, 소용도 없는 사람들이 내리는 결정이 농민들의 삶을 좌지우지 하게 되는 것이다. 이런 상황을 바라보는 농민들 처지에서는 카카오 시장이 몇몇 대기업과 투기꾼들의 놀이터에 불과하다고 여길만한 이유가 충분하다.

파워 게임

가나와 코트디부아르가 세계 시장에서의 가격 변동에 얼마나 취약한지를 직접 확인한 나는 놀라 벌어진 입을 다물 수 없었다. 두 나라는 세계 카카오 생산의 양대 산맥이다. 그런데 왜 그들은 시장에서의 지배력을 좀 더 발휘할 수 없는 걸까? 나는 석유 시장에 대해서는 잘 모르지만, '석유수출국기구 Organization of the Petroleum Exporting Countries, OPEC'가 공급을 어떻게 조절하느냐에 따라서 석유 가격이 얼마든지 생산자에 유리하게 움직일 수 있다는 사실만큼은 잘 알고 있다. 그래서 그들은 수시로 모임을 갖고 공급량 조절 여부와 시기를 결정한다. 석유수출국기구 회원국들은 나이지리아, 베네수엘라, 이란, 카타르, 앙골라 등 세계 곳곳에 분포해 있다. 지리적으로 다양하고 경제 수준이 천차만별인 데도 불구하고, 그들은 석유 가격을 자신들에게 유리하게 이끌 수 있는 결정권을 손에 쥐고 있다.

가나와 코트디부아르 두 나라 정부도 석유수출국기구 회원국들처럼 공급에 관해 서로 합의할 수 있어야 한다는 주장은 논리적으로 타당하게 들린다. 전 세계 카카오의 약 3분의 2는 서아프리카에서 생산된다. 그 외 지역에서는 인도네시아가 최대 생산국이다. 세계 석유 공급의 단 3분의 1만을 차지하고 있는 석유수출국기구가 그렇듯이 그들도 당당하게 행동할 수 있어야 한다. '기니만' 한 곳에서만 그렇게나 많은 카카오가 세계 곳곳으로 실려 나간다는 사실만으로도 그들의 영향력은 더 강화되어야 한다. 원칙적으로 모든 카드를 손에 쥐고 있는 건 가나와 코트디부아르여야 한다는 말이다.

역사적으로 볼 때, 그들이 과거에 그런 시도를 전혀 하지 않았던 건 아니었다. 1970년대에 카카오 생산국들은 추가로 거둬들인 세금으로 최대 25만 톤에 달하는 '완충재고'+를 확보하고 수출 한도 물량을 설정하기로 합의했다. 그러나 1989년 무렵 생산국들이 납부하지 않은 분담금이 무려 9000만 달러까지 쌓여갔고, 그 중 절반 이상이 코트디부아르가 납부해야 할 돈이었다. 그래서 기금의 연간 유지비를 충당하기 위해서는 카카오를 그냥 팔아치울 수밖에 없었다. 그러자 또 다른 문제들이 불거졌다. 1980년에 체결된 3차 협정에 서명하기를 거부했던 코트디부아르가 1986년도 협정 개정에는 찬성하고 나

+ 특정 상품의 가격을 안정시키고 수요를 조절하기 위한 재고. 가격이 상승했을 때는 현물을 방출하고, 반대의 경우에는 매입해 가격의 안정을 꾀한다.

선 대신, 세계 최대의 카카오 소비국인 미국이 그 협정을 받아들이지 않은 것이다.+⟨8⟩ 세계은행의 한 관리에게 이에 대한 개인적인 견해를 묻자, 그는 "나라마다 이해관계가 아주 다르기 때문에 절대 하나로 뭉칠 수가 없어요."라는 대답을 내놨다.

이런 갈등은 국제시장 가격이 폭락한 1980년대 말에 이르러 더욱 확연해졌다. 외채를 갚기 위해 허덕이던 코트디부아르의 우푸에 부아니 당시 대통령은 투기꾼들이 시장을 마구 교란시키고 있다고 비난하면서⟨9⟩ 카카오 가격을 끌어 올리기 위해 판매 중단이라는 강수를 꺼내 들었다. 그러나 시장에서 이미 카카오는 공급 과잉 상태였고, 구매업체들은 코트디부아르가 판매를 재개하기를 기다릴 수 있는 여력이 충분했다. 동시에, 현금이 필요했던 경쟁국들은 주저 없이 카카오 판매를 계속 이어나갔다. 결국 부아니 대통령이 한발 물러설 수밖에 없었고, 가격은 계속 미끄러져 내려갔다.

국제코코아기구의 한 관계자는 "생산자들은 가격에 미칠 영향 따위는 고려하지 않고 마냥 '올해는 작년보다 수확량이 더 늘었으면 좋겠다.'고만 생각한답니다."라고 말했다. 그에 대해 같은 조직의 위원장인 얀 핀에르후츠는 이렇게 덧붙였다.

"생산국들은 단 한 번도 (공급을 조절하기 위한) 정치적 합의에 도달한 적이 없어요. 모든 나라가 생산을 늘리려고만 하죠. 그들은 서로 경쟁자일 뿐입니다."

비록 코트디부아르, 가나, 나이지리아, 인도네시아, 카메룬, 에콰도르, 이렇게 여섯 나라가 공동수출세 같은 수단을 통해 생산량을 조절하는 데 합의하긴 했지만, "엄밀히 따지면, 여전히 실행에 옮기기가 몹시 어렵다."고 핀에르후츠 위원장은 말한다.

산유국들은 정유소의 버튼을 눌러서라도 석유의 흐름을 통제할 수 있지만, 수십만 명에 달하는 카카오 생산 농민들의 행동을 일일이 통제한다는 것

+ 카카오의 가격과 수급 안정을 위해 1973년에 처음으로 발효된 국제코코아협정(International Cocoa Agreement, ICCA)은 완충재고의 기준이 되는 가격대를 둘러싼 생산국과 소비국의 의견대립 때문에 일시적으로 붕괴되었다. 그러던 1980년 11월에 가까스로 3차 협정이 체결되었으나, 이번엔 수출규제는 빼고 완충재고 방식만을 도입했다는 이유로 일부 생산국들이 반대하였다. 그리고 다시 1986년 협정 개정 때는 소비국인 미국이 가격의 인위적인 조절에 반대하며 협정에서 탈퇴하였다.

은 거의 불가능에 가깝다. 핀에르후츠 위원장 역시 "카카오는 나무에서 자라는 작물입니다. 석유 같은 경우에는 꼭지를 잠가 버릴 수 있지만, 카카오는 나무를 심기만 하면 그냥 열리죠. 석유처럼 생산량을 조절하기가 간단치 않다는 이야깁니다."라고 말했다. 게다가 사우디아라비아처럼 인구가 적은 부자 나라는 핵심 수출품의 공급을 줄이는 게 간단할 수 있을지 몰라도, 인구의 상당수가 카카오 수입에 크게 의존하는 가난한 나라들은 훨씬 더 복잡한 방정식을 풀어야 한다고 그는 설명했다.

좀 더 구체적으로 얘기하자면, 다음과 같은 식이다. 돈을 벌고자 하는 농민들은 카카오를 더 많이 심을 것이다. 그리고 일단 수확을 마치면 그들은 당장 현금이 절실해진다. 그들에게는 갚아야 할 빚과 먹여 살려야 할 가족들, 그리고 내야 할 학비가 있기 때문이다. 게다가 카카오는 서아프리카의 습한 기후 탓에 금방 곰팡이가 펴서 썩기 쉬운 작물이다. 그래서 카카오를 내다 팔지 않고 계속 보관하고 있으려면 창고비가 추가로 들어간다고 카카오 위원회의 전직 위원장이었던 크와메 피아님은 말한다.

"상품을 파는 사람 입장에서 가격이 낮고 부피가 큰 상품의 재고를 계속 쌓아놓고 있다는 건 바보 같은 짓이죠. 구매업자가 부담해야 할 창고비를 내가 대신 부담하는 셈이 되고, 그렇다고 그걸 먹을 수도 없으니 말입니다. 결국 조금이라도 빨리 시장에 내다 파는 수밖에 더 있겠어요?"
또 다른 분석가는 이렇게 설명한다.

"어쩌면 1970년대에 석유수출국기구가 했던 것과 똑같은 방식으로 카카오 시장을 인질로 잡고 몸값을 요구할 수는 있겠죠. 그러나 그렇게 되면 농민들 입장에서는 '그럼 앉아서 그냥 쫄쫄 굶으란 말이야?'라고 생각할 거란 말입니다. 그럴 수는 없는 노릇 아닙니까? 그러니 다른 곳으로 밀수출이라도 할 수밖에요."

카카오 생산국들이 석유수출국기구만한 영향력을 확보하려면 아직 갈 길이 한참 멀다. 더구나 주요 수출국들이 그럴 의향을 전혀 드러내고 있지 않다. 반면, 초콜릿 회사들과 카카오 가공업체들은 잇따른 인수합병을 통해 자신들의 구매력을 강화시켜 왔다. 그래서 지난 십 년 간 구매업자들의 힘이 강해지면 질수록, 이미 쪼개질 대로 쪼개진 생산국들의 힘은 점점 더 갈라질 수밖에 없었다.

통제권을 차지하기 위한 싸움

카카오 위원회 관리들이 나와의 대화를 꺼리는 데는 다른 이유가 또 하나 있었다. 내가 2005년 가나에 처음 도착했을 때, 그들은 수출 통제권을 계속 유지하기 위한 피 터지는 싸움을 한바탕 치른 뒤 그 상처를 치유하는 과정 중에 있었다. 카카오 위원회는 생산자들에게 보다 강력한 협상력을 쥐여주기 위해 설치된 조직으로, 농민들을 대신해 구매업체들을 상대하며 선금을 받고 카카오를 판매함으로써 농민들에게 정해진 가격을 지급하는 역할을 담당해 왔다. 그와 유사한 조직은 다른 나라에도 존재한다. 예를 들어, '캐나다밀위원회Canadian Wheat Board'는 농민들이 통제하는 조직이면서 그와 동시에 밀과 보리를 매매하는 세계 최대의 기구다. 이들 조직에 대해 비판하는 목소리도 많지만, 농민들에게 안정된 가격을 제공하는 그들의 능력을 칭송하는 이들도 많다. 그러나 가나의 경우에는 그런 조직의 통제권을 계속 유지하기 위해 힘겨운 싸움을 벌여야만 했다.

1980년대에 처음 가나가 IMF와 세계은행을 상대로 개혁을 논의하기 시작했을 때, 그들은 가나가 카카오 산업을 운영하는 방식에 의문을 제기했다. 카카오는 가나 경제의 기반이 되는 산업이지만, 농민들은 극심한 가난에서 벗어나지 못하고 있었다. 그럼에도 카카오 위원회는 수십 년 동안 농민들에게 지나치게 많은 세금을 부과해왔다. 게다가 생산자들이 받는 돈은 국제 카카오 가격의 극히 일부에 지나지 않았다. 카카오 산업이 최고 정점에 다다랐을 무렵 그 감독 기관인 카카오 위원회에 고용된 인원만 10만 명에 달했는데, 이는 농민 여덟 명당 한 명꼴이었다. IMF와 세계은행 입장에서는 만약 위원회가 폐지되고 농민들이 직접 구매업체를 상대하게 되면 더 나은 조건에 카카오를 내다 팔 수 있겠다는 확신이 들었다.

그러나 그들이 그런 개혁안을 밀어붙이자, 가나 정부 측이 분노하기 시작했다. 그에 관해 당시 제리 롤링스 대통령의 수석 경제 자문관이던 폴 빅터 오벵은 이렇게 말한 바 있다.

"(카카오는) 황금알을 낳는 거위입니다. 우리가 다른 작물들로 경작을 다양화하기 전까지는 카카오를 절대 외국인들 손에 넘겨주지 않을 겁니다."

카카오 위원회 관리들도 분노하기는 마찬가지였다. "IMF와 세계은행은 우리를 자유 시장 체제의 틀에 끼워 맞추기를 원하는 것 같아요. 실제 현실이 어떤지는 전혀 아랑곳하지 않고 말이죠."라고 당시 위원회에서 일하던 존 뉴먼은 말했다. 그는 또한 이렇게 덧붙였다.

"우린 상품을 시장에 내놓고 소득을 최대한 극대화해왔다고 믿습니다. 그러니 우리나라에 이익이 되는 시스템을 바꾸려고 하는 자들을 달가워할 리가 없죠. 이건 자유 시장을 받아들이느냐 마느냐의 문제가 아니에요. 캐나다에는 밀위원회가 있습니다. 오스트레일리아에도 전매제도가 있고요. 그런데 왜 우리는 안 된다는 거죠? 우리같이 작고 빈털터리인 나라가 IMF의 지원을 받으려면 어떤 조건이라도 받아들여야 한다는 건가요? 그들은 우리가 카카오 산업을 운영하는 방식 자체를 바꾸기를 원했습니다. 우리에겐 가장 중요한 산업인데 말이죠."

뉴먼은 몇 가지 현실적인 우려도 제기했다. 위원회는 직원들을 고용해 카카오의 품질을 엄격히 관리했고, 그런 노력 덕분에 가격을 더 높게 매길 수 있었다. 그런데 만약 위원회가 폐지된다면 카카오 품질의 하락으로 이어질 수 있고, 검사원들도 일자리를 잃게 됨에 따라 그동안 누려온 이점이 모두 사라질 위기에 처하게 된다. 게다가 가나의 업체들은 기술적인 전문성이 떨어질뿐더러 외국의 경쟁업체들과는 달리 쉽고 싸게 자금을 조달할 방안도 부족하다. 지역의 소규모 업체들이 거대한 다국적 기업들의 틈바구니에서 그대로 질식사할 가능성이 큰 것이다. "누가 카카오를 사러 오기나 할지 걱정입니다. 왜냐하면, 가나의 업체들은 큰 손들과 맞설만한 수단이 없으니까 말입니다. 우선 그들은 기술적인 노하우가 없어요. 그러나 카킬, ADM, 네슬레 같은 회사들은 그야말로 큰 손들입니다. 잔챙이들은 모두 사라져버릴 수밖에 없었죠. 아니, 그 큰 업체들과 무슨 수로 맞서겠어요? 제가 가장 우려하는 게 바로 그 부분입니다."라고 뉴먼은 말했다.

IMF와 세계은행 같은 다국적 기구들의 이런 까다로운 요구에 맞서 가나의 정부 각 부처들은 똘똘 뭉쳤다. 오벵은 "때때로 그들은 정부 부처들을 서로 이간질 시키고, 자기네가 내린 처방에 반대하는 사람들은 결국 무릎을 꿇을 때까지 고립시켜 버립니다."라고 설명했다. 당시 IMF와 세계은행은 자신들의 처방이 얼마나 현명한 것인지를 널리 선전하기 위해 성공 사례가 필요했다. 그들은 1992년에 처음으로 민주적인 선거를 치른 뒤 여타 경제 개혁 프로그램에 참여하길 갈망하는 가나가 자신들의 처방에 딱 들어맞는다고 여겼고, 그런 상황을 자신들에게 유리하게 이끄는 방법도 잘 알고 있었다. "하지만 그때 우리가 워낙 완고하게 거부한데다 스스로 문제를 잘 헤쳐나가고 있던 터라 그들도 어쩔 수 없이 뒤로 물러날 수밖에 없었어요."라고 오벵은 덧붙였다.

그와 동시에, 농민들에게 제대로 된 보상을 해주지 못할 경우 위원회의 통제권을 잃어버릴 수도 있겠다는 두려움이 생긴 가나는 농민들에게 지급하는 가격을 인상하기 시작했다. 그러나 정부는 고집을 버리지 않은데 대한 대가를 치러야 했다. 구매업체들이 농민들에게서 카카오를 구매한 뒤 그걸 다시 위원회에 판매하는 부분적인 자유화를 도입하는 것으로 한발 물러날 수밖에 없었던 것이다. 그렇지만 수출에 대한 통제권만큼은 계속 손에 쥐고 놓지 않았다.

코트디부아르 역시 카카오 유통체계를 개혁하라는 비슷한 압력을 받았다. 그러나 가나와는 달리 코트디부아르의 협상력은 약했다. 그들은 막대한 외채에 시달리고 있었고, IMF와 세계은행의 도움이 더욱 절실했다. 그런데 IMF와 세계은행은 '카이스탑'이라 불리는 코트디부아르의 농산물판매위원회를 정비하길 원했다. 카이스탑의 운영방식은 가나의 카카오 위원회와는 약간 달랐지만, 생산자들에게 고정된 가격을 지급하는 것은 마찬가지였다. 가나의 카카오 위원회는 농민에게 세금을 너무 많이 매기긴 하지만 최소한 품질만큼은 책임지고 유지함으로써 농민들에게 혜택을 주는 것만큼은 사실이라는 게 세계은행 관리들의 인식이었다. 그에 비해, 코트디부아르의 시스템에서 어떤 장점을 찾기란 여간 어려운 게 아니었다. 카이스탑의 개혁을 압박하던 세계은행의 한 임원은 카이스탑이 카카오를 "아주 불투명한 상황에서" 미리 내다 팔고 있다는 불만을 내게 털어놓기도 했다. 아비장의 관료들은 카카오를 통해 벌어들인 돈으로 아주 윤택한 생활을 누리는 반면, 농민들은 하루하루 생존을 위한 싸움을 벌이고 있었다. "상당수의 코트디부아르 국민들이 이러저러한 지대소득으로 살아가고 있었기 때문에 (개혁에 대한) 저항이 대단했어요."라고 그는 덧붙였다. 그러나 채무 탕감이 절실했던 정부는 마지못해 카이스탑 시스템을 정비하는 데 동의했다. 그리고 1999년, 카이스탑이 폐지되면서 농민들은 더 이상 최저 가격을 보장받지 못하고 구매업체들과의 협상에 직접 나서야 했다.

개혁을 향한 강력한 압박은 카카오라는 동일한 상품을 생산하는 인접한

두 나라와 그 생산자들 사이에 두 개의 아주 판이한 시스템을 만들어냈다. 그렇다면 둘 중 어느 쪽이 농민들에게 더 많은 혜택을 안겨 주었을까? 각기 다르게 전개되는 두 나라의 정치 상황 때문에 이러한 개혁의 영향을 판단하기란 쉽지가 않다.

내부적인 구매 시스템을 개혁하면서도 수출 통제권만큼은 계속 손에서 놓지 않았던 가나는 이제 살충제 대량 살포나 병충해 관리, 비료와 장학금에 쓰이는 위원회 경비를 제외하고 카카오에서 벌어들이는 수입의 70%를 농민들에게 돌려주는 걸 목표로 삼고 있다. 그러나 위원회 활동에 지출되는 돈의 규모를 정확히 알지 못하기에 그러한 목표에 도달했는지를 판단하기란 어렵다. 분명한 것은 생산자 가격이 해마다 오르면서 농민들이 과거에 비해 더 많은 대가를 돌려받고 있다는 사실이다. 가나의 수도 아크라에서는 농민들에게 국제 카카오 가격의 불과 34%만을 지급했던 1990년대 초반과 대체로 같은 시스템이 지금도 여전히 운영되고 있다. 그러나 2003년에서 2008년 사이에 농민들은 세계 시장 가격의 41%에서 66% 정도를 받을 수 있었다.[10] 내부적인 자유화 덕분에 지역의 구매업체들이 농민들에게서 카카오를 구매한 다음에 카카오 위원회에 다시 내다 파는 것이 가능해졌으나, 카카오의 수출과 운송은 여전히 위원회가 장악하고 있다. 가나의 시스템 구조는 근본적으로 과거와 크게 달라진 게 없으면서도 정부는 농민들에게 더 많은 대가를 돌려주고 있는 것이다.

그 이유가 무엇인지에 대해서는 몇 가지로 분석이 갈린다. 내가 대화를 나눠본 관리들은 IMF와 세계은행의 추가적인 개혁 요구를 막아낼 수 있기를 간절히 바라고 있었다. 그러기 위해서 그들이 선택할 수 있는 가장 쉬운 방법은 생산자 가격을 계속해서 끌어올리는 것이었다. "가나는 본선인도가격FOB+ 중에서 생산자 몫을 늘리기 위한 개혁을 지지하고 이행해왔습니다. 그들은 그렇게 할 수밖에 없다는 걸 이해하고 있었어요."라고 세계은행의 다른 임원

+ '수출항 본선인도가격'이라고도 하며, 무역상품을 선적항에서 매수자에게 인도할 때의 가격을 말한다. 반면 'CIF 가격'이란 수출입 상품의 운임·보험료를 포함한 가격, 즉 도착항까지의 인도가격을 말한다.

하나가 내게 설명했다. 그와 동시에, 가나 정부가 단행한 세디화의 평가 절하도 생산자 가격 인상에 유리한 환경으로 작용했다. 카카오는 달러화로 가격이 매겨지기 때문에 농민들에게 지급하는 가격을 인상하더라도 굳이 세금 수입이 줄어들 걱정을 할 필요가 없었던 것이다.[+]

가장 중요한 것은, 1992년 이래로 다섯 차례의 민주적인 선거가 치러지고 두 차례의 정권 교체가 이뤄졌다는 점이다. 가나의 양대 정당인 '신애국당'과 '전국민주회의National Democratic Congress'는 각자 고정적인 지지층이 있긴 하지만, 과반수 의석을 확보하기 위해서는 엄청난 노력을 기울여야 했다. 선거를 일 년 앞둔 2007년 연말, 내가 인터뷰한 구매업자들 중에는 결국 위원회가 2007/08 시즌의 생산자 가격을 인상할 수밖에 없을 거라고 예측하는 사람들이 적지 않았다. 선거가 있는 해로 넘어가기 전에 어떻게든 농민들에게 보답하는 모양새를 갖추지 않겠냐는 게 그들의 주장이었다. 그래서 실제로 위원회가 농민들에게 지급하는 가격을 톤당 915만 세디에서 950만 세디로 올리겠다고 발표했을 때도 전혀 놀랍게 받아들여지지 않았다. 비록 인상폭은 크지 않았지만, 농민들의 요구를 무시하는 것으로 인식되길 바라는 정부는 없다는 걸 다시 한 번 보여준 것이다.

물론 선거 전략 차원에서 이런 행동이 반드시 통하리라는 보장은 없다. 농민에게 지급하는 가격을 잇달아 인상했지만, 그것이 2008년 선거에서 신애국당의 승리를 보장해주지는 못했다. 그러나 농민들에게 지급하는 가격을 계속 낮게 붙들어놓음으로써 카카오 농민들과 그 가족들의 표가 날아가는 위험을 감수할 만큼 무모한 정부는 없을 것이다.

카카오 위원회가 카카오를 선물 거래로 판매할 수 있고 농민들에게 최저 가격을 보장할 수 있다는 사실 덕분에 가나 국민들이 계속해서 이득을 보고 있다는 건 확실하다. 런던의 한 베테랑 분석가는 이렇게 주장했다.

"일반적으로 선물 포지션에는 프리미엄이 붙는데, 가나는 일 년 전에 미

[+] 예를 들어, 환율이 1달러 당 100세디에서 120세디로 20퍼센트 평가절하 됐다고 치자. 그러면 10달러어치 카카오를 내다판 수입도 1000세디에서 1200세디로 늘어나기 때문에 농민들에게 지불하는 가격을 200세디 더 올려줘도 세금 수입은 변동이 없게 된다.

리 상품을 판매함으로써 대체로 그런 프리미엄을 누릴 수 있습니다. 설사 일 년 동안 시장 가격이 저조하다 하더라도 선물 프리미엄은 여전히 존재하지요."

물론 불리한 점들도 있다. 만약 특정한 가격에 카카오를 팔기로 합의한 뒤에 가격이 올라가면 위원회가 곤란해질 수 있다고 국제코코아기구의 얀 핀에르후츠 위원장은 지적한다. 이런 시나리오대로라면, 위원회가 농민에게 지급하는 고정 가격은 카카오를 선물로 팔지 않는 코트디부아르가 농민들에게 지급하는 가격보다 훨씬 더 낮아질 수 있다.+ 실제로 현물 거래를 통해 카카오를 판매하는 코트디부아르 농민들이 가나 농민들보다 더 많은 수입을 올린 해도 여러 번 있었다. 가나에서 주기적으로 밀수출이 급증하는 이유도 바로 그 때문이다.

그러나 가나의 카카오 위원회가 강력한 지위를 가지고 생산농민들이 먹고살 수 있는 토대를 만들어주는 건 사실이라고 핀에르후츠 위원장은 말한다. "카카오 위원회는 살충제 살포나 비료값 지원, 기술 개선 등의 역할을 통해 농민들에게 아주 강력한 버팀목이 되어 준다."는 것이다. 이런 철두철미한 지원 덕분에 가나는 카카오의 품질이 아주 높다는 평판을 계속 유지해올 수 있었다. 전성기와 비교하면 위원회의 인력이 대폭 줄어들긴 했지만, 그래도 여전히 산간벽지의 공판장과 항구에서 각각 한 차례씩 카카오 품질을 검사하기 위해 수백 명의 직원들을 고용하고 있다.

이러저러한 진전이 있기는 했지만, 사실 가나 농민들의 형편은 분명 지금보다 훨씬 더 나아질 수도 있었다. 세계 시장 가격의 60%를 받는 농민들은 여전히 자신들의 매출액에 비해 과도한 세금을 물고 있다. 게다가 가나의 시스템은 투명성이 부족하다. 전체 가격에서 농민들의 몫을 어떻게 계산하는지, 그리고 농민들이 내는 세금으로 돌아오는 혜택이 무엇인지가 불명확하다. 시스템이 남용될 여지가 충분히 열려 있는 것이다. 국제코코아기구의 얀

+ 선물 거래란, 상품이나 금융자산을 미리 결정된 가격으로 미래의 일정시점에 인도 혹은 인수할 것을 약정한 거래를 말한다. 만약 카카오를 일 년 뒤에 100원의 가격으로 인수하겠다는 선물 거래를 맺었다고 가정할 때, 인수 시점에 카카오의 현물 거래 가격이 110원이라면 그 차액인 10원만큼을 더 싸게 사는 셈이고, 반대로 90원이라면 10원을 더 비싸게 사는 셈이 된다.

핀에르후츠 위원장은 "가나의 시스템은 그것이 현명하게 활용되고, 카카오 위원회가 지나치게 비대해지지 않으며, 고정 가격이 주로 세금을 부과할 목적으로 이용되지 않을 때에 한해서만 그 기능이 제대로 작동될 수 있습니다." 라고 말했다.

그와 비교해, 코트디부아르에서는 전국에 걸쳐 농민들이 구매업체들과 직접 가격을 협상한다. 그 덕분에 그들은 가나 농민들보다 현물 가격을 더 높게 쳐서 받는 경우도 있다. 그러나 카이스탑이 폐지되면서 코트디부아르는 카카오 거래를 규제하고 농민들을 지원한다는 명분으로 다섯 개의 기구를 새로 설치했다. 이런 기구는 농민들에게 아주 무거운 세금을 매긴 반면, 정작 지원해주는 건 거의 없었다. 2003년부터 2008년까지 코트디부아르 농민들은 세계 시장 가격의 약 40%를 받았는데,[11] 과거 카이스탑 제도하에서 받던 가격보다 오히려 더 낮아진 셈이었다.[12] 2008년, 세계은행의 한 경제학자는 코트디부아르 농민들에게 돌아가는 돈이 시장 가격의 불과 35%밖에 되지 않는다는 통계를 내놓기도 했다.[13] 그때 이후로, 그나마 세금이 좀 줄어든 덕분에 가격에서 차지하는 농민들의 몫은 증가하는 추세에 있다. 가나 농민들도 바로 그런 점 때문에 카카오를 코트디부아르로 밀수출하고 있다. 그럼에도 지난 십 년 동안 가나 농민들이 거둬들인 수입이 코트디부아르 농민들보다 높은 경우가 더 많았다.

나는 세계은행의 한 임원에게 코트디부아르가 시스템을 자유화했음에도 왜 농민들은 더 나은 거래 조건을 누리지 못하고 있는지를 따져 물었다. 그러자 그는 늘 그렇듯 다음과 같은 직설적인 판단을 내놓았다.

"이익을 훔쳐가기 위해 그 사람들이 새로운 기구들을 만드는 바람에 일을 망쳐버린 게 원인이죠. 만약 그렇지 않았다면 틀림없이 아주 성공적이었을 겁니다."

코트디부아르에서 수출을 담당하는 어느 관리는 정부가 농민들에게 돌아갈 몫을 늘리는 데는 도통 관심이 없었다며, "이 모든 일을 겪게 된 건 카카오를 차지할 새로운 지도자를 세우기 위해서였지 새로운 시스템을 정착시키기 위해서는 아니었어요."라고 말했다. 게다가 생산자들의 협상력을 키워주기 위한 순수한 노력은 너무 급진적이라 여겨지기 일쑤였다.

"생산자들의 힘을 키워주려는 정치적 의지가 전혀 없었어요. 우리처럼 농업을 주로 하는 나라에서 그건 농민들에게 정치적인 힘을 안겨주는 것과 마찬가지거든요."

만약 세금으로 거둬들인 돈이 농민들을 지원하는 데 투자되거나 가격이 고정되어 있었다면, 정부가 매기는 무거운 세금이 그다지 큰 부담이 되지 않았을 수도 있다. "코트디부아르가 정치적으로 더 안정되어 있었다면, 시스템이 보다 제대로 작동했겠죠. 만약 그랬으면 적절한 지원을 등에 업은 자유 시장 시스템이 그 역할을 할 수 있었을 겁니다."라고 핀에르후츠 위원장은 지적했다. 현재의 상황이 말해주듯이, 코트디부아르의 개혁이 제대로 작동하고 있다고 생각하는 사람은 아무도 없다. 카카오 업계에서 평판이 자자한 어느 분석가는 그런 현실을 가리켜 '재앙'이라는 단어로 간단히 표현했다.

두 나라 사이를 여행하다 보면, 그 차이들이 극명히 드러난다. 가나에서는 카카오 위원회가 카카오를 수출하는 유일한 주체다. 위원회의 승인 없이는 가나에서 카카오와 관련된 어떤 일도 불가능한 것이다. 이 때문에 세계 최대의 카카오 판매처 중 하나인 가나 카카오 위원회는 대기업과 카카오 가공업체들 사이에서 그 명성과 영향력을 인정받고 있다.

그러나 코트디부아르 쪽 국경으로 넘어가면 누가 생산자들을 대변하는지가 분명치 않다. 그곳에서는 ADM과 카길이 최대 수출업체에 속한다. 원칙적으로는 대기업들이 생산자로부터 직접 카카오를 사들이는 게 금지되어 있지만, 실제로는 많은 대기업들이 산간벽지에 창고를 보유하고 있다. 또한, 다수의 각 부처 장관들과 협동조합, 기업, 단체들이 각자의 금전적, 인종적, 정치적 이익을 대표한다. 농민들이 과중한 세금에 시달린다는 사실 자체가 코트디부아르에서는 생산자의 힘이 그만큼 약하고 제 목소리를 내지 못한다는 현실을 잘 드러내 주는 증거다.

정리하자면, 가나는 적어도 생산자들에게 안정적인 고정 가격을 제공해 준다. 반면 코트디부아르 같은 경우에는 생산자들의 요구에 아무도 귀 기울이지 않는 상황에서 자유화가 구매업체들의 힘을 더욱 견고히 하는 역할을 했을 뿐이다.

이러한 각각의 정치적인 상황을 가장 잘 이해하려면, 수십억 달러의 가치를 지닌 전 세계 카카오 산업이라는 큰 그림을 들여다봐야 한다. 농민 조직들이 생산자들에게 무엇을 제공해 줄 수 있는지를 판단하기 위해서도 마찬가지이다. 카카오를 생산하는 국가는 그리 많지 않지만, 그래도 수백만 명의 농민들을 대표해서 소수의 구매업체들을 상대하는 국가는 존재한다. 그러나 의미 있는 방식으로 스스로를 조직화하려던 농민들의 노력은 실패를 거듭해왔다.

거대 기업들이 단지 예외가 아니라 사실상 표준이 되어버린 세상에서, 농민들의 조직화가 더 탄탄하게 이뤄져야 한다거나 농민들이 더욱 실질적인 대표체를 구축해야 한다고 주장하기란 그리 쉬운 일이 아니다. 존 뉴먼같이 카카오 위원회를 옹호하는 사람들은 위원회가 지금도 여전히 생산자들에게 혜택을 안겨줄 수 있는 가장 효과적인 방식이라고 주장한다. 그는 농민들에게 최상의 수익을 돌려주는 건 바로 가나 같은 시스템이라고 철석같이 믿고 있었다. "농민들이 스스로의 힘으로 상품을 팔 수조차 없는 상황에서, 선물 거래를 계속 유지함으로써 농민들이 일정한 가격을 보장받아 더 많은 소득을 올릴 수 있게 해주었다"는 것이다.

그러나 이러저러한 생산자 조직의 실효성은 전적으로 두 가지에 달려 있다. 하나는 지역적으로 정치인들이 귀담아들을 수 있게 농민들이 제 목소리를 내야 한다는 것이고, 다른 하나는 세계 시장이 귀담아들을 수 있는 목소리를 생산자 조직이 가져야 한다는 것이다. 만약 그렇지 못한다면, 200만 명에 달하는 서아프리카 카카오 재배 농민들의 목소리는 단지 작은 속삭임에 지나지 않게 될 것이다.

지속 가능한
미래를 위하여

공세에 처한 카카오

가나의 농부 코조 에프리야Kojo Efriyah의 손바닥에 놓인 누렇게 말라버린 카카오 잎사귀 위로 통통하게 살이 오른 흰색 애벌레 한 마리가 꿈틀대며 기어간다. 이 자그마한 애벌레가 농사에 그토록 커다란 해를 입힌다는 게 선뜻 믿기지 않을 정도다. 아칸 족 말로 '아크로콤Akrokom'이라 불리는 이 벌레는 카카오나무를 파고 들어가 녹색 잎을 시들게 하고, 열매가 꽉 들어찬 꼬투리를 쪼글쪼글해지게 만든다. 잠시도 가만있지 못하고 계속 꼼지락거리는 이 유충 때문에 에프리야는 한 해 카카오농사를 완전히 망칠 수도 있고, 그렇게 되면 가족을 먹여 살리는 데 심한 어려움을 겪게 될 게 분명하다. 올해 조금이라도 소득을 남기려면, 그는 무슨 수를 써서라도 이 벌레의 접근을 막아야 한다. 혼자서는 넘기 어려운 아주 곤란한 벽에 맞닥뜨려 있는 것이다.

남아메리카에서 건너온 카카오는 아주 섬세한 식물이다. 제대로 자라기 위해서는 적절한 수준의 비와 햇빛, 그리고 습도가 필요하다. 설사 세 가지 조건이 다 맞아떨어진다 하더라도, 병충해에 유린당할 가능성에 언제나 노출되어 있다. 서아프리카의 농민들은 '흑점병black pod disease'과 곰팡이 감염 그리고 해충들에 맞서 사투를 벌이고 있다. 에프리야의 농장에서 그리 멀지 않은 다른 농장들에서는 노랗게 익은 꼬투리마다 흑점병 때문에 생겨난 짙은 반점들이 아주 선명하다. 며칠, 아니면 몇 주일 사이에 이 반점들은 잉크 얼룩처럼 퍼져 나가 온 나무의 열매를 검게 썩어들어가게 할지도 모른다. 더욱이 비가 너무 많이 오거나 햇빛이 부족하면 반점이 퍼져 나가는 속도도 그만큼 더 빨라져, 카카오나무와 농민의 생계를 엉망진창으로 만들어버릴 수도 있다.

그리고 '카카오 장님노린재miridae'라 불리는 아주 작은 해충도 있는데, 농장 전체를 완전히 초토화시켜버릴 정도로 엄청난 파괴력을 지닌 놈들이다. 이 녀석들은 가지와 잎, 꼬투리를 파고 들어가 수액을 먹어치우고 아직 덜 익은 열매를 고사시켜 버린다. 그 피해가 얼마나 컸던지, 아칸 족 농민들은 이 해충을 가리켜 '기름야자를 심던 시절로 되돌아간다.'는 의미의 '산코누아베 Sankonuabe'〈1〉라는 이름으로 부른다. 전염병에 걸리기 쉬운 카카오보다는 차라리 다른 작물을 심는 게 더 낫겠다는 의미가 내포되어 있는 것이다.

병충해가 전 세계 초콜릿 산업에 끼치는 위협은 아주 심각하다. 카카오의 역사는 엄청나게 파괴적인 전염병의 역사라고 해도 지나치지 않을 정도다. 1930년대에는 해충이 퍼뜨린 '새싹팽창 바이러스Swollen shoot virus'가 가나 동부의 카카오를 완전히 궤멸시켰다. 19세기 말과 20세기 초, 중앙아메리카에 있는 수리남과 가이아나의 농민들은 꼬투리 안에 들어찬 카카오 열매를 짓무르게 하는 '빗자루병Witches'-broom'이 돌고 난 뒤에 아예 카카오 농사를 접어 버렸다.〈2〉 1970년대 말에는 '서리꼬투리썩음병Frosty pod rot'이 코스타리카의 농장들을 덮치면서 수확량이 3분의 2 넘게 급감하기도 했다.〈3〉 페루 역시 같은 병으로 인해 수확량이 절반으로 줄어드는 걸 지켜봐야만 했다.〈4〉 또한 1980년대 말, 브라질 바이아Bahia 주에서 유행했던 빗자루병은 당시 세계에서 두 번째로 큰 카카오 생산국이던 브라질의 수확량을 거의 제로에 가깝게 떨어트렸을 정도로 그 파괴력이 대단했다. 그때의 피해를 복구하기 위해 브라질 농민들이 오랜 기간 노력을 기울여왔지만, 2008/09 시즌에도 브라질의 전체 카카오 생산량은 불과 15만 7000톤에 그쳤다.〈5〉

가나 농민들이 잠재적으로 높은 수익성을 지닌 '유기농' 카카오 재배에 선뜻 뛰어들지 못하는 이유도 바로 전염병에 대한 두려움 때문이다. 전 세계 유기농 카카오의 대부분(6)이 카리브 해와 아시아에서 재배되는 데 반해, 전염병이 횡행하는 서아프리카에서는 유기농으로 재배되는 카카오를 거의 찾아볼 수 없다. 또한 전 세계적으로는 한 해 카카오 생산량의 약 30~40%(7)가 병충해 때문에 소멸되는 것으로 추정된다.

카카오나무에 심각한 전염병이 발생하게 되면, 하룻밤 새 초콜릿 산업의 지형이 완전히 뒤바뀔 수도 있다. 카카오가 세계적으로 공급 부족 현상을 겪게 됨으로써 우리에게 익숙한 가격의 값싼 초콜릿이 대거 자취를 감출 수도 있기 때문이다. 코트디부아르나 가나의 카카오 수확이 붕괴될 경우에 그 부족분을 채워줄 수 있는 대량 생산국은 사실상 존재하지 않는다. 이에 대해 영국에 본부를 둔 정부 간 비영리 기구 '국제농업생명과학센터Centre for Agricultural Bioscience International, Cabi'의 글로벌 상품 담당 줄리 플러드Julie Flood는 "만약 남아메리카에서 일어났던 일이 서아프리카에서 재현된다면, 우린 초콜릿 자체를 먹을 수가 없게 될 겁니다. 아마 굉장히 비싼 사치 식품이 될 테니까요."라고 말한다. 만약 그렇게 되면, 초콜릿 애호가들은 초콜릿 한 개당 3파운드라는 비싼 가격을 치르는 데 익숙해져야 할 것이다.

검은 반점이 생기거나 잎이 쪼글쪼글해지는 증상은 카카오 농장에 변화가 필요하다는 걸 알려주는 가장 가시적인 징후다. 하지만 카카오 산업이 직면하고 있는 문제는 그것만이 전부가 아니다. 지난 백 년간, 서아프리카에서는 수백만 명의 사람들이 카카오로 생계를 이어왔다. 그리고 그 농민들은 숲의 나무를 베어낸 자리에 새로운 카카오 묘목을 심음으로써 생산량을 점점 늘려나갔다. 그러나 전염병이 농장을 강타하거나 지력이 다했을 때, 그들이 택할 수 있는 방법이라곤 새로운 땅을 찾아 이동하는 것밖에는 없었다. 그들 농민들은 비료나 살충제를 살 수 있는 여력이 없었기 때문이다. 농민들이 그렇게 끊임없이 이동한 결과 서아프리카의 생산량은 폭발적으로 늘어났고, 2차 대전 이후 초콜릿의 인기가 엄청나게 올라갈 수 있었다. 소비자들이 원하는 가격에 초콜릿을 즐길 수 있게 된 건 순전히 세계 각지의 초콜릿 공장에서 필요로 하는 카카오를 재배해온 아프리카 농민들의 능력과 자발적인 의지 덕분이었다.

지난 세기의 카카오 붐은 이렇듯 땅과 노동력을 마음껏 활용할 수 있었기에 가능했던 것이지, 생산력과 기술력이 진보해서가 아니었다. 가나의 농민 한 사람이 헥타르 당 생산하는 양은 평균적으로 350~400㎏ 사이다.[8] 또한, 농장의 약 3분의 1가량은 헥타르 당 137.5㎏밖에 생산하지 못한다.[9] 이는 전문가들이 제시한 목표치의 약 10분의 1에 불과한 수준이다. 이렇게 충격적이리만치 낮은 생산성에도 그간 제조업체들은 필요한 만큼의 카카오를 계속해서 공급받는 게 가능했다. 그러나 이제 그런 시스템은 심각한 압박에 놓여 있다. 농민들이 계속 이윤을 거둬들이고 초콜릿 애호가들이 지금처럼 원하는 초콜릿을 저렴한 가격에 먹을 수 있으려면, 카카오 농업의 변화는 불가피하다.

초콜릿은 두렵다

그동안 카카오 농장의 높은 전염병 발생률과 낮은 생산성은 그다지 크게 부각되지는 않았다. 현재 시스템하에서도 생산량은 1960/61 시즌 110만 톤에서 2007/08 시즌 약 370만 톤으로 증가했기 때문이다.[10] 캐드베리의 앨런 쿡Alan Cook은 2006년 카카오 업계가 주최한 만찬 자리에서, "돌이켜보면, 지금까지 이룩한 성장의 대부분은 새로운 지역에 카카오를 심어온 결과라고 볼 수 있습니다."라고 언급한 바 있다. 지난 수십 년간 농민들은 비록 돌아오는 소득이 그리 높지 않아도 그나마 현금을 손에 쥘 수 있는 가장 좋은 기회는 카카오 농사뿐이라고 여겨왔다. 그렇기 때문에 초콜릿 회사들이 카카오를 더 필요로 하면, 서아프리카의 농민들이 농사를 더 지으면 그만이었다. 그러나 지난 30년과 같은 비율로 초콜릿 소비가 계속해서 늘어난다면, 농민들은 생산량을 여기서 다시 세 배로 늘려야 할 것이다. "만약 그런 속도로 성장이 계속될 경우, 우리는 2040년까지 약 1000만 톤의 카카오를 생산하고 소비해야 할 겁니다."라고 쿡은 덧붙였다. 하지만 그렇게 많은 양의 카카오를 어디서 구할 수 있을지는 아무도 모른다.

초콜릿 회사들에게 최초로 경고음이 울린 건, 빗자루병 때문에 브라질의 생산량이 급감했던 1980년대의 일이었다. 그런데 이제 코트디부아르나 가나의 생산량마저 추락한다면 대체 어디서 카카오를 구할 수 있겠느냐고 업계 사람들은 물음표를 던진다. 카카오가 자라기에 적당한 수준의 일조량과 강수량을 가진 나라는 상대적으로 드물다. 기후조건이 딱 들어맞는 말레이시아 같은 나라에서는 국민들의 경제 수준이 점점 나아지면서 굳이 농사를 짓지 않아도 먹고 살 수 있는 길이 다양하게 열려 있다. 자신들이 필요로 하는 카카오를 얻기 위해 초콜릿 회사들이 '기니만'에 노력을 집중할 수밖에 없는 이유가 바로 여기에 있다. 어느 분석가 역시도 "그걸 기꺼이 감당할 나라는 없습니다. 그러니 아프리카를 도울 수밖에요."라며 그런 주장을 뒷받침했다.

앞으로 다가올지 모르는 생산량 감소에 대한 두려움은 세계 최대 생산국인 코트디부아르와 세 번째 생산국인 인도네시아의 생산량이 정체되면서 더욱 심화되어갔다. 2008/09 시즌에 코트디부아르의 카카오 생산량은 14년 만에 최저를 기록했고,[11] 같은 기간 인도네시아의 생산량은 종전의 47만 5000톤에서 10만 톤으로까지 떨어졌다. 세계 전체로 보면, 2008/09 시즌은 세 시즌 연속으로 생산이 수요에 미치지 못하는 해로 기록됐다.[12]

코트디부아르의 생산량이 기대에 미치지 못한 원인으로는 병충해, 부족한 비료 사용, 투자 부족, 높은 세금 등이 꼽힌다. 게다가 코트디부아르의 농업 연구기관인 '국립농경연구센터 National Centre for Agronomic Research, CNRA'는 자신들이 펴낸 논문을 통해 자국의 카카오나무 가운데 46%가 수령 20년을 넘긴 것으로 드러났다고 발표했다. 나무는 나이가 들면 들수록 수확량이 줄어든다. 그와 동시에, 농민들은 제대로 된 대가를 받지 못하고 있다. 이런 마당에 생산량이 형편없다는 건 전혀 놀라운 일이 아니다.

물론 상황은 얼마든지 반전될 수도 있다. 지금까지는 불황이 있으면 어김없이 호황이 그 뒤를 이었다. 1970년대에 카카오 가격이 하락하자 공급이 부족해졌다가, 1970년대 말에 가격이 기록적으로 높이 올라가자 다시 공급이 늘어났던 게 그 예다. 그 뒤로 카카오 가격은 1980년대 말에 다시 추락을 거듭하다가 현재 수준으로 회복됐다. 이렇듯, 가격이 높으면 농민들은 나무를 더 많이 심고 투자를 늘린다. 그러나 미래의 생산량 증대는 지난 세기의 호황과는 그 양상이 아주 다를 것이다. 지금까지 생산자들이 써온 전략들은 이미 그 효용성을 다했다. 더 이상 농민들이 숲의 나무를 자르고, 그 자리에 카카오나무를 더 심는 것만으로는 상황을 반전시킬 수 없기 때문이다. 현장의 상황을 좀 더 면밀히 들여다보면 그 이유가 분명해진다.

땅을 가진 자와 농사를 짓는 자

처음 가나를 방문했을 때 인상적이었던 것 중 하나는, 카카오 농장과 관련을 맺고 살아가는 사람들이 정말로 많다는 사실이었다. 구매업체의 창고에 잠시 들러 운반은 어떻게 이뤄지냐는 식의 질문을 던지면, 그곳에 일하는 직원들은 어김없이 자기네 농장 이야기부터 꺼내곤 했다. 도시의 자영업자들도 마찬가지로 가족이 운영하는 카카오 농장이 잘 되느니 안 되느니 하는 이야기를 늘어놓는 걸 쉽게 볼 수 있었다. 하지만 그들 중 실제로 농장에서 일을 하는 사람은 별로 없었다. 모두 다른 직업을 갖고 있었고, 사는 곳도 농장과는 멀리 떨어져 있었다. 반면 내가 농장을 찾았을 때, 그곳에서 대화를 나눠본 사람들 ―꼬투리를 따내고 덤불을 쳐내던― 가운데는 실제로 땅을 소유하고 있지 않은 사람들이 적지 않았다. 그들은 단지 카카오를 재배하는 일만 할 뿐이었다. 그리고 그들 중 상당수가 임시로 고용된 이주노동자거나 소작농들이었다.

'아부사Abusa'와 '아부누Abunu'라는 이름으로 나뉜 이런 시스템은 카카오 같이 노동집약적인 산업에서는 확실히 장점을 지니고 있었다. 꼬투리를 따내고, 잡초를 뽑고, 열매를 수확하기 위해서는 많은 일손이 필요하기 때문이다. 아부사나 아부누 시스템하에서 농장을 관리하는 소작농과 그 가족들은 농장이나 소규모 농지에 살면서 거둬들인 수확량의 3분의 2나 절반가량을 자기네가 갖고, 그 나머지는 땅주인에게 준다.+ 땅주인은 농사에 필요한 자원을 대주는 대신, 자신들은 다른 직업을 갖고 있거나 또 다른 농장에서 일한다. 그리고 시간이 지나면, 대개 다른 식량 작물도 같이 재배하는 소작농들은 자신의 땅을 살만큼 돈을 모을 수 있게 된다. 한 편, 아부누 시스템하에서는 땅주인과 소작농이 농장의 소유권 역시 나눠 가질 수 있다.⟨13⟩

이런 소작농의 수가 얼마나 되는지는 확실치 않다. 캐드베리의 지원을 받아 실시된 한 연구에 따르면, 카카오 농사는 소작농에 대한 의존도가 아주 높고 조사대상 농민들 가운데 46%가 이주민들인 것으로 밝혀졌을 뿐이다.⟨14⟩ 게다가 소작농들 가운데 일부는 농장 일을 소홀히 하는 경우도 있었다. "그 사람들은 그 땅이 자기 땅이라고 생각하지 않아요. 그 밖에도 해야 할 일이 있기 때문에 정성을 쏟지 않는 거죠."라고 카카오 위원회의 요 아두 암포마 Yaw Adu Ampomah 부위원장은 말한다.

+ 아부사와 아부누 시스템은 소작농이 가져가는 몫과 대상 작물에 따라 구분된다. 즉 아부사 시스템에서는 소작농이 수확한 작물의 3분의 2를 갖고, 아부누 시스템에서는 절반을 가져간다. 그리고 식량작물 경작에서는 아부누 시스템이, 상품작물에서는 아부사 시스템이 적용된다.

여기서 분명한 것은 수확한 코코아를 내다 팔고 나면 몇 명의 사람들이 그 현금을 나눠 가진다는 점이다. 그리고 그들 중에는 농장에 거의 발도 들여놓지 않았던 사람들도 있었다. 이는 카카오 가격이 높을 때조차도 개별 농민들은 자신들의 노동에 대한 대가로 손에 쥐는 게 별로 없을 수 있다는 걸 의미한다.

베테나세 마을에서 벌어진 일은5장 참고 수확 철에 벌어들인 돈이 얼마나 순식간에 증발되어 버릴 수 있는지를 잘 보여주고 있다. 그곳 농민들은 일 년 중 가장 바쁜 농번기에 마을과 그 인근에서 실려 나가는 카카오가 500가마니에 달한다고 말한다. 이것은 일주일 사이에 5만 달러에 달하는 현금이 마을로 흘러들어온다는 뜻인데, 주민 수가 1500명 정도밖에 안 되는 마을에서는 아주 큰돈이다. 하지만 결과적으로 마을에 남는 돈은 거의 없다. 상당수가 부재 지주인 땅주인들은 자신들의 몫을 챙겨서 아크라나 쿠마시에 있는 가족이나 사업에 돈을 투자한다. 또한 이주 농민들은 자기 몫을 떼서 고향 마을로 돈을 송금하거나 대출금을 갚는 경우가 대부분이다. 이렇듯 카카오로 벌어들이는 돈은 수백만 명의 생계를 떠받치고 있는데, 농장에서 일하는 사람들뿐만 아니라 카카오 열매 한 번 따본 적이 없는 사람들도 거기에 포함된다.

또한 소작농들이 워낙 많은 탓에 토지 소유권을 놓고도 혼란이 가중될 수밖에 없다. 나는 비탈길을 내려가고 개울을 건너서 농민들이 농사를 짓는 땅뙈기에 여러 번 따라가 본 적이 있었다. 땅을 구석구석 훤하게 잘 아는 그들은 내 눈에는 그저 나뭇더미밖에 안 보이는 곳에서도 용케 자기네 농장을 구분해 내곤 했다. 그러나 땅을 제대로 구분하지 못하고 헷갈리는 사람은 나뿐만이 아니었다. 여기저기서 토지 소유권을 둘러싼 다툼이 심심찮게 벌어지고 있었던 것이다.

미래 세대들을 위해 땅을 제대로 건사할 의무를 부여받은 마을 족장들은 땅을 팔지는 못하지만 임대해 줄 수는 있었다. 문제가 불거지는 건 이처럼 땅을 누군가에게 임대해 주는 경우였다. 동시에 두 사람 이상에게 임대되는 경우도 있었고, 족장의 친척이 그 땅에 대한 경작권이나 사용권을 주장하는 경우도 있었다. 일정 기간 일부러 놀린 땅이나 비어있던 땅은 인기가 더 높아서 서로 앞다퉈 집을 짓거나 작물을 심으려고 하기 일쑤였다.

이런 문제들은 비단 시골 지역에만 국한된 게 아니었다. 아크라에 사는 친구 하나는 도시 외곽의 코크로비테^{Kokrobite}란 지역에 조그만 땅을 소유하고 있었는데, 그는 그곳에다가 가족이 함께 살 집을 지을 꿈에 부풀어 있었다. 그러나 당장엔 집을 지을 돈이 부족했던 그는 적어도 일주일에 한 번씩은 그 땅을 찾았다. 혹시나 다른 누군가가 거기에다가 집을 지을까봐 불안했기 때문이었다.

게다가 원칙적으로는 거래가 불가능한 땅을 두고 자신이 그 땅을 샀다고 주장하는 농민들도 흔히 만나볼 수 있었다. 그들 입장에서는 어쨌든 거래가 이뤄졌으니까 그걸로 끝난 거라고 볼 수도 있다. 그러나 소작농의 경우는 또 다르다. 농장의 원래 소유주가 사망해 그 친지가 땅을 물려받은 경우에는 소작농의 경작권을 둘러싸고 다툼의 소지가 생길 수 있었기 때문이다. 그렇게 여러 세대를 거쳐 땅을 물려주고 물려받다 보니, 한 사람이 경작하는 땅의 면적은 점점 더 줄어들게 되었다.

그런데 소작으로 부쳐 먹는 땅의 규모가 커진다고 해서 반드시 효율성이 높아진다거나 이윤이 늘어나는 것도 아니다. "기름야자 같은 경우에는 인부들에게 이렇게 저렇게 하라고 한번 지시를 내려놓고 나면 나머지는 크게 신경 쓰지 않아도 돼요. 그래서 대규모 플랜테이션 농업에 적합하죠. 그러나 카카오는 나무 한 그루 한 그루를 일일이 따로 신경을 써줘야 합니다. 아이들 한 명 한 명을 돌보는 것과 마찬가지죠."라고 국제코코아기구의 얀 핀에르후츠 위원장은 주장한다. 그래서 카카오는 대규모 플랜테이션에 적합하지 않다는 것이다. 한 업계 대표 역시 "카카오나무를 모두 똑같은 방식으로 키워서는 제대로 자라나지를 않아요."라고 말했다. 그는 대규모 플랜테이션보다 소규모 농업 방식이 생산비가 더 적게 드는 작물이 몇 있는데, 카카오가 바로 그 중 하나라고 덧붙였다.

불확실한 토지 소유권은 또 다른 문제들을 야기할 수도 있다. 부동산 소유를 입증할 증서가 없으면 합리적인 이자율로 돈을 빌리는 게 어려워지고, 따라서 농민들로 하여금 사채업자에 의존할 수밖에 없게 만든다. 또한, 코트디부아르에서는 토지 사용권을 둘러싼 다툼이 결국 유혈 참사로까지 이어진 경우도 있었다.2장 참고

이런 문제들 속에서도 생산자들이 토지에 접근할 수 있는 방법이 무수히 많다는 점이 그동안 카카오 농업의 호황에 크게 일조했던 것은 사실이다. 하지만 이런 복잡한 소유관계가 농민들이 가난에서 벗어나는 걸 어렵게 만들 수도 있다는 점 또한 간과해서는 안 된다.

과학의 필요성

아샨티 지방의 아하포 아노Ahafo Ano 지역에 있는 코조 에프리야의 소작지는 서구의 농장들과는 완전히 딴판이다. 선조들로부터 농사짓는 법을 배운 서아프리카의 농민들은 불과 몇 에이커 정도밖에 안 되는 작은 땅에서 농사를 짓는다. 그들이 사용하는 도구라고는 원주민용 칼 하나가 고작이고, 일손이라고는 가족들밖에 없다. 그날 벌어 그날 먹고 사는 정도에 머물고 있는 그들의 영세한 농업 형태는 현대 농업과는 전혀 거리가 멀어 보였다. 마즈 사의 수석 연구원인 하워드-야나 샤피로Howard-Yana Shapiro는 이들 생산자들을 단순히 농민이라 표현하는 것은 사실상 오해의 소지가 있다고 말한다. 자고로 농

업이라 함은 일정 수준의 전문성과 사업 수완을 내포해야 하는데, 그들은 그런 걸 전혀 갖추지 못하고 있다는 것이다. 병충해를 막을 만한 기술이나 지식이 부족한 경우도 아주 흔하다. 그래서 샤피로는 그들이 그저 다 익은 카카오 꼬투리를 따 모으는 사람들일 뿐이라고 주장한다.

샤피로가 강조한 마구잡이식 생산 접근법에 관해서는 다른 전문가들도 의견을 같이 하고 있다. 이에 대해 코코아생산자연합회의 호페 소나 에바이 회장은 이렇게 덧붙인다.

"서아프리카의 카카오 농민 모두가 카카오 농업에 종사한다고 말할 수준에 도달했다고는 생각지 않습니다. 그들 중 일부는 실제로 카카오 농장이라 부를만한 농장을 갖고 있지 못해요. 쓸모없는 나무들이 많아서 효율성도 떨어지지요. 농장은 오래됐고, 농민들도 나이가 들었습니다. 그런데도 농업 기술은 연구소 안에서만 머물 뿐, 농민들한테까지는 미치지 못하고 있습니다."

그는 서아프리카의 농민들이 농사에 대한 접근법을 바꿀 필요가 있다고 말한다.

"새로운 게 전혀 없어요. 제 생각엔 우리가 카카오를 영농 차원에서 접근하지 않았다고 봅니다. 우리가 그런 시도를 할 때에야 비로소 카카오 농업에 대한 개념 전체가 바뀔 겁니다."

국제코코아기구의 얀 핀에르후츠 위원장도 똑같은 주장을 폈다.

"카카오 농장이라 부르기에도 민망한 농장들이 널려 있습니다. 제대로 돌보지도 않는 한 두 헥타르 정도 되는 땅에 카카오가 좀 나는 수준의 농장들이 많죠. 그런데 그게 진짜 카카오 농사는 아니거든요."

아비장의 한 업계 소식통은 또 이렇게 비판했다.

"이런 사업 모델은 앞으로 살아남을 수가 없어요. 우리는 계속 끌어안고 갈 수 없는 사업 모델을 유지하고 떠받쳐온 셈입니다. 정말 말도 안 되는 일이죠."

아프리카 농민들이 넘어야 할 산은 한둘이 아니다. 병충해는 끊임없이 되풀이되고 있고, 학자들은 토양의 건강 상태에 의문을 제기하고 있다. 카카오는 야생에서 잘 자라지 못하기 때문에 비료를 줘야 하는데, 농민들은 비료를 살만한 여력이 없다. "과거 수백 년 동안 땅을 경작해왔기 때문에 토지의 필수적인 영양분이 많이 고갈됐습니다. 그런데 비료를 살 돈을 대출받으려고 은행에 가도, 다음날 와라, 또 그 다음 날 와라……. 결국 헛수고만 할 뿐이죠."라고 샤피로는 설명한다.

지력이 떨어져 영양분이 고갈된 땅에다 새로운 다수확 품종의 씨앗을 심는 것도 하나의 방법이 될 수는 있다. 그러나 이런 경우는 복권에 당첨되는 것만큼이나 성공확률이 낮다고 또 다른 분석가는 충고한다. 지력이 이미 쇠약해진 땅에 세 그루의 나무를 심으면 겨우 한 그루나 제대로 자랄까 말까이기 때문이다. 거름을 주는 게 도움이 될 수는 있지만, 백 년 넘게 카카오를 재배해온 코트디부아르와 가나의 일부 지역에서는 땅에다 다시 거름을 줘서 비옥한 땅으로 바꾸는 게 여간 시간이 오래 걸리고 비용이 많이 드는 과정이 아니다.

서아프리카의 카카오 붐은 환경적인 측면에서도 막대한 대가를 치르게 했다. 카카오를 재배하려면 삼림을 개간하는 게 필수적인데, 그 과정에서 카카오나무에 필요한 토양의 영양분들이 파괴될 수 있다. 가나에서 연구팀을 이끌고 조사를 실시한 영국 '레딩 대학교University of Reading'의 켄 노리스Ken Norris 교수는 숲에 다른 나무가 거의 남아 있지 않은 농장에서는 "생물의 다양성이 크게 떨어지며, 특히 야생 생태계는 그런 양상이 더욱 심각하다."고 증언한다. 벌목이 많이 진행되면 될수록, 토양의 건강 상태를 유지하기란 더욱 어려워지는 것이다. 그래서 남아있는 삼림을 유지하기 위해 농민들에게 재정적 지원을 할 수 있는 지 여부를 검토하는 중에 있다. 그렇게만 된다면 장기적으로 토양의 질을 개선시킬 수 있을 뿐만 아니라 농민들의 소득도 끌어올리는 효과가 생길 것이다. 그러나 그것은 아주 장기적인 계획으로, 아직은 막 걸음마를 시작한 단계이다. 카카오가 경제적으로나 환경적으로나 모두 지속 가능한 작물이 되려면, 땅과 카카오 그리고 생태계 사이의 연관 고리들을 보다 면밀히 분석할 필요가 있다.

최근까지 카카오는 다른 작물들과는 달리 과학적으로 철저한 연구의 혜택을 받지 못한 작물이었다. 이를 가리켜 핀에르후츠 위원장은 '고아 신세나 다름없는 작물'이란 표현을 쓰기도 했다. "카카오는 이제까지 세계적인 차원에서 진행되는 농업 연구 네트워크에 전혀 끼지 못해왔다."고 그는 설명했다. 그리고 이는 현장에서의 과학 지식이 충격적이리만치 부족한 결과로 이어졌다.

그렇다고 마냥 손 놓고 있을 수만은 없는 노릇이다. 샤피로는 현재 카카오 게놈의 배열 순서를 밝히고 카카오나무의 종자를 구성하고 있는 백만여 개의 분자들을 해독하기 위한 연구를 이끌고 있다. 연구가 성공하게 되면, 과학자들은 튼튼하고 수확량이 많은 종자를 개발할 수 있는 도구 상자를 갖추게 되는 셈이라고 그는 말한다. 그의 연구는 미국 농림부의 부분적인 재정지원을 받아 이뤄지고 있었다. 그래서 그는 연구 결과를 누구든 자유롭게 활용할 수 있도록 할 계획이라고 덧붙였다.

그가 이런 노력을 기울이게 된 계기는 아주 간단명료하다. 샤피로는 "앞으로 몇백 년 동안 초콜릿 사업이 계속 이어질 수 있길 바라기 때문이죠. 다음 세대에도 초콜릿 사업을 이끌어가고픈 게 마즈 가문의 바람입니다."라고 말했다. 하지만 그들이 발견해낸 정보가 연구실 안에만 머물러 있다면 거의 아무짝에도 쓸모가 없다. 그렇기에 카카오 산업의 미래를 위해서는 농민들에 대한 교육과 훈련 역시 연구 못지않게 아주 중요한 상황이다.

현장 훈련

에프리야는 병충해 피해를 입은 나무를 원주민용 칼로 가리키며, 저걸 어떻게 해야 할지 모르겠다고 내게 말했다. 대부분의 농민들은 병충해를 발견하면 나무의 우거진 윗부분을 잘라서 햇빛이 잘 통하게 함으로써 해충을 몰아낸다. 그리고는 쪼글쪼글해진 꼬투리들을 솎아낸 다음, 다른 꼬투리들이 멀쩡하기만을 바라거나 살충제를 살 수 있게 되기를 기도한다. 그러나 에프리야는 당황해서 어쩔 줄 몰라 하는 것 같았다. 에프리야처럼 병충해를 막는 방법을 비롯해서 여러 가지 문제에 대처할만한 지식이 부족한 농부의 모습은 아주 흔히 볼 수 있었다.

서아프리카의 농민들에게 올해는 얼마만큼의 소출을 거둘 수 있을 것 같으냐는 질문이나 에이커 당 생산량이 얼마나 될 걸로 예상하느냐는 질문을 던질 때마다, 나는 그들의 대답이 너무나 두루뭉술해서 놀랄 때가 한두 번이 아니었다. 서아프리카에서 생산되는 카카오의 규모나 중요성을 고려하면 더욱 그렇다. 농장 규모에 대해서도 마찬가지였다. 그들은 농장이 좀 작다 싶으면 대충 5~10에이커라 대답했고, 좀 크다 싶으면 20~30에이커 사이라고 대답했다. 하지만 그들이 얘기하는 수치는 모두 실제 크기가 아니라 각자의 주관적인 느낌에 따라 어림잡은 것에 불과했다.

물론 농민들은 카카오에 대한 직감이나 앞으로 닥칠 일에 대한 예감이 아주 뛰어난 게 사실이다. 그들은 날씨를 읽고 나무의 상태를 판단할 줄 아는 사람들이었다. 그러나 주어진 시간이나 특정한 크기의 땅에서 실제로 얼마나 많은 카카오를 수확했는지에 관해서는 확실히 잘 모르고 있다는 느낌을 종종 받았다. 부분적으로 그것은 통역과 의사소통에 있어서의 어려움 때문이기도 했다. 그러나 시간이 흐르고 나서야 나는 농민들이 예상되는 전체 수확량이 아니라 자기 몫으로 받은 카카오의 양만을 기억하고 있다는 걸 알아차렸다.

수확량을 제대로 기록해두거나 자신이 거둬들인 수입을 장부에다 꼼꼼히 기록해두는 농민은 극히 드물었다.

초콜릿 회사들은 이러한 지식의 간극을 메우기 위한 프로그램에 재정을 지원해왔다. 미국 정부의 대외원조 프로그램을 전담하고 있는 '미국국제개발처United States Agency for International Development, USAID'와 초콜릿 회사들이 공동으로 주도한 '지속 가능한 임목 프로그램Sustainable Tree Crops Program, STCP'에서는 농민들을 위한 현장 학교를 조직하고 재정을 댄다. 나 또한 코트디부아르 동부 지방에서 그런 현장 학교를 방문한 적이 있었다. 당시 농민들은 오포리기Oforiguie라는 마을에 있는 어느 숲에 모여 주위를 둘러싸고 있는 카카오나무들을 가리키며 토론을 벌이곤 했다. '꼬투리에 생긴 이 갈색 반점은 뭐지? 이 나무들은 잘라내야 할까? 나무 위를 기어 다니는 이 날개 달린 곤충은 어떤 해를 입히지?' 답을 아는 사람도 있었고, 어림짐작으로 답하는 사람도 있었다. 또 개중에는 프로그램에서 파견한 교육 담당자인 라스메 셀레스틴Lasme Celestine의 얼굴만 멀뚱멀뚱 쳐다보는 사람도 있었다.

셀레스틴은 앞으로 두 번의 시즌에 걸쳐 2주일에 한 번씩 이들 농민들을 만날 계획이다. 그동안 농민들은 나무를 관리하는 최선의 방법과 나무를 심는 최적의 간격, 그리고 가지치기 하는 방법 등을 배우게 된다. 이렇듯 자신의 농장에서 벌어지는 일을 정확히 이해하고, 병충해를 진단, 예방, 치료할 줄 아는 농민들은 굳이 살충제와 비료에 많은 돈을 쓰지 않아도 더 많은 카카오를 생산하게 될 것이다. 이런 농민 학교에 참석하게 되면 그만큼의 성과가 되돌아올 수 있는 것이다. 실제로, 프로그램 담당자들은 훈련을 거친 농민들의 생산량이 15%에서 25%가량 증가하는 걸 확인할 수 있었다고 말했다. 간단히 말해, 훈련된 농민들이 더 많은 카카오를 생산하게 되는 것이다.

이런 과정들은 확실히 농민들에게 이득이 되는 게 사실이지만, 생산성을 끌어올리려는 계획에 대한 회의적인 시각도 존재한다는 걸 느낄 수 있었다.

이런 프로그램들은 대체로 업계의 주도로 이뤄진다. 직접 대화를 나눠본 가나의 카카오 위원회 관리들은 적어도 단기적으로는 소득을 끌어올릴 수 있다는 판단에서 생산성 향상이라는 개념에 대해 흡족해하는 것처럼 보였다. 그러나 나는 농민들로 하여금 더 많은 카카오를 생산하게 하는 것이 결국은 초콜릿 회사의 이익을 위한 게 아닐까 하는 생각이 들었다. 상당수 초콜릿 회사들은 2008년도에 카카오 가격이 기록적인 수준으로까지 상승하자 무척이나 당황해 했고, 그 결과 미래의 공급 물량을 확보하느라 혈안이 됐던 게 사실이기 때문이다. 이에 대해 국제코코아기구의 핀에르후츠 위원장도 "농민들이 생산성을 늘린다면 (기업들이) 그런대로 괜찮은 가격에 카카오를 계속 공급받을 수 있겠지요."라고 인정했다. 그렇다면, 생산성 향상을 이끌어낸다는 것이 결국은 농민들로 하여금 더욱 더 싼 값의 카카오를 끊임없이 생산하도록 하는 것일 뿐, 그들의 소득은 오히려 더 줄어드는 결과를 가져온다는 의미는 아닐까? 과연 그것이 농민들에게도 이로운 것일까?

결론적으로, 나는 생산성이 늘어남에 따라 농민들의 선택권도 그만큼 늘어난다는 사실을 알 수 있었다. 만약 농민들이 카카오 생산량을 전문가들이 가능하다고 믿는 수준인 세 배, 혹은 네 배까지 끌어 올린다면 더 적은 나무를 가지고도 똑같은 양의 카카오를 얻을 수 있게 되고, 그만큼 남아도는 땅에는 다른 작물을 키울 수 있게 된다. 이러한 작물 다각화는 농민들에게 안정적인 수입을 제공할 수 있다. 샤피로는 농민들이 20%의 나무에서 카카오 생산량의 80%를 거둬들인다고 말한다.

"나머지 나무들이 그냥 공간만 차지하고 있는 거라면, 그게 무슨 의미가 있겠어요? 그냥 베어버리고 가족들을 먹일 다른 작물을 심는 게 낫겠지요."

그 경우, 잠재적 가능성이 아주 큰 것과 동시에 위험성도 여전히 존재한다. 따라서 정부 관계자들은 농민들이 그저 더 많이 생산된 카카오를 시장에 마구 쏟아내는 것이 아니라, 과학기술이 제공하는 기회들을 잘 활용할 수 있도록 도울 필요가 있다.

　현재 상태로는, '제대로 훈련되고, 정보로 무장한 영농인'이라는 이상과 샤피로가 말한 것처럼 '단순히 카카오를 따 모으는 사람들'이라는 현실 사이에는 커다란 간극이 존재한다. 대부분의 농민들은 사업적 측면이나 과학적인 측면에서 카카오 농업에 관한 제대로 된 교육을 거의 받지 못했다. 이는 1990년대에 카카오 산업 개혁의 일환으로 가나와 코트디부아르가 어쩔 수 없이 순회 교육 프로그램을 대폭 축소할 수밖에 없었던 탓이 크다. 그렇기 때문에 셀레스틴이 운영하는 것과 같은 현장 교육은 그 간극을 메우는 데 도움을 줄 수 있다. 2003년 이래로 약 3만 명의 농민들이 그와 유사한 훈련 프로그램에 참여해왔다.(15) 또한, 6만 5000명가량의 또 다른 농민들은 교육을 이수한 농민들로부터 가르침을 받아왔다. 그 수는 서아프리카에서 생활하고 일하는 200만 명의 농민들에 비하면 아직 극히 소수에 지나지 않는다. 그러나 분명한 것은 이런 교육을 제공하는 것이 관련 업계의 이익과 일치한다는 점이다. 또한 생산성 향상은 농민들이 자신의 땅을 제대로 활용하고, 소득을 늘리는데도 도움을 줄 수 있다. 그리고 언젠가 가나 경제의 체질이 변하는 시점이 오면 농민들에게 더 많은 선택권을 부여할 수도 있을 것이다.

도시의 유혹

　가나의 남쪽 끝 지방은 황량하기 그지없는 오지였다. 종종걸음을 치다 흙바닥에서 미끄러지는 새끼 염소들과 야자나무 그늘 아래 줄지어 서 있는 진흙 벽돌집만 눈에 들어오는 길고 긴 도로의 끝. 얼기설기 지어진 집 앞에 생선을 널어 말리는 여인들과 쓰레기가 나뒹구는 해안가에서 고깃배에 기어오르며 놀고 있는 아이들만이 그 황량함을 달래줄 뿐이었다. '연인'이란 이름의 촌스러운 술집 하나와 '아빌라의 성녀 테레사St Theresa of Avila' 성당, 그리고 언덕 위의 낡은 등대를 제외하고는 이곳, 케이프 쓰리 포인트Cape Three Points 마을+ 자체에는 변변한 건물 하나 제대로 없었다. 그곳까지 동행한 운전기사 역시 "이름은 참 멋진데, 마을은 참 보잘것없네요."라고 말할 정도였다.

그러나 여기서 서쪽으로 2, 300㎞쯤 떨어진 깊은 바닷속에는 가나 경제의 미래라 할 수 있는 원유가 묻혀 있었다. 가나는 최근에 이미 원유 생산을 시작한 이웃 코트디부아르와 함께 아프리카의 신흥 원유 생산국으로 새롭게 떠오르고 있다. 석유로 들어오는 수입은 앞으로 두 나라를 완전히 바꿔놓게 될지도 모른다. 코트디부아르는 이미 석유로 벌어들이는 수입이 나라 전체 수입의 6.5%를 차지하고 있으며,⟨16⟩ 2010/11 시즌에 원유가 본격 생산되는 가나⟨17⟩는 그 덕분에 연간 10억 달러를 벌어들일 것으로 예상된다.⟨18⟩

석유의 발견이 두 나라에서 생산되는 카카오에 어떤 영향을 미치게 될지는 나이지리아의 사례를 통해 예측해볼 수 있다. 나이지리아 정부는 원유를 팔아서 들어오는 수입에 완전히 정신이 팔린 나머지 카카오를 등한시해버렸다. 그러다 최근에 들어와서야 다시 카카오 산업을 되살리려고 안간힘을 기울이고 있다.⟨19⟩

석유는 또 다른 위험도 불러들였다. 나이지리아에서도 원유가 특히 풍부한 니제르 델타 지역은 그 지역에서 활동하는 다국적 석유회사 '쉘Shell'과 반군 사이에서 갈등이 끊이지 않는 곳이다. 지역 주민들은 원유를 시추하는 대기업들과 석유로 벌어들이는 수입을 함부로 탕진하는 정부가 자신들을 속이고 있다고 여긴다. 나이지리아의 원유 매장량은 수십억 배럴에 달하지만, 평범한 국민들은 여전히 가난의 늪에서 헤어 나오지 못하고 있기 때문이다.

그렇다면 가나와 코트디부아르에서도 똑같은 일이 벌어질 가능성이 있을까? 카카오로 벌어들인 돈이 어떻게 유용됐는지를 생생히 기억하고 있는 많

+ 가나 최남단에 있는 케이프 쓰리 포인트는 위도와 경도, 고도가 모두 영점인 곳에서 가장 가까운 육지라고 해서 이렇게 이름이 붙여졌다. 그래서 사람들은 이 마을을 지구의 출발점이라 여기며, 각국의 주요 도시까지의 거리를 표시한 표지판을 세워놓았다.

은 국민들은 원유가 발견됐다는 소식에도 시큰둥한 반응을 보였다. "우리나라는 카카오도 있고, 다이아몬드와 금도 납니다. 그러나 셋 다 가나를 전혀 바꿔놓지 못했어요. 그런데 석유가 어떻게 가나를 (더 나은 모습으로) 바꿀 수 있다는 거죠?"라고 택시운전사인 니콜라스 클로테이^{Nicholas Clottey}는 되물었다. 경제학자인 니이 모이 톰슨^{Nii Moi Thomson}은 또 이렇게 말했다.

"개발을 더 촉진시킬 수도 있고, 아니면 완전히 새로운 문제들을 야기할 수도 있을 겁니다."

가나의 원유 개발계약이 어떤 대가를 가져다줄지에 대해서는 진작부터 의문이 제기되어 왔다.[20] 게다가 가나보다 먼저 원유를 생산하기 시작했던 이웃 코트디부아르에서는 석유 산업의 투명성을 확대하라는 활동가들의 요구가 계속되고 있는 상황이다. 그렇기에 가나 정부는 석유에서 발생한 수입을 어떻게 하면 가장 잘 활용할지에 대해 이곳저곳에 조언을 구하고 있다.

석유의 발견은 또 다른 우려도 불러일으키고 있다. 케이프 쓰리 포인트와 그 인근의 악심^{Axim} 마을을 방문하고 아크라로 돌아온 내게, 사람들은 일자리를 찾는 사람들이 그곳에 대거 몰려들지 않더냐고 물었다. 그러나 내 대답은 '아니오.'였다. 2009년 말 무렵, 당시에는 그 곳에 일자리를 찾는 사람들을 끌어들일 만한 게 거의 없었다. 심지어 본격적으로 생산이 시작된 뒤에도 석유 채굴 시설에는 새로 생겨나는 일자리가 거의 없다시피 할 가능성이 크다. 석유는 수백만 달러짜리 장비들이 대거 투입되는 자본 집약적 산업이다. 그 대신 상대적으로 사람의 일손은 별로 필요치가 않다. 하지만 또 그렇다고 해서 그런 질문이 완전히 맥을 잘못 짚었다고 볼 수는 없다. '오일 머니'는 결국 내륙의 건설과 막노동 일자리의 증가로 귀결될 것으로 예상되기 때문이다. 그렇다면 카카오를 통해 하루하루 겨우 벌어 먹고사는 사람들이 새로운 부의 손길이 저 멀리 남쪽에서 유혹의 손짓을 보내는데도 과연 그대로 농장을 지키고 있을까?

카카오 위원회의 부위원장인 요 아두 암포마는 어딘가에 있을지 모를 또다른 기회를 좇아 자신의 고향 마을을 떠나고자 하는 사람들의 마음을 충분히 이해하고 있었다. 설사 그 기회란 게 결국 신기루에 지나지 않을지라도 말이다. 일은 고된 반면에 돌아오는 대가는 별로 없는 게 바로 카카오 농사다. 통계에 따르면, 가나의 카카오 농민이 카카오로 벌어들이는 수입을 일당으로 계산하면 한 사람당 미화로 평균 42센트에 불과한 것으로 추산된다.⟨21⟩ 그리고 카카오를 재배하는 마을에는 "전기도, 수도도 없고, 도로는 엉망이다. 대부분 학교나 보건 시설도 제대로 갖추고 있지 못하다." 암포마 부위원장은 "어느 젊은이는 한 농민을 보더니 '앞으로 나도 저런 꼴로 살아야 한단 말이야?'라고 혼자 되묻더군요."라고 말했다. 가나의 평균 기대 수명은 58살인데, 카카오 농민들의 평균 나이가 51살이다.⟨22⟩ 그렇기에 카카오 산업의 미래를 이야기할 수 있으려면 교육받은 젊은 층을 끌어들일 그 무언가가 필요하다. "나이 든 사람들은 땅을 제대로 활용할 수가 없어요. 학교에 다닌 적도 없고, 정보도 부족하니까요. 청년들만이 그 일을 할 수가 있어요."라고 암포마 부위원장은 말한다. 하지만 현재 상태로는 차세대 카카오 농민들을 어디서 찾아야 할지 막막하기만 하다.

젊은 세대들의 눈에는 도시에서의 삶이 무궁무진한 기회를 제공해주는 것처럼 보인다. 2008년 말, 가나 최초의 쇼핑몰이 수도 아크라에 문을 열었다. 토요일 오후에 그곳을 찾았을 때, 밀려드는 차들로 쇼핑몰 입구는 일대 혼잡을 이루고 있었다. 쇼핑몰 안에서는 어린아이들이 놀이방에 마련된 전기 자동차를 타고 노는 사이, 부모들은 와이드스크린 텔레비전을 구입하고 '퓨마'와 '크리스찬 디오르' 매장을 둘러보느라 정신이 없었다. 그리고 한쪽 구석의 패스트푸드 점에서는 십 대 청소년들이 모여 수다를 떠느라 시간 가는 줄 모르고 있었다. 같은 건물에 있는 레스토랑과 술집, 그리고 아크라 최초의 현대식 극장인 실버버드 시네마Silverbird cinema 역시 팝콘과 콜라를 손에 든 손님들로 발 디딜 틈이 없었다.

농장에서 차로 불과 두세 시간만 가면 바로 이런 세계가 펼쳐져 있다. 젊고, 도회적이며, 역동적인 세계 말이다. 화려한 미국산 의류로 한껏 멋을 부린 이곳의 십 대들은 나무에서 카카오 열매를 골라내고 10월이면 적당한 햇빛과 비를 기원하는 농장의 일꾼들과는 완전히 딴 세상 사람들이다. 도시에서는 비록 적은 돈일지라도 매달 수입이 들어온다. 미리 작물을 심어 놓고 이제나 저제나 돈이 들어올 날만 손꼽아 기다릴 필요도 없다. 도시는 시골과는 전혀 다른 별세계요, 수많은 유혹으로 넘쳐나는 곳이다.

행여나 농장에서의 삶이 아크라의 쇼핑몰에서 보던 삶과 조금이나마 경쟁이 되려면, 일단 생산자들의 살림이 펴야 한다고 암포마 부위원장은 강조했다. 그리고 "그들의 생활 방식이 확실히 개선되려면 생산량이 증가해야 한다."고 덧붙였다. 토지 개혁은 목구멍의 가시처럼 골치 아픈 문제로서 장기적 차원에서 해결할 수밖에 없겠지만, 다른 문제들은 지금이라도 낭장 해결할 수 있다는 게 그의 주장이었다.

"그 첫 단추로 생산량을 확실히 끌어올려야 합니다. 청년들을 끌어들일 수 있게요."

대도시는 겉으로는 매력적이지만, 그렇다고 마음먹은 대로 모든 게 이뤄지는 약속의 땅은 아니다. 마을을 떠난 청년들은 이미 아크라 거리의 한쪽 모퉁이에서 잡다한 물건들을 파는 신세를 벗어나지 못하고 있었다.

"아크라에서 강아지 목줄이나 팔고 있던 청년이 고향으로 돌아와서 농민들이 보다 윤택한 삶을 누리는 걸 보게 된다면, 아마 그도 다시 농장으로 되돌아오게 되겠죠."

사람들은 카카오가 주머니에 현금이 들어오게 하는 이른바 상품작물이란 사실을 쉽게 잊어버리는 경향이 있다. 제대로 된 투자와 적절한 관리만 뒷받침된다면, 카카오는 시골 사람들에게 진정한 번영을 가져다줄 수 있는 잠재력을 지니고 있는 작물이다. 그리고 이미 현장에서는 다양한 소규모 프로젝트들이 실천에 옮겨지고 있다. 게이츠 재단과 '지속 가능한 임목 프로그램'이 힘을 합쳐 농민들을 훈련시키는 사업을 펼치고 있고, 마즈를 비롯한 초콜릿 회사들은 과학적인 연구 활동을 전개하고 있다. 캐드베리는 향후 십 년간 전 세계에 걸쳐 투자할 4500만 파운드 가운데 일부를 떼 내어 가나 농민들을 대상으로 진행되는 현장 순회교육에 자금을 지원하고 있다.

물론 이런 프로젝트들이 실제적인 효과를 얻기 위해서는 규모를 더 늘리는 한편, 정부의 전폭적인 지원을 이끌어낼 필요가 있다. 그렇기 때문에 생산자들은 자신들의 이익을 지켜주겠다는 동기로 무장된 정부가 절실한 것이다. 이것은 비단 초콜릿 산업의 미래를 위해서만이 아니라 수백만 농촌 주민들을 위해서도 정말 중요한 문제다. 그들이 결코 놓쳐서는 안 될 번영의 진정한 기회가 바로 여기에 있다.

글을 마무리하며

카카오에 관한 책을 쓰고 있다고 하면 사람들은 흔히 어떤 초콜릿을 사는 게 가장 좋은지 묻곤 한다. 내게 이런 질문을 던지는 사람들은 대체로 대기업을 불신하는 경향이 있으며, 농민들의 처지를 제대로 헤아려주는 회사의 제품을 구매하길 원하고 있었다. 또한, 그들 가운데는 농장에서 벌어지는 아동노동에 대한 글을 읽은 적이 있거나, 이미 공정무역 제품을 구매하고 있는 사람들도 상당수였다. 그렇다면 카카오에 대해 나름 소상히 알고 있는 사람으로서, 나는 그들에게 어떤 초콜릿을 추천해야 할까? 그 해답을 찾기 위해 난 머리를 싸매곤 했다.

내가 고민한 이유는 어쩌면 기자로서 어떤 사건이나 현상을 일단 삐딱하게 바라보는 습관이 자연스럽게 몸에 배어 있기 때문일지도 모른다. 일단 나는 '윤리'를 상표로 내건 제품들이 정말로 생산자들에게 약속한 혜택을 안겨주는지 의문을 품지 않을 수 없었다. 가나의 공정무역은 복잡하게 얽혀 있는 정치적, 경제적 실타래의 단지 일부분 일 뿐이다. 그렇기 때문에 아무리 그 목적과 명분이 고귀하고 값어치 있다 할지라도 한 제품을 딱 꼬집어서 추천할 수는 없는 노릇이라고 생각했다. 농민들이 처한 문제는 생각보다 크고 복잡하며, 따라서 초콜릿 산업과 서아프리카 정치에 대해 알면 알수록 윤리적 소비자 운동이 과연 농민들의 어려움을 해결할 수 있을지에 대한 의문은 점점 커져만 갔다.

더러는 운동이 지나치게 현실을 단순화시키거나 오해의 소지를 남기는 탓에 사람들이 헷갈려 하고 있다고 느낄 때도 있었다. 아동노동을 다룬 보도에서는 코트디부아르 정부가 매기는 무거운 세금이나 그곳에서 벌어지는 내전에 대해서는 언급하지 않는 경우가 종종 있었다. 그러나 윤리를 내세운 구매업체가 농민들에게 얼마를 지급하는가 하는 문제만큼이나, 이런 요인들도 아동노동의 사용 여부에 막대한 영향을 미친다.

그뿐만 아니라 아동노동의 실태를 과장하는 기사들도 부지기수다. 그들은 단지 열을 올리고 분노하기만 할 뿐, 서아프리카의 정치인들로 하여금 아동노동을 뿌리 뽑기 위한 행동에 나서도록 손을 잡아끌지도 못했다. 그저 서구인들 가운데는 빈곤의 본질이나 농장에서의 실제 삶을 제대로 이해하는 사람이 거의 없다는 인식만 더욱 굳어졌을 뿐이었다. 또한 나는 가나 정부가 생산자들에게 지급하는 가격이 공정무역에서 제시하는 최저 가격보다 더 높다는 사실을 짚어주는 기사도 읽어보지 못했다. 이렇듯 서아프리카의 상황을 조명하는 언론보도는 왜곡되기 일쑤였다.

마찬가지로, 윤리적인 차원의 접근과 카카오에 공정무역 인증을 해주는 운동이 현지 농민들에게 어떤 의미로 다가오는지도 명확하지 않아 보였다. 그들이 농민들의 전문성을 높이는데 도움을 주고 있을까? 작물을 돌려 짓는 법을 가르치고 경작 다양화를 장려하고 있을까? 영농 계획은 또 어떻지? 농민들이 품질 좋은 카카오를 생산해내면 추가로 돈을 더 얹어주는 것일까? 아니면 단지 자신들의 운동에 동참하는 농민들에게만 그 대가로 가마니당 몇 달러씩 더 쳐주는 건 아닐까? 내 의문은 점점 커져만 갔다. 게다가 나는 윤리적 상표를 단 제품에 높은 가격을 매김으로써 농민에게 돌아가는 보상이 더 커지는 만큼 제조업체나 소매업자에게 돌아가는 이윤도 추가로 늘어난다는 사실을 실감한 적이 한두 번이 아니었다.

생산자들의 삶을 개선하기 위해 초콜릿 회사들이 할 수 있는 일들은 분명히 존재한다. 우선 그들은 자신들이 카카오를 거래하는 데 있어서 투명성을 확보할 필요가 있다. 또한 농민들이 영농 기술을 늘리고 소출을 향상시킬 수 있도록 과학적 연구와 훈련에 대한 투자도 강화해야 한다. 적절하고 세심한 관리만 이뤄진다면, 이런 노력만으로도 농민들의 수입을 개선시킬 수 있다. 게다가 이는 초콜릿 회사들의 이익과도 직접 맞닿아 있다. 카카오 농사만으로 생계를 유지할 수 없다면, 결국 농민들이 다른 작물로 갈아타 버릴 날이 올지도 모르기 때문이다.

물론 일부의 경우이긴 하지만, 나는 농민들의 삶이 일부 개선되어 왔다는 사실도 확인할 수 있었다. 가나에서는 실제로 농민들에게 지급되는 가격이 오르고 있다. 생산자 가격의 인상 여부는 카리스마 넘치는 특출한 지도자 한 사람의 결단에 달린 게 아니다. 그렇다고 어떤 한 가지 사건이나 특정한 소비자 캠페인에 대한 반응으로 이뤄지는 것도 아니다. 아이러니하게도, 맨 먼저 그 방아쇠를 당긴 건 오히려 농민들에게 돌아가는 보상을 늘리라는 IMF나 세계은행 같은 국제금융기구들 압력이었다. 그리고 이런 압력은 규칙적으로 치러지는 선거에 의해 뒷받침되어왔다.

핵심 정당들 중 그 누구도 권력을 계속 쥔다는 보장이 없다. 어디에서나 그렇듯 그들 역시 맹목적인 지지자와 반대 세력이 동시에 존재한다. 4년마다 선거가 치러진다는 건 곧 그들이 카카오 농민들을 어떻게든 자기네 편에 묶어두기 위해 노력할 수밖에 없다는 걸 의미한다. 박빙의 승부였던 2008년 말의 가나 총선은 정치권이 농민들을 결코 도외시할 수 없음을 보여주는 대표적 사례였다. 이런 현실은 농장 출고 가격에서 차지하는 농민들의 몫을 끌어올리는 데 기여할 수 있다. 가나의 경우라면 특히나 더 그렇다. 이 책을 쓸 무렵, 국제시장 가격에서 농민들의 몫은 아직 절반 정도밖에 되지 않았다. 하지만 그렇다고 해서 이제껏 이뤄온 진전을 깎아내려서는 안 될 것이다.

그와 같은 맥락에서, 나는 사실상의 독재 체제 때문에 농민들의 목소리가 거의 반영될 여지가 없는 코트디부아르의 사례를 목격하면서, 농민들이 나라 안팎에서 더 강력한 목소리를 가질 필요가 있다는 사실에 대한 확신이 생겼다. 국가 내부의 지도력이 효과적으로 제 기능을 발휘한다면 생산자들이 헐값에 카카오를 시장에 쏟아내는 걸 사전에 방지할 수 있다. 그 대신 다수확 품종을 다른 작물과 함께 경작하도록 유도함으로써 농민들의 수입을 끌어올릴 수 있다. 또한 농민들에게는 자신의 생산품에 대해 제대로 된 가격을 책정하도록 협상을 이끌어갈 대표도 필요하다. 시장을 장악하고 있는 소수의 다국적 기업들에게 그들의 목소리를 충분히 전달할 필요가 있기 때문이다.

그렇지 않아도 몇 안 되는 회사들이 시장을 완전히 장악한 상황에서 크래프트와 캐드베리의 합병은 구매업체가 그만큼 더 줄어든 걸 의미한다. 그 때문에 생산자들이 받는 가격이 더 낮아지는 상황이 생길 수도 있다. 하지만 분명한 것은, 농민들은 인간다운 삶을 누려야만 한다는 것이다. 만약 그게 불가능하다면, 그들은 다른 작물로 옮겨가거나 다른 직업을 선택하게 될지도 모른다. 이는 곧 초콜릿을 즐겨왔던 사람들이 더 이상 자신이 감당할 수 있는 가격에 원하는 초콜릿을 살 수 없게 될 수도 있다는 의미가 된다.

제대로 알고 제품을 구매하는 소비자들의 존재는 어떤 행동을 이끌어내는 자극이 될 수 있다. 그러나 단순히 특정한 초콜릿을 선택하는 행위만으로 뿌리 깊이 내재한 문제들을 해결할 수는 없다. 그렇기 때문에 또 다른 원동력, 이를테면 산업 간의 힘의 균형이나 규칙적으로 치러지는 선거와 같은 동기들이 변화를 가져오는 데 있어 아주 중요하다는 것이다.

공정무역이건 열대우림동맹이건, 캐드베리건 마즈건 간에 여러분이 원하는 초콜릿을 사라. 하지만 그 이면을 잘 보기 바란다. 그리고 놓치기 쉬운 부분을 꼼꼼히 따져보는 걸 명심해야 한다.

감사의 말

막상 고마운 분들에게 감사의 말을 전하려고 하니, 머릿속에 떠오르는 사람이 한둘이 아니다. 그들이 없었다면 이 책을 펴내는 데 있어 엄청난 어려움을 겪었을 게 분명하다. 그중에서도 가나의 카카오 시장을 파악하는 데 많은 도움을 준 알리 바스마 Ali Basma 에게 먼저 감사의 인사를 전하고 싶다. 다만 그가 지금 이 책을 읽을 수 없다는 게 정말 유감스러울 따름이다. 내가 서아프리카에 머무르는 동안, 그리고 그 이후에도 카카오에 관한 대화에 많은 시간을 할애해준 가나의 존 뉴먼과 우정과 도움을 아끼지 않은 아크라의 무흐신 바르코 Muhsin Barko, 그 밖에도 가나에서 여러모로 도움을 준 나나 아모 아다데 보아마 Nana Amo Adade Boamah, 뉴먼 오포수 Newman Ofosu, 크와시 크포도 Kwasi Kpodo, 그리고 쿠마시의 조지프 보아텡 Joseph Boateng 에게 감사의 말을 전한다. 코트디부아르에서는 야오 코난 Yao Konan 의 도움이 없었더라면 아무것도 하지 못했을 것이다. 아비장과 부아케에서 온갖 도움과 조언을 준 피터 머피 Peter Murphy, 앤지 아보아 Ange Aboa, 루쿠마네 쿨리발리 Loucoumane Coulibaly 와 찰스 밤바 Charles Bamba 에게도 감사의 마음을 보낸다. 스티브 윌리스와 조너선 파크먼 Jonathan Parkman 은 내 성가신 질문공세에도 귀찮은 내색 한번 내비치지 않았다. 예전에 로이터 통신의 세네갈 다카르 지부에서 근무하던 파스칼 플레처 Pascal Fletcher 와 알리스테어 톰슨 Alistair Thomson 두 사람은 내 취재경비를 대주고 기사를 실어줬으며, 같은 통신사의 엘러노어 와슨 Eleanor Wason 은 기꺼이 자신의 인맥과 전문지식을 나누어주었다. 원고를 읽고 자문해준 러셀 마일스 Russel Miles, 캐런 팔머 Karen Palmer, 소피 헤어스 Sophie Hares, 에밀리 바워스 Emily Bowers, 블레이크 램버트 Blake Lambert 에게도 감사하다는 말 전하고 싶다. 그리고 원고마감이 계속 늦어졌음에도 내게 격려와 도움을 아끼지 않은 리처드 다우든 Richard Dowden 과 스테파니 키친 Stephanie Kitchen 도 빼놓을 수 없겠다. 취재와 출판을 재정적으로 후원해주고 조언을 해준 '탐사보도기금 Fund for Investigative Journalism' 측에게도 감사드린다. 마지막으로 엄마, 아빠, 우나 Oona, 피오나 Fiona, 어오인 Eoin, 사일 Síle 에게도 무한한 감사의 인사를 보내며, 무엇보다도 직업적인, 혹은 개인적인 위험을 감수하면서까지 나와의 대화에 응해준 모든 이들에게 감사드리고 싶다.

지은이 주석

서문

⟨1⟩ 국제코코아기구(International Cocoa Organization),
⟨Quarterly Bulletin of Cocoa Statistics⟩, vol. 35, no. 4, 2008/09 시즌.

⟨2⟩ Kwamina Dickson, 《A Historical Geography of Ghana》,
Cambridge University Press, Cambridge, 1971, p. 165.

⟨3⟩ 《Nowell Commission Report on the Marketing of West African Cocoa》,
Cmnd 5845, National Archives, Accra, Ghana, 1938, p. 15.

⟨4⟩ 《Report of the Commission on Economic Agriculture in the Gold Coast》,
National Archives, Accra, Ghana, 1889, p. 123.

⟨5⟩ Lowell J. Satre, 《Chocolate on Trial: Slavery, Politics and the Ethics of Business》,
Ohio University Press, Athens OH, 2005, pp. 112, 113.

⟨6⟩ 캐드베리 관계자와의 인터뷰, Accra, October 2007.

⟨7⟩ Paul Davis, 코코아무역연맹(Federation of Cocoa Commerce) 주최 만찬,
London, 22 May 2009.

⟨8⟩ ⟨Ministry of Finance budget statement 2009⟩,
No. 138, www.mofep.gov.gh/documents/budget2009.pdf, p. 35.

⟨9⟩ Stephanie Barrientos et al., 《Mapping Sustainable Production in Ghanaian Cocoa:
Report to Cadbury》, Institute of Development Studies, University of Sussex,
and Department of Agricultural Economics and Agribusiness, University of Ghana,
2007, p. 10.

⟨10⟩ International Cocoa Organization, ⟨Quarterly Bulletin of Cocoa Statistics⟩, vol. 35,
no. 4, 2008/09 시즌.

⟨11⟩ Ibid.

#1
가나는 곧
카카오다

⟨1⟩ 이 인터뷰는 2007년 7월에서 8월 사이에 이루어졌다.

⟨2⟩ 《Nowell Commission Report on the Marketing of West African Cocoa》,
Cmnd 5845, National Archives, Accra, Ghana, 1938, p. 6.

⟨3⟩ Ibid., p. 25.

⟨4⟩ Ibid., p. 145.

⟨5⟩ Kwamina Dickson, 《A Historical Geography of Ghana》,
Cambridge University Press, Cambridge, 1971, p. 292.

⟨6⟩ 《Nowell Commission Report on the Marketing of West African Cocoa》,
Cmnd 5845, National Archives, Accra, Ghana, 1938, p. 145.

⟨7⟩ 'Birthday of a Nation', ⟨타임 매거진(Time magazine)⟩, 18 March 1957.

⟨8⟩ 'Ghana', ⟨타임스(The Times)⟩, 6 March 1957.

⟨9⟩ E.G. Butterworth, 'The Economy of Ghana',
⟨맨체스터 가디언(Manchester Guardian)⟩, 6 March 1957.

⟨10⟩ 'Birthday', ⟨Manchester Guardian⟩, 6 March 1957.

⟨11⟩ 폴리 힐(Polly Hill), 'Cocoa Farmer', ⟨Manchester Guardian⟩, 6 March 1957.

⟨12⟩ 데니스 오스틴(Dennis Austin), 《Politics in Ghana, 1946–1960》,
Oxford University Press, London, 1970, p. 54.

〈13〉 Ibid., p. 151; 'Death of a Deity', 〈Time magazine〉, 8 May 1972.

〈14〉 《Nowell Commission Report on the Marketing of West African Cocoa》,
Cmnd 5845, National Archives, Accra, Ghana, 1938, p. 34.

〈15〉 Ibid., p. 162.

〈16〉 크와메 은크루마(Kwame Nkrumah), 《Ghana: The Autobiography
of Kwame Nkrumah》, International Publishers, New York, 1970.

〈17〉 Dennis Austin, 《Politics in Ghana, 1946 – 1960》,
Oxford University Press, London, 1970, p. 254.

〈18〉 Ibid., p. 255.

〈19〉 Ibid., p. 267.

〈20〉 'The New State of Ghana', 〈Time magazine〉, 30 July 1956.

〈21〉 카카오 위원회가 1965년 2월 28일 결산한 18차 연례보고서 및 회계자료에 따르면, 1956/57 시즌
카카오 평균 판매 가격은 톤당 189파운드였고, 이 중 정부는 40파운드를 세금으로 매겼다.
반면, 1964/65 시즌에는 171파운드의 평균 판매 가격에 59파운드를 세금으로 거둬들였다.

〈22〉 'Africa: On the Beach', 〈Time magazine〉, 6 January 1967.

〈23〉 〈West Africa〉, 25 June 1966.

〈24〉 'A Fateful Moment at the Maginot Hilton', 〈Time magazine〉, 29 October 1965.

〈25〉 'Goodbye to the Awe-ful', 〈Time magazine〉, 4 March 1966.

〈26〉 Dennis Austin, 《Politics in Ghana, 1946 – 1960》,
Oxford University Press, London, 1970, p. 405.

〈27〉 'One Party, Four Walls', 〈Time magazine〉,
14 February 1964; 'Fruits of Redemption', 〈Time magazine〉, 31 January 1964.

〈28〉 'Goodbye to the Awe-ful', 〈Time magazine〉, 4 March 1966.

〈29〉 'The Self-styled Redeemer Who Became a Virtual Dictator',
〈Manchester Guardian〉, 25 February 1966.

〈30〉 Kwame Nkrumah, 《Dark days in Ghana》, International Publishers, New York, 1968, p. 95.

〈31〉 'Trouble on the Plantations', 〈Time magazine〉, 6 August 1965.

〈32〉 'Goodbye to the Awe-ful', 〈Time magazine〉, 4 March 1966.

〈33〉 'Uprising Quelled', 〈데일리 그래픽(Daily Graphic)〉, 16 May 1979;
Elizabeth Ohene, 《Stand Up and Be Counted: A Collection
of Editorials that Redefined the June 4, 1979, Revolution in Ghana》,
Blue Savannah, Accra, 2006.

〈34〉 'Why the May 15 Uprising', 〈Daily Graphic〉, 29 May 1979.

〈35〉 'We Are for Total Justice', 〈Daily Graphic〉, 6 June 1979.

〈36〉 'Something Good out of Makola', 〈Daily Graphic〉, 27 August 1979.

〈37〉 'Inside the Cocoa House', 〈Daily Graphic〉, 13 November 1979.

〈38〉 'Rawlings: The Legacy', BBC 뉴스 웹 사이트, 1 December 2000.

〈39〉 전직 가나 조달청 관계자와의 인터뷰, Accra, July 2007.

〈40〉 카카오 위원회 웹 사이트: www.cocobod.gh.

〈41〉 'Ghana cut Cocobod staff from 100,000 in early 1980s to 10,000 in 1995',
www.cocobod.gh/future_outlook.php.

〈42〉 http://data.un.org/CountryProfile.aspx?crName=Ghana.

〈43〉 2010년 IMF 예상치.

〈44〉 가나 정부가 농민들에게 지불한 대가에 대해서는 7장에서 구체적으로 논하도록 하겠다.

〈45〉 Tony Chadwick, 'Money Grows on Old Cocoa Trees', 〈가디언(Guardian)〉, 23 August 1978.

〈46〉 International Cocoa Organization, 〈Quarterly Bulletin of Cocoa Statistics〉, vol. 35,
no. 4, 2008/09 시즌, p. vii.

〈47〉 Stephanie Barrientos et al., 《Mapping Sustainable Production in Ghanaian Cocoa:
Report to Cadbury》, Institute of Development Studies, University of Sussex,
and Department of Agricultural Economics and Agribusiness, University of Ghana,
2007, p. 77.

#2
카카오
전쟁

⟨1⟩ 기자와의 접촉한 사실이 밝혀지는 것을 꺼려한 그의 요청에 따라 가명을 사용했다.

⟨2⟩ 2008/09 시즌 전 세계 카카오 생산량은 약 350만 톤 정도로 추산된다.

⟨3⟩ Bronwen Manby, 《Struggles for Citizenship in Africa》,
Zed Books, London, 2009, p. 10.

⟨4⟩ Whitney Craig, 'Jacques Foccard Dies at 83, Secret Mastermind in Africa',
⟨New York Times⟩, 19 March 1997.

⟨5⟩ Kenneth B. Noble, 'Felix Houphouet-Boigny, Ivory Coast's Leader
since Freedom in 1960, is Dead', ⟨뉴욕 타임스(New York Times)⟩, 8 December 1993.

⟨6⟩ 'Le Plan in Africa', ⟨Time magazine⟩, 16 September 1966.

⟨7⟩ James Brooke, 'Ivory Coast: African Success Story Built on Rich Farms
and Stable Politics', ⟨New York Times⟩, 26 April 1988.

⟨8⟩ 'Juju Justice', ⟨Time magazine⟩, 24 April 1964.

⟨9⟩ James Brooke, 'Ivory Coast Church to Tower over St Peters',
⟨New York Times⟩, 19 December 1988.

⟨10⟩ Lyse Doucet, 'Unable to Pay', ⟨West Africa⟩, 8 June 1987.

⟨11⟩ 'Even Cote d'Ivoire⋯', ⟨West Africa⟩, 8 June 1987.

⟨12⟩ Gerald Bourke, 'Down, Down, Down', ⟨West Africa⟩, 4-10 December 1989;
Gerald Bourke, 'Debts and Donors, Trying to Ease the Cash Crisis',
⟨West Africa⟩, 23-29 October 1989.

⟨13⟩ Whiteman Kaye, 'Gbagbo and Democracy', ⟨West Africa⟩, 30 October 1989.

⟨14⟩ Bronwen Manby, 《Struggles for Citizenship in Africa》,
Zed Books, London, 2009, p. 83.

⟨15⟩ Kenneth B. Noble, 'For Ivory Coast's Founder, Lavish Funeral',
⟨New York Times⟩, 8 February 1994;
'A Man of His Time', ⟨West Africa⟩, 13-19 December 1993.

⟨16⟩ 'Black Partner', ⟨Time magazine⟩, 13 February 1956.

⟨17⟩ Bronwen Manby, 《Struggles for Citizenship in Africa》,
Zed Books, London, 2009, p. 32.

⟨18⟩ Adama Gaye, 'War over Nationality',
⟨West Africa⟩, 29 November-4 December 1999.

⟨19⟩ 'Troops Overthrow Ivory Coast Government', ⟨New York Times⟩, 25 December 1999;
Karl Vick, 'Bedie Flees Ivory Coast for Togo',
⟨워싱턴 포스트(Washington Post)⟩, 27 December 1999.

⟨20⟩ Norimitsu Onishi, 'Dictator Gone, Violence Erupts in Ivory Coast',
⟨New York Times⟩, 27 October 2000.

⟨21⟩ 'Mass Killing in Ivory Coast', BBC 뉴스 웹 사이트, 27 October 2000.

⟨22⟩ Norimitsu Onishi, 'Dictator Gone, Violence Erupts in Ivory Coast',
⟨New York Times⟩, 27 October 2000.

⟨23⟩ Ibid.; 'Guei Gone', ⟨이코노미스트(The Economist)⟩, 26 October 2000.

⟨24⟩ Stephen Smith, 'L'elu du Peuple', ⟨르 몽드(Le Monde)⟩, 26 January 2003.

⟨25⟩ 'A War that Threatens All the Neighbours', ⟨The Economist⟩, 3 October 2002.

⟨26⟩ Dwayne Woods, 'The Tragedy of the Cocoa Pod:
Rent-seeking, Land and Ethnic Conflict in Ivory Coast',
⟨Journal of Modern African Studies⟩, vol. 41, no. 4, 2003, p. 647.

⟨27⟩ Bronwen Manby, 《Struggles for Citizenship in Africa》,
Zed Books, London, 2009, p. 86.

⟨28⟩ 'Trapped between Two Wars: Violence against Civilians in Western Cote d'Ivoire',

〈휴먼라이츠워치 보고서(Human Rights Watch Report)〉, August 2003, p. 45.
〈29〉 Somini Sengupta, 'Land Quarrels Unsettle Ivory Coast Cocoa Belt',
　　　 〈New York Times〉, 26 May 2004;
　　　 Lara Pawson, 'Ethnic Split Stirs Ivory Coast Crisis',
　　　 BBC 뉴스 웹 사이트, 18 February 2004.
〈30〉 'Trapped between Two Wars: Violence against Civilians in Western Cote d'Ivoire',
　　　 〈Human Rights Watch Report〉, August 2003, p. 47.
〈31〉 Ibid., pp. 46, 47; 《Country on a Precipice: the Precarious State of Human Rights
　　　 and Civilian Protection in Cote d'Ivoire》, Human Rights Watch, 3 May 2005.
〈32〉 《Cote d'Ivoire: What's Needed to End the Crisis》,
　　　 국제위기감시기구(International Crisis Group), 2 July 2009.

#3
돈을
추적하라

〈1〉　UN Panel of Experts report,
　　　 www.un.org/sc/committees/1572/CI_poe_ENG.shtmlS2005/699.
　　　 2003년 카카오 수출액은 23억 달러로, 코트디부아르의 주된 수입원을 차지하고 있다.
〈2〉　파리에서 진행된 오산지와의 인터뷰, 19 February 2009.
〈3〉　Howard French, 'Ivory Coast Sells Itself as West African Powerhouse',
　　　 〈New York Times〉, 9 July 1996.
〈4〉　Stephen Smith, 'Laurent Gbagbo: L'Elu du Peuple', 〈Le Monde〉, 26 January 2004.;
　　　 'Ggagbo: Veteran Makes a Comeback', BBC 뉴스 웹 사이트, 27 October 2000.
〈5〉　Ibid.
〈6〉　코코아무역연맹이 주최한 만찬에서 연맹 회장의 연설에 대한 세계은행 수석 이코노미스트
　　　 존 매킨타이어(John McIntire)의 반응, Grosvenor House, London, 7 May 1999,
　　　 www.cocoafederation.com/events/speeches/1999/response.jsp.
〈7〉　관계자와의 인터뷰.
〈8〉　정부 관계자와의 인터뷰.
〈9〉　글로벌 위트니스(Global Witness),
　　　 《Hot Chocolate: How Cocoa Fuelled the Conflict in Cote d'Ivoire》, report,
　　　 www.globalwitness.org, June 2007, p. 20.
〈10〉 Ibid., p. 22.
〈11〉 Ibid., p. 52.
〈12〉 Ibid.
〈13〉 아비장에서의 인터뷰.
〈14〉 Rory Carroll, 'Missing Reporter Stirs Trouble on Three Continents,
　　　 Journalist Feared Killed for Exposing Corruption in Africa',
　　　 〈옵저버(Observer)〉, 6 June 2004.
〈15〉 'Des responsables du pouvoir ivoirien seraient lies a la disparition
　　　 de Guy-Andre Kieffer', 〈Le Monde〉, 26 May 2004.
〈16〉 Global Witness, 《Hot Chocolate: How Cocoa Fuelled the Conflict in Cote d'Ivoire》,
　　　 report, www.globalwitness.org, June 2007, p. 24.
〈17〉 결의안 1643호 9항에 의거해 제출된 전문가 그룹의 보고서,
　　　 2005, Point 120, S/2006/735, 5 October 2006.
〈18〉 UN Panel of Experts report,
　　　 www.un.org/sc/committees/1572/CI_poe_ENG.shtmlS2005/699.
〈19〉 Global Witness, 《Hot Chocolate: How Cocoa Fuelled the Conflict in Cote d'Ivoire》,

report, www.globalwitness.org, June 2007, p. 51.

⟨20⟩ James Copnall, 'Life on Hold in Rebel-held Bouake', BBC 뉴스 웹 사이트, 11 May 2004.

⟨21⟩ 앙드레 와타라와의 인터뷰, Centrale.

⟨22⟩ UN Panel of Experts report, Point 169,
www.un.org/sc/committees/1572/CI_poe_ENG.shtmlS2009/521.

⟨23⟩ Ibid., Point 234.

⟨24⟩ Global Witness, 《Hot Chocolate: How Cocoa Fuelled the Conflict in Cote d'Ivoire》,
report, www.globalwitness.org, June 2007, p. 37.

⟨25⟩ UN Panel of Experts report, Point 233.

⟨26⟩ Joan Baxter, 'Ivory Coast's Charming Rebel', BBC 뉴스 웹사이트, 24 February 2003.

⟨27⟩ Global Witness, 《Hot Chocolate: How Cocoa Fuelled the Conflict in Cote d'Ivoire》,
report, www.globalwitness.org, June 2007, pp. 33, 56;
'Pourquoi Guy Andre a disparu', 〈라 레트르 뒤 콩티낭(La Lettre du Continent)〉,
no. 446, 29 April 2004.

⟨28⟩ 'Des responsables du pouvoir ivoirien seraient lies a la disparition
de Guy-Andre Kieffer', 〈Le Monde〉, 26 May 2004.

⟨29⟩ 'Pourquoi Guy Andre a disparu', 〈La Lettre du Continent〉, no. 446, 29 April 2004.

⟨30⟩ Rory Carroll, 'Missing Reporter Stirs Trouble on Three Continents,
Journalist Feared Killed for Exposing Corruption in Africa', 〈Observer〉, 6 June 2004.

⟨31⟩ Ibid.

⟨32⟩ 'Des responsables du pouvoir ivoirien seraient lies a la disparition
de Guy-Andre Kieffer', 〈Le Monde〉, 26 May 2004.;
Michael Deibert, 'Cote d'Ivoire: A Call for Solidarity in Resolving Fate
of Missing Reporter', Inter Press Service, 14 December 2007.

⟨33⟩ 'Un temoin relate les dernier heures du journaliste Kieffer',
〈르 피가로(Le Figaro)〉, 14 October 2007.

⟨34⟩ 'Ivory Coast First Lady Meets French Judges over Kieffer', AFP, 23 April 2009.

⟨35⟩ Ibid.

⟨36⟩ 'Two Frenchmen Charged in Ivory Coast Kieffer Case', AFP, June 2009.

⟨37⟩ 'Ivory Coast Arrest Several Cocoa Officials in Corruption Crackdown',
AFP, 19 June 2008.

⟨38⟩ 'Reviving US Chocolate Factory Proves Bittersweet', Reuters, 7 April 2006;
Andrew Henderson, 'Ivory Coast Arrests Chocolate Officials',
Valley News, 28 June 2008.

⟨39⟩ UN Panel of Experts report, Point 216, Point 221.

#4
한 알의 열매가
초콜릿이 되기까지

⟨1⟩ 디바인 초콜릿(Divine Chocolate)의 Charlotte Berger가 제공한 공정무역 명세서,
28 March 2008.

⟨2⟩ 유엔산업개발기구(UN Industrial Development Organization),
《Industrial Development Report 2009: Breaking in and Moving Up:
New Industrial Challenges for the Bottom Billion and Middle Income Countries》,
Vienna, 2010, p. 100, Table 9.2.

⟨3⟩ Ibid., 2000년부터 2005년 나라와 지역별 제조업 부가가치와 연간 성장률, Table 9.2.

⟨4⟩ International Cocoa Organization, 〈Quarterly Bulletin of Cocoa Statistics〉, vol. 35,
no. 4, 2008/09 시즌.

⟨5⟩ Ibid., Table 3, 2008/09 시즌 생산 및 가공 추산.

⟨6⟩ www.icco.org/about/processing.aspx.

⟨7⟩ www.nestle.com/AllAbout/History/AllHistories/1866-1905.htm.

⟨8⟩ www.lindtexcellence.com/about/history-of-excellence.php.

⟨9⟩ 유엔무역개발회의(United Nations Conference on Trade and Development),
《Cocoa Study: Industry Structures and Competition》, New York, 2008, p. 29.

⟨10⟩ Analyst report, 《The Vontobel Food Menu: European Food & Beverage》
(12 November 2007) Chocolate confectionary market: Consumption (value)
by region (06), p. 19.

⟨11⟩ United Nations Conference on Trade and Development,
《Cocoa Study: Industry Structures and Competition》, New York, 2008, pp. 24, 27.

⟨12⟩ Analyst report, 《The Vontobel Food Menu: European Food & Beverage》
(12 November 2007), p. 22.

⟨13⟩ 코코아무역연맹 만찬, London, 2 June 2006.

⟨14⟩ UN Industrial Development Organization, 《Industrial Development Report 2009:
Breaking in and Moving Up: New Industrial Challenges for the Bottom Billion
and Middle Income Countries》, Vienna, 2010, p. 56, Box 5.1.

⟨15⟩ Ibid., p. 69.

⟨16⟩ 영국 식품·음료연맹(Food and Drink Federation) 관계자와의 전화 인터뷰, London.

⟨17⟩ UN Industrial Development Organization, 《Industrial Development Report 2009:
Breaking in and Moving Up: New Industrial Challenges for the Bottom Billion
and Middle Income Countries》, Vienna, 2010, Box 8.1.

⟨18⟩ United Nations Conference on Trade and Development,
《Cocoa Study: Industry Structures and Competition》, New York, 2008, p. 31.

#5
아동
노동

⟨1⟩ 톰 하킨 의원과의 전화 인터뷰, March 2008.

⟨2⟩ Raghavan Sudarsan, 'Ivory Coast Slave Traders Prey on Children's Desire
to Help Their Families', Washington Bureau, 25 June 2001.

⟨3⟩ Raghavan Sudarsan, 'Two Teenagers Find Themselves Trapped in Slavery
in Ivory Coast', Washington Bureau, 25 June 2001;
Kate Blewett and Brian Woods, 〈Slavery: A Global Investigation〉, Channel 4, 2001.

⟨4⟩ Kate Blewett and Brian Woods, 〈Slavery: A Global Investigation〉, Channel 4, 2001.

⟨5⟩ Humphrey Hawksley, 'Mali's Children in Chocolate Slavery',
BBC 뉴스 웹 사이트, 12 April 2001.

⟨6⟩ 《Summary of Findings from the Child Labour Surveys in the Cocoa Sector
of West Africa: Cameroon, Cote d'Ivoire, Ghana and Nigeria》,
국제열대농업연구소(International Institute of Tropical Agriculture, IITA), July 2002.

⟨7⟩ 《Third Annual Report Oversight of Public and Private Initiatives to Eliminate
the Worst Forms of Child Labour in the Cocoa Sector in Cote d'Ivoire and Ghana》,
Payson Center for International Development and Technology Transfer,
Tulane University, New Orleans, 30 September 2009.
"2006년, 미 노동부는 가나와 코트디부아르의 카카오 산업에서 최악의 형태의 아동노동을
근절하기 위한 민관의 노력을 감독하는 3년짜리 계약을 Payson Center와 체결하였다."

⟨8⟩ www.aft.org/about/world/democracy-humanrights/childlabor/cocoa.cfm.

⟨9⟩ Davis Lennard, 'Buying Chocolate for Valentine's Day? Think Twice!',

〈허핑턴 포스트(Huffington Post)〉, 6 February 2010.

〈10〉 Sarah Castle and Aisse Diarra, 'The International Migration of Young Malians: Tradition, Necessity or Rite of Passage', London School of Hygiene and Tropical Medicine, October 2003.

〈11〉 공정무역이 제시하는 조건에 대해서는 6장에서 구체적으로 설명하고 있다.

〈12〉 http://news.bbc.co.uk/panorama/hi/front_p./newsid_8583000/8583499.stm.

〈13〉 2010년 4월 13일까지의 환율.

〈14〉 International Cocoa Organization, 〈Annual Report〉, 2006/07, p. 23.

〈15〉 Stephanie Barrientos et al., 《Mapping Sustainable Production in Ghanaian Cocoa: Report to Cadbury》, Institute of Development Studies, University of Sussex, and Department of Agricultural Economics and Agribusiness, University of Ghana, 2007, p. 45.

〈16〉 '톰 하킨 상원의원과 엘리엇 엥겔 하원의원 및 카카오 업계가 공동으로 발표한 하킨-엥겔 의정서의 이행에 관한 성명서', 16 June 2008, www.worldcocoafoundation.org.

〈17〉 Ibid.

〈18〉 세계코코아재단의 빌 가이튼 총재가 제공한 정보에 따르면 STCP가 제공하는 훈련의 혜택을 받은 농민들의 수는 모두 합쳐 9만 7673명에 달한다. 이 수치는 2003년부터 누적된 것으로, 카메룬, 코트디부아르, 가나, 라이베리아, 나이지리아에서 훈련받은 농민들까지 포함하고 있다. 또한 타 농민들과 시청각 자료를 통해 훈련받은 농민들도 포함된다. 나는 실제로 훈련에 참여한 농민들에게만 초점을 맞추었다.

#6
공정무역의
신화와 현실

〈1〉 www.maketradefair.com/en/index.php?file= ghana_chris01.htm&cat=2&subcat=11&select=1, Make Trade Fair, 옥스팜 웹 사이트.

〈2〉 http://news.bbc.co.uk/1/hi/uk_politics/1847294.stm.

〈3〉 나나 코조 아피아 쿠비와의 인터뷰, Kumasi, July 2007.

〈4〉 www.fairtrade.org.uk/press_office/press_releases_and_statements/ archive_2002/july_2002/cocoa_prices_rise_but_farmers_stay_poor.aspx.

〈5〉 정부 고정 가격.

〈6〉 www.divinechocolate.com/about/story.aspx.

〈7〉 시장에서의 정확한 통계수치는 다양하다. 여기서 제공한 수치와 내역은 복수의 업계 자료를 통해 확인한 것이다.

〈8〉 이 수치는 가나의 쿠아파 코쿠(Kuapa Kokoo) 조합에서 제공한 것이다. 다양한 다른 추정치도 존재한다. 디바인 초콜릿은 쿠아파 코쿠 소속 농민들의 수를 4만 5천 명으로 제시하고 있는데 비해 공정무역재단(Fairtrade Foundation)의 웹사이트에서는 그 수를 5만 명이라고 밝히고 있다. 소속 농민들의 수가 많으면 많을수록 개별 농민들에게 돌아가는 혜택은 줄어든다. 그래서 이 책에서는 쿠아파 코쿠 조합이 현장 농민들에게 제공하는 혜택을 가장 타당하고 후하게 평가하는 측면에서 소속 농민들의 수를 가장 적게 잡았다.

〈9〉 2010년 3월 17일 환율.

〈10〉 www.cocobod.gh/news_details.php?id=47.

〈11〉 Marcella Vigneri and Paulo Santos, 'Ghana and the Cocoa Marketing Dilemma: What Has Liberalisation without Price Competition Achieved?', 〈ODI Project Briefing〉, December 2007.

〈12〉 'Ghana to Raise Cocoa Producer Prices: Finmin', Reuters, 8 January 2010; 2010년 3월 17일 환율 기준으로 환산한 금액.

〈13〉 'Cocoa at Highest since 1970s on African Strike',
〈파이낸셜 타임즈(Financial Times)〉, 22 October 2009.
〈14〉 http://blog.worldcocoafoundation.org/2009/02/new_west_africa_cocoa_partners.php.
〈15〉 http://divinechocolateshop.com/products/divine-butterscotch-milkchocolate-45g/
〈16〉 국제코코아기구가 제공한 수치.

#7
트레이딩
게임

〈1〉. International Cocoa Organization, 〈Quarterly Bulletin of Cocoa Statistics〉,
vol. 35, no. 4, 2008/09 시즌: Table 1.
〈2〉 Paul Davis, 코코아무역연맹 주최 만찬, Grosvenor House, London, 22 May 2009.
〈3〉 United Nations Conference on Trade and Development,
《Cocoa Study: Industry Structures and Competition》, New York, 2008, p. 30.
〈4〉 Ibid., p. 24.
〈5〉 Stephanie Barrientos et al., 《Mapping Sustainable Production in Ghanaian Cocoa:
Report to Cadbury》, Institute of Development Studies, University of Sussex,
and Department of Agricultural Economics and Agribusiness,
University of Ghana, 2007, p. 21.
〈6〉 Food and Agricultural Organization,
《The State of Agricultural Commodity Markets 2009, High Food Prices
and the Food Crisis, Experiences and Lessons Learned》,
Table 2, Trends in real commodity prices, Rome, p. 58.
〈7〉 Gregory Meyer, 'Academics Stand by Theory of Correlativity,
〈Financial Time〉, 9 February 2010.
〈8〉 United States Department of Agriculture Foreign Agricultural Service FCB 2-86,
October 1986, 국제코코아기구 자료실, London.
〈9〉 〈West Africa〉, 5-11 December 1988, p. 2277;
James Brooke, 'Ivory Coast Gambles to Prop up Cocoa Prices',
〈New York Times〉, 21 November, 1988.
〈10〉 국제코코아기구가 제공한 수치.
〈11〉 국제코코아기구가 제공한 수치.
〈12〉 유엔무역개발회의, 《Cocoa Study: Industry Structures and Competition》,
New York, 2008, p. 35, Table 5: Producer prices as share of world prices.
코트디부아르의 생산농민들은 1990년과 1994년 사이에 세계시장 가격의 54.7%를,
1995년부터 1999년 사이에는 50.32%를 받았다. 그에 비해 2001년부터 2005년 사이에는
47.98%를 받은 것으로 추산된다.
〈13〉 Matthew Green, 'Ivory Coast's Cocoa Industry Faces a Bleak Future',
〈Financial Times〉, 15 January 2009.

#8
지속 가능한
미래를 위하여

〈1〉 J. Flood and R. Murphy (eds), 《Cocoa Futures: A Source Book
of Some Important Issues Facing the Cocoa Industry》,

Commodities Press, Cali, Colombia, 2004, p. 42.

⟨2⟩ Ibid., p. 34.

⟨3⟩ Ibid., p. 37.

⟨4⟩ Ibid., p. 37.

⟨5⟩ International Cocoa Organization, ⟨Quarterly Bulletin of Cocoa Statistics⟩,
      vol. 35, no. 4, 2008/09 시즌, p. viii.

⟨6⟩ 'A Study on the Market for Organic Cocoa', EX/130/10, 26 July 2006,
      www.icco.org. 연간 재배되는 유기농 카카오의 양은 1만 5500톤에 불과하다.

⟨7⟩ www.icco.org/about/pest.aspx.

⟨8⟩ Stephanie Barrientos et al., 《Mapping Sustainable Production in Ghanaian Cocoa:
      Report to Cadbury》, Institute of Development Studies, University of Sussex,
      and Department of Agricultural Economics and Agribusiness,
      University of Ghana, 2007, p. 45.

⟨9⟩ Ibid.

⟨10⟩ International Cocoa Organization, ⟨Quarterly Bulletin of Cocoa Statistics⟩,
      vol. 35, no. 4, 2008/09 시즌, Table 1.

⟨11⟩ Ibid., p. vii.

⟨12⟩ Ibid., p. x.

⟨13⟩ Stephanie Barrientos et al., 《Mapping Sustainable Production in Ghanaian Cocoa:
      Report to Cadbury》, Institute of Development Studies, University of Sussex,
      and Department of Agricultural Economics and Agribusiness,
      University of Ghana, 2007, p. 37.

⟨14⟩ Ibid., p. 11.

⟨15⟩ Bill Guyton과의 전자우편 인터뷰, September 2009.

⟨16⟩ Alexei Kirayev과의 전화 인터뷰, August 2009.

⟨17⟩ IMF 관계자와의 인터뷰, Côte d'Ivoire.

⟨18⟩ Peter Allum과의 전화 인터뷰, August 2009.

⟨19⟩ International Cocoa Organization, ⟨Quarterly Bulletin of Cocoa Statistics⟩,
      vol. 35, no. 4, 2008/09 시즌, p. viii.

⟨20⟩ William Wallis, Martin Arnold and Brooke Masters,
      'Corruption Probe into Sale of Ghana Oil Block', ⟨Financial Times⟩, 7 January 2010.

⟨21⟩ Stephanie Barrientos et al., 《Mapping Sustainable Production in Ghanaian Cocoa:
      Report to Cadbury》, Institute of Development Studies, University of Sussex,
      and Department of Agricultural Economics and Agribusiness,
      University of Ghana, 2007, p. 46.

⟨22⟩ Ibid., p. 11.

237

참고자료

+ Agyeman-Duah, Ivor, 《Between Faith and History: A Biography of J.A Kufuor》, Trenton NJ, Africa World Press, 2003.

+ Apter, David E., 《Ghana in Transition》, Princeton NJ, Princeton University Press, 1972.

+ Austin, Dennis, 《Politics in Ghana 1946 – 1960》, Oxford, Oxford University Press, 1970.

+ Bales, Kevin, 《Disposable People: New Slavery in the Global Economy》, Berkeley, University of California Press, 2000.

+ Beckman, Bjorn, 《Organising the Farmers: Cocoa Politics and National Development in Ghana》, Uppsala, Scandinavian Institute of African Studies, 1976.

+ Boas, Morten, and Anne Huser, 'Child Labour and Cocoa Production in West Africa: The Case of Ghana and Cote d'Ivoire', 〈Fafo Report 522〉, 2006.

+ Bossard, Laurent, 'Peuplement et migration en Afrique de l'Ouest: une crise regionale en Cote d'Ivoire', 〈Afrique contemporaine〉, vol. 2, no. 206: 151 – 65, 2003.

+ Brenner, Joel Glenn, 《The Emperors of Chocolate: Inside the Secret World of Hershey and Mars》, New York, Broadway Books, 2000.

+ Chauveau, Jean-Pierre, 'Question fonciere et construction nationale en Cote d'Ivoire. Les enjeux silencieux d'un coup d'Etat', 〈Politique Africaine 78〉, 2000.

+ Clarence Smith, William, 《Cocoa Pioneer Fronts since 1800: The Role of Smallholders, Planters and Merchants》, London, Macmillan, 1996.

+ Clarence Smith, William, 《Cocoa and Chocolate, 1765 – 1914》, London, Routledge, 2000.

+ Collier, Paul, 《The Bottom Billion: Why the Poorest Countries Are Failing and What Can Be Done about It》, Oxford, Oxford University Press, 2007.

+ Crook, Richard, et al., 'The Law, Legal Institutions and the Protection of Land Rights in Ghana and Cote d'Ivoire: Developing a More Effective and Equitable System', 〈IDS Research Report 58〉, Brighton, IDS, 2007.

+ Dand, Robin, 《The International Cocoa Trade》, Abingdon, Woodhead, 1999.

+ Flood. J., and R. Murphy (eds), 《Cocoa Futures: A Source Book of Some Important Issues Confronting the Cocoa Industry》, Cali, Colombia, Commodities Press, 2004.

+ Green R.H., and S.H. Hymer, 'Cocoa in the Gold Coast: A Study in the Relations between African Farmers and Agricultural Experts', 〈Journal of Economic History〉, vol. 26, no. 3, September: 299 – 319, 1966.

+ Hill, Polly, 《The Migrant Cocoa Farmers of Southern Ghana: A Study in Rural Capitalism》, Hamburg, Lit Verlag, and Oxford, James Currey for the International African Institute, 1998[1963].

+ Human Rights Watch, 'Trapped Between Two Wars: Violence against Civilians in Western Cote d'Ivoire', 5 August 2003.

+ Human Rights Watch, '"Because they have the guns ⋯ I'm left with nothing", The Price of Continuing Impunity in Cote d'Ivoire', 25 May 2006.

+ Kielland, Anne, and Maurizia Tovo, 《Children at Work: Child Labour Practices in Africa》, Boulder CO, Lynne Rienner, 2006.

+ Lieber, James, 《Rats in the Grain: The Dirty Tricks and Trails of

Archer Daniels Midland, the Supermarket to the World》,
New York, Four Walls Eight Windows, 2000.

+ Manby, Bronwen, 《Struggles for Citizenship in Africa》, London, Zed Books, 2009.

+ Meredith, Martin, 《The State of Africa: A History of 50 Years of Independence》,
New York, Free Press, 2005.

+ Mikell, Gwendolyn, 《Cocoa and Chaos in Ghana》,
Washington DC, Howard University Press, 1991.

+ Ohene, Elizabeth, 《Stand Up and Be Counted: A Collection of Editorials
that Redefined the June 4, 1979 Revolution in Ghana》, Accra, Blue Savana, 2007.

+ Nkrumah, Kwame, 《Ghana: The Autobiography of Kwame Nkrumah》,
New York, International Publishers, 1970.

+ 《Report of the Committee of Enquiry into the Existing Organisation and Methods for
the Control of Swollen Shoot Disease by the Compulsory Cutting Out
of Infected Cocoa Trees, Gold Coast》, Accra, Government Printing Department.

+ Rimmer, Douglas, 《The Economies of West Africa》,
London, Weidenfeld & Nicolson, 1984.

+ Rimmer, Douglas, 《Staying Poor: Ghana's Political Economy, 1950－1990》,
Oxford, Pergamon Press, 1992.

+ Ruf, Francois, and P.S. Siswoputranto, 《Cocoa Cycles: The Economics
of Cocoa Supply》, Abingdon, Woodhead, 1995.

+ Stamm, Volker, 《The Rural Land Plan: An Innovative Approach from Cote d'Ivoire》,
International Institute for Government and Development, 2000.

+ Toungara, Jeanne Maddox, 'The Apotheosis of Cote d'Ivoire's Nana
Houphouet－Boigny', 〈Journal of Modern African Studies〉,
vol. 28, no. 1, March:23－54, 1990.

+ Toungara, Jeanne Maddox, 'Ethnicity and Political Crisis in Cote d'Ivoire',
〈Journal of Democracy〉, vol. 12, no. 3, July: 63－72, 2001.

+ Woods, Dwayne, 'The Tragedy of the Cocoa Pod: Rent-seeking, Land and Ethnic
Conflict in Ivory Coast', 〈Journal of Modern African Studies〉,
vol. 41, no. 4, December: 641－55, 2003.

+ Woods, Dwayne, 'Predatory Elites, Rents and Cocoa: A Comparative Analysis
of Ghana and Ivory Coast', 〈Commonwealth & Comparative Politics〉,
vol. 42, no. 2, July: 224－41, 2004.

+ Zartman, I. William, and Christopher L. Delgado (eds),
《The Political Economy of Ivory Coast》, New York, Praeger, 1984.

+ Zolberg, Aristide, 《One Party Government in the Ivory Coast》,
Princeton NJ, Princeton University Press, 1969.

INDEX

초콜릿
탐욕을
팝니다

달콤함에 관한
잔혹 리포트

지은이 ǀ 오를라 라이언
옮긴이 ǀ 최재훈
초판 1쇄 인쇄 ǀ 2012년 9월 17일
초판 1쇄 발행 ǀ 2012년 9월 25일

펴낸곳 ǀ 도서출판 경계
펴낸이 ǀ 이병구, 최재훈
책임편집 ǀ 이병구
편집진행 ǀ 황수영
디자인 ǀ 아일 www.illdesign.co.kr
사진 ǀ 김경수

등록 ǀ 2011년 1월 19일, 제2012-000279호
주소 ǀ 서울시 마포구 서교동 383-8번지 2층
전화 ǀ 02-3144-1313
팩스 ǀ 02-3144-0852
이메일 ǀ gyeonggyebooks@gmail.com

ISBN ǀ 978-89-969403-0-2

인쇄 ǀ 한영문화사 031-903-1101
용지 ǀ 두성종이 02-583-0001, 디에스 페이퍼엔보드 02-2253-0067~8